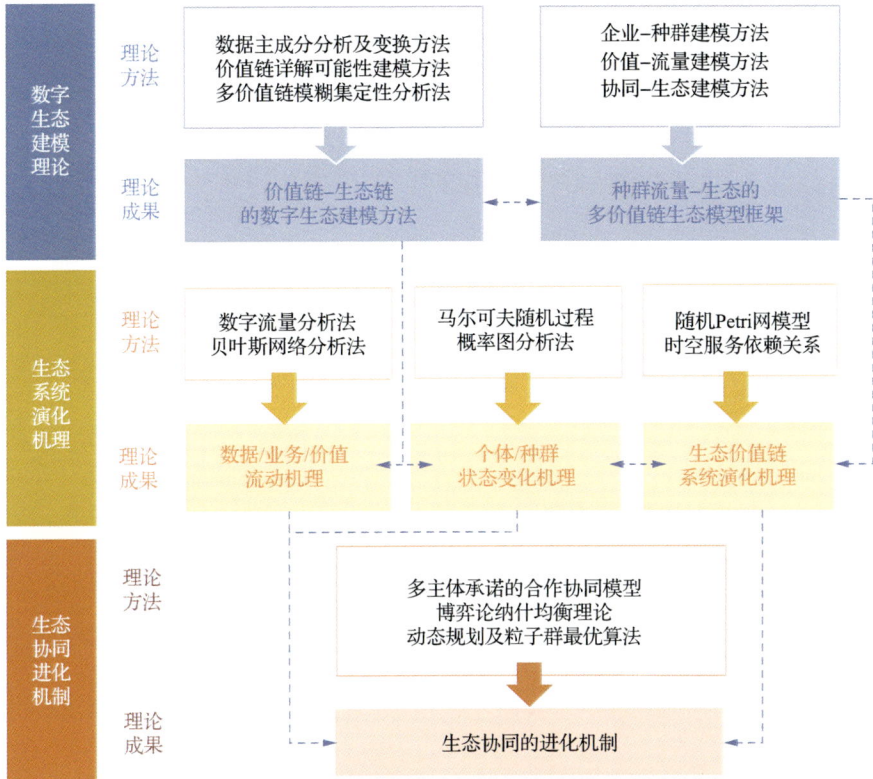

图 1.5　网状结构多价值链数字生态理论研究思路及方案[10]

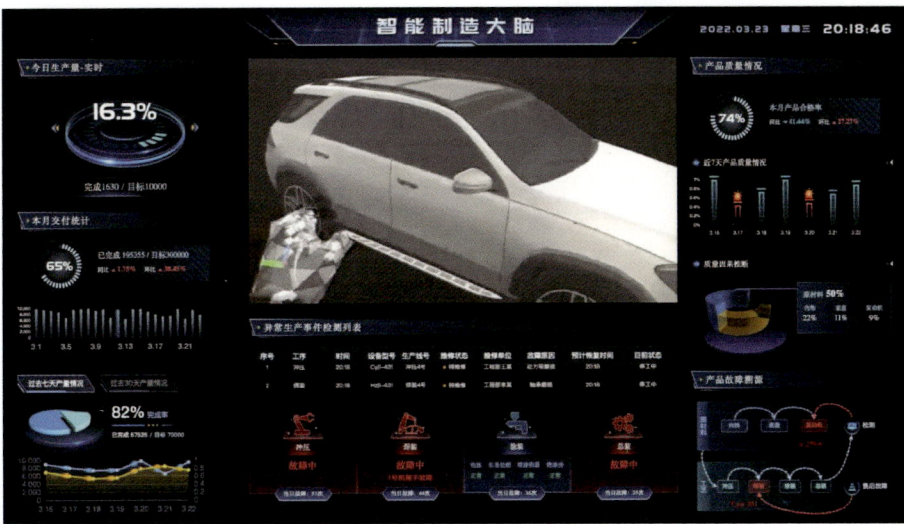

图 3.1　多维数据分析和可视化

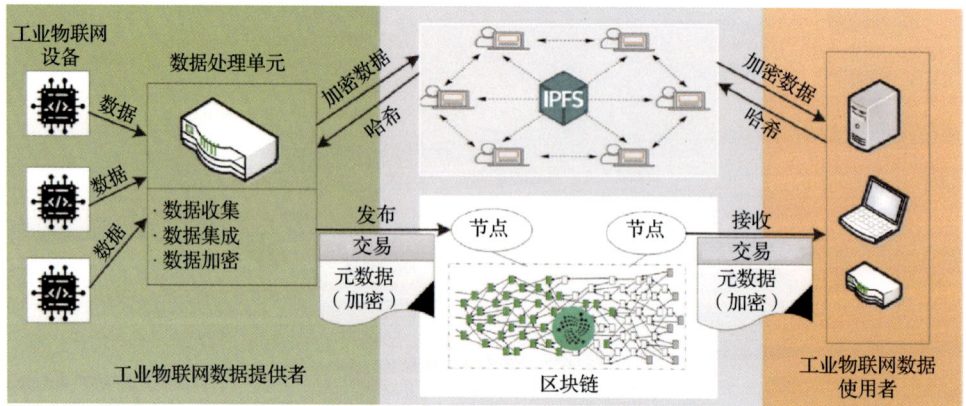

图 4.2　基于 IPFS 和区块链的 IIoT 数据管理系统[35]

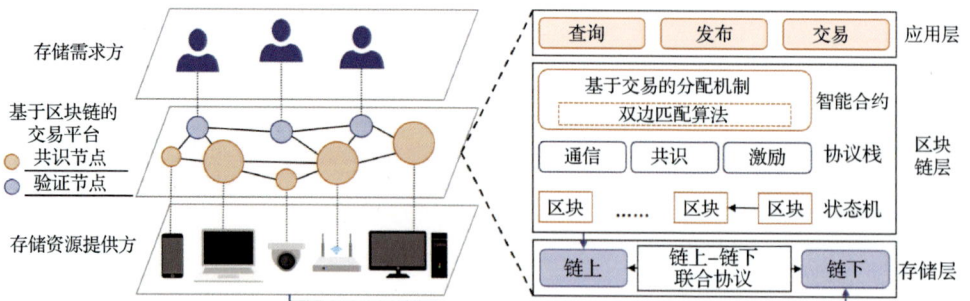

图 4.3　TSSN[46]

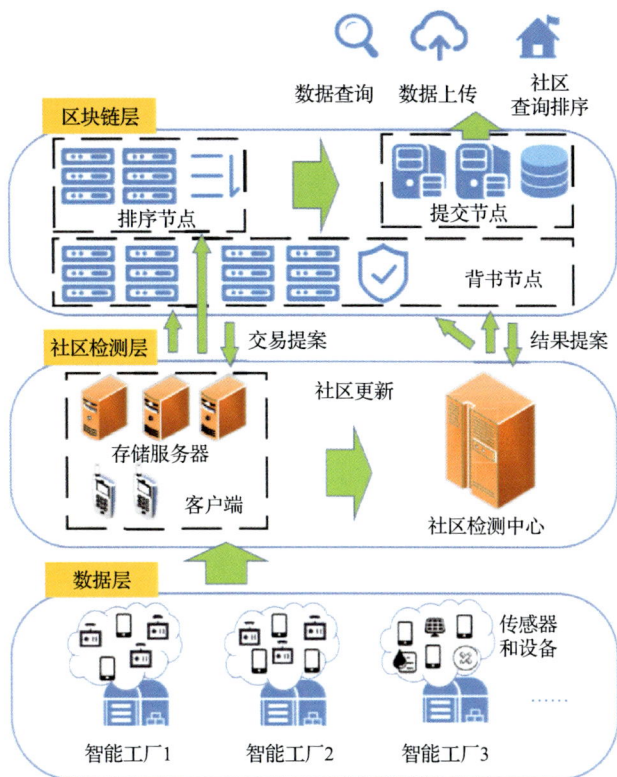

图 4.4　基于区块链的数据共享平台[56]

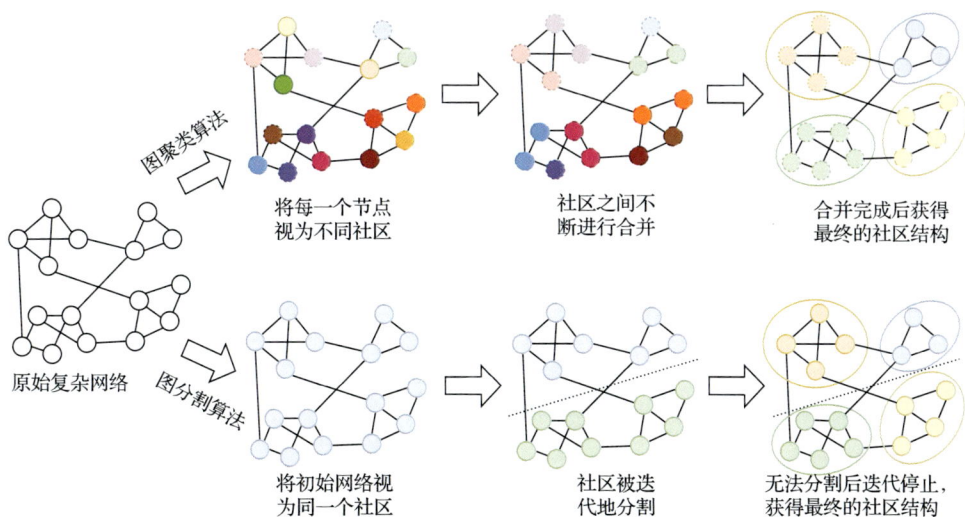

图 6.3　图聚类与图分割社区发现算法的基本原理

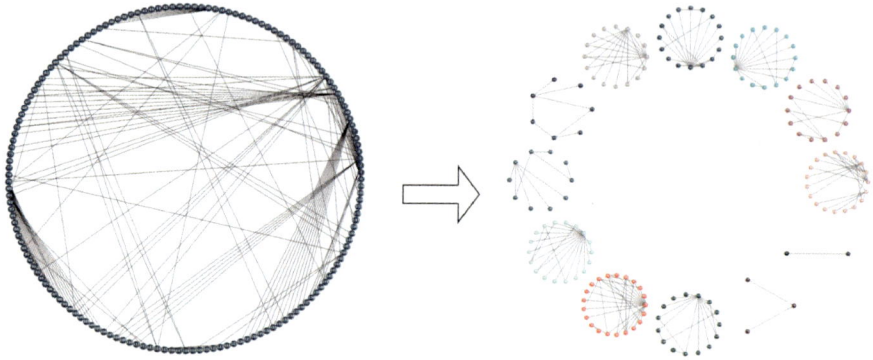

图 6.10　产线数据社区发现效果示例

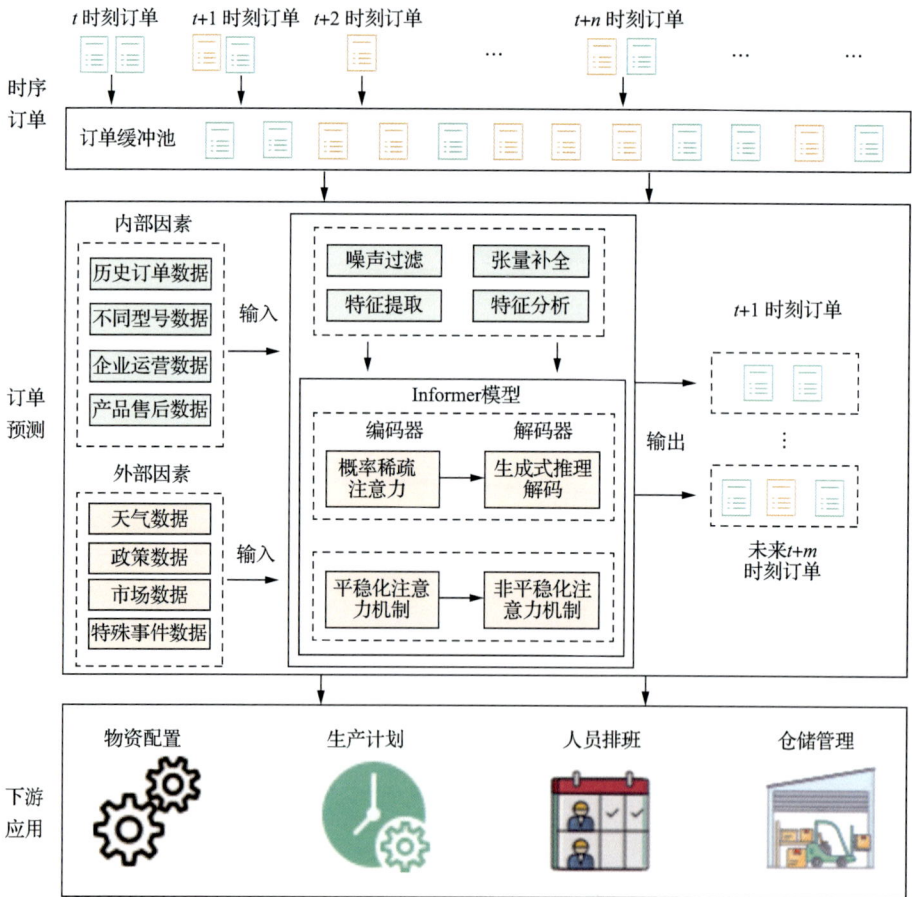

图 7.4　智能化产品需求预测服务建模方案

制造业产品生命周期多维数据空间服务理论

宋 轩 张浩然 等◎著

Multi-dimensional Data Space Services Theory in Manufactured Product Lifecycle Management

人民邮电出版社

北 京

图书在版编目（ＣＩＰ）数据

制造业产品生命周期多维数据空间服务理论 / 宋轩
等著. -- 北京 : 人民邮电出版社, 2024.8
ISBN 978-7-115-64122-9

Ⅰ. ①制… Ⅱ. ①宋… Ⅲ. ①智能制造系统－制造工
业－产品开发－数据处理－研究 Ⅳ. ①F416.4

中国国家版本馆CIP数据核字(2024)第067510号

内 容 提 要

　　针对当前制造业在数据处理过程中存在的数据接口混乱、存储低效、智能化水平低和信息不透明等问题，本书提出一套全新的多维数据空间模型与服务理论。它集数据存储、数据共享、数据分析、数据建模于一体，具体包括以区块链为基础的可信数据存储与共享模型、实现产品健康管控的制造业多维数据预处理及多维数据分析与建模、实现高效故障溯源的产品知识图谱分析，最后闭环于实现产品生命周期价值链的经济增值。

　　本书既适合工业类、制造类、数据科学等相关专业的学生与教师阅读，也适合智能制造和工业互联网领域的科研人员、工程技术人员，以及工业、经济等领域的研究人员参考。

◆ 著　　　　　宋　轩　张浩然 等
　　责任编辑　　贺瑞君
　　责任印制　　马振武
◆ 人民邮电出版社出版发行　　北京市丰台区成寿寺路 11 号
　　邮编　100164　　电子邮件　315@ptpress.com.cn
　　网址　https://www.ptpress.com.cn
　　北京捷迅佳彩印刷有限公司印刷
◆ 开本：700×1000　1/16　　　彩插：2
　　印张：14.75　　　　　　　2024 年 8 月第 1 版
　　字数：217 千字　　　　　　2024 年 8 月北京第 1 次印刷

定价：99.80 元

读者服务热线：(010)81055410　印装质量热线：(010)81055316
反盗版热线：(010)81055315
广告经营许可证：京东市监广登字 20170147 号

经过几十年的快速发展，我国已经建立了比较完整的工业体系，制造业规模跃居世界第一位，成为全球第一工业大国。不过，目前我国工业仍存在一些问题，如发展不平衡和不充分、基础创新能力相对薄弱、智能化水平比较低等。近年来，随着人工智能、大数据、区块链、分布式云计算、虚拟现实、5G等新一代科学技术对传统制造业的渗透、融合和赋能，智能制造已经成为一种新的工业生产方式，能够加速推动工业的变革，并且可以快速、系统和全面地提升工业的创新能力以及发展质量，成为世界各国经济发展的重要抓手和战略目标。为了促进智能制造的发展，各国近年来纷纷制定了许多政策和措施。德国提出了"工业4.0"战略计划，并先后发布了《数字化战略2025》和《德国工业战略2030》，目标是确保德国在全球工业领域的领先地位。美国先后推出了《先进制造伙伴计划》《国家制造业创新网络计划》《先进制造业领导力战略》等政策，以大力推动工业互联网对各产业的覆盖。作为工业大国，我国先后发布了《智能制造发展规划（2016—2020年）》《工业互联网发展行动计划（2018—2020年）》《"十四五"工业绿色发展规划》《"十四五"智能制造发展规划》等战略方案，以进一步推动产业技术变革和优化升级，促进制造业高质量发展，加快迈向制造强国的步伐。

产品生命周期价值链管理与优化是智能制造中的核心内容，贯穿了整个产品制造流程。在定义上，产品生命周期涵盖了一系列价值创造的环节，包括从产品研发到回收再制造的各个阶段，跨越了产品设计、生产步骤、物流运输、上线销售、售后服务等多个方面。截至本书成稿之日，我国许多中小企业尚未建立比较完善的产品生命周期管理体系，仍主要依赖人工管理，各个环节严重脱节，导致整个生产制造过程不够流畅，效率十分低下。在智能制造中，充分利用大数据、人工智能等新一代科学技术，为产品生命周期价值链数据分析服务提供强大支撑，能够有效提升整个生产过程的数字化、自动化和智能化水平。这不仅能够缩短生产周期、提高产品质量，还有助于降低生产成本，从而实现降本增效，最终达到利润最大化的目标。

本书紧密围绕国家重大战略需求，聚焦我国智能制造领域的科技创新前沿，以产品生命周期多维数据空间服务理论为基础，深入探讨制造业的科技创新和产业升级。在内容结构的编排上，本书分为五大篇，共11章。第1篇为绪论，其中第1章叙述制造业产品生命周期多维数据智能化管理的时代背景、意义及研究现状；第2章对制造业数据的挑战与机遇进行深入探讨，主要介绍数据不透明与数据共享难题、数据溯源与数据安全等内容。第2篇为多维数据空间模型与服务理论，其中第3章系统地介绍多维数据的复杂性，以及多维数据空间模型的概念、构建方法与实例分析；第4章讨论数据存储与共享技术，重点介绍链上-链下联合存储的高效共识机制、以区块链为基础的可信数据存储与共享模型；第5章阐述数据分析与建模，深入讨论深度学习在产品生命周期多维数据分析与建模中的应用。第3篇为产品故障溯源与生命周期价值链经济增值，其中第6章介绍复杂网络技术在产品知识图谱分析中的应用，并探讨高效故障溯源的分析方法；第7章介绍产品生命周期价值链经济增值，重点讨论产品价值链的高效协同生产方法。第4篇为案例分析与应用，其中第8章介绍并分析制造业多维数据空间服务理论的企业案例与应用示例；第9章重点讨论行业案例分析与启示。第5篇为总结与展望，其中第10章总结本书的主要贡献、对实践的启示与应用价值，以及制造业多维数据空间服务理论的未来发展、面临的挑战与应对策略。

本书系统、全面地阐述了产品生命周期多维数据空间服务理论，既注重学术理论，又注重实践应用，深入探讨了相关基础理论和关键方法，并提供和分析了相关的企业案例和应用场景，既具有非常好的学术价值，也具备创新落地应用的指导作用。本书服务于国家培养智能制造领域高端人才的需要，主要面向工业类、制造类、数据科学等相关专业的学生和老师，以及智能制造和工业互联网相关领域的科技人员，为他们在开展与智能制造相关的学习、研究和工作时提供参考、指导。

本书得到国家重点研发计划"网络协同制造和智能工厂"重点专项项目"制造业产品生命周期价值链多维数据空间及服务理论"的资助（项目编号：2021YFB1714400）。本书由宋轩和张浩然策划、撰写和统稿，谢洪彬、林贵旭、张家祺、冯德帆、彭金全、宋歌、刘仝、孙瑀鸿、陈孙兵、陈天乐和李佳奇等同学参与了部分章节的撰稿和材料整理。特别感谢相关专家的指导和关心，以及人民邮电出版社学术分社给予本书出版工作的鼎力支持。

本书内容涉及的知识面比较广，探讨的问题比较前沿，介绍的关键技术比较新颖，分析的方法论也比较复杂，难免存在不足之处，欢迎广大读者批评指正。

宋轩、张浩然

2023年12月

Contents
目　录

第1篇　绪　论

第3篇 产品故障溯源与生命周期价值链经济增值

第5篇　总结与展望

第1篇
绪　论

第 1 章

引 言

制造业是国民经济的主体，是实体经济的核心，也是振兴国家、民族的关键所在。在国际竞争日益激烈的背景下，我国制造业的国际地位至关重要，是我国在国际社会站稳脚跟、提高影响力的关键因素之一。因此，加强技术创新，推动数字化转型，实现制造业的智能化升级，从而打造具有国际竞争力的制造业，是我国提升整体实力、确保国家安全、建设世界强国的不可或缺之举。

1.1 时代背景与意义

本节聚焦21世纪新一代信息革命背景下的智能制造，具体介绍智能制造的相关概念和发展历史、产品生命周期管理、智能制造如何在产品生命周期管理中发挥重要作用，以及大力发展智能制造对我国制造业发展的重要价值与意义。

1.1.1 智能制造概述

智能制造是一种融合先进技术的创新型制造方式。智能制造通过新兴的互联网技术，实现制造业生产过程的智能化管理和优化，为传统制造业的发展赋予新的活力。为提高国家制造业的竞争力，各大工业强国都聚焦智能制造，通过政策支持智能制造技术的研发和应用，推动传统制造业向智能制造业转型。实现生产智能化，是21世纪全球制造业发展的必然趋势。

1. 智能制造的含义

2016年12月，工业和信息化部（简称工信部）、财政部印发的《智能制造发展规划（2016—2020年）》指出，智能制造是基于新一代信息通信技术与先进制造技术深度融合，贯穿于设计、生产、管理、服务等制造活动的各个环节，具有自感知、自学习、自决策、自执行、自适应等功能的新型生产方式。

智能制造旨在将先进的科学技术灵活地运用于传统制造业，通过数字技术、物联网、数据分析等连接物理世界和数字世界，将生产过程中的重复性任务交由计算机程序来自动执行，实现生产过程的自动化和智能化，降低人工干预，减小人为误差，减少人力资源的需求，从而提高生产效率、产品质量和生产计划的灵活性，降低生产成本。智能制造不仅是一种新型生产方式，还是一种基于数字技术的全新思维方式，能够推动制造业的创新和升级。

2. 智能制造的特点

智能制造融合了人工智能、大数据分析、自动化技术等信息化时代飞速发展的数字技术，可以为传统制造业赋能。智能制造一般有设备网络化、流程自动化、数据可视化、生产智能化和无人化生产这5个特点。

（1）在设备网络化方面，智能制造可通过物联网技术将生产设备和传感器等联成一个紧密的网络，实现设备的实时通信和数据交换，这使得不同设备和不同部门能够在生产过程中协同工作，优化生产流程，也使得生产过程更加可控、可预测。

（2）流程自动化是智能制造的核心特点之一，它是利用自动化技术实现生产过程中的任务和批量操作的自动化执行，让生产过程变得更加高效、统一，避免重复和烦琐的操作，可减少人为错误的发生。

（3）数据在智能制造中扮演着重要的角色，生产过程中产生的数据能够完整地复现整个生产流程。利用数据可视化技术分析有效数据，并通过图标、仪表盘等方式将关键生产数据和绩效指标等呈现出来，能够帮助管理者做出更快速、更全面、更明智的决策，也能够迅速发现生产过程中存在的问题。

（4）生产智能化旨在通过收集传感器产生的数据，采用一定的反馈机制，利用人工智能的自我学习能力等，赋予生产设备自我检测自身状态的能力。生产智能化可以基于实时数据进行生产流程的调整，实现生产资料的合理分配，提高生产设备的利用率，实现智能排产，从而全面提升生产的质量和效率。

（5）智能制造的最终目标是实现无人化生产。它是指通过将设备接入网络来实现远程、实时地监控生产过程，采用自动化技术实现无人值守的全自动生产模式，利用数据可视化技术查看生产进度及机器状态等；通过人工智能分析、预测潜在的机器故障，提前准备替换方案，如果生产过程中出现问题，将应用替换方案来恢复生产。整个生产过程不需要人工参与，能够大幅降低生产成本，提高生产效率。

3. 智能制造的影响和作用

智能制造是一股引领制造业革命的浪潮，结合数字技术，除了对制造业本身产生了深远的影响，也对社会和环境有一定的影响。

对于制造业本身，这种影响体现在生产效率、产品质量和资源利用率的提高，以及生产、维护成本的降低等方面。智能制造能够自决策、自执行、自感知、自学习、自适应等。自决策、自执行功能减少了人工参与，能够不间断地进行生产活动，提高了生产速度和生产设备利用率。自感知、自学习功能可以感知、收集、分析产品生产线产生的数据，找到生产效率瓶颈，从而进一步优化生产流程，提高生产效率。通过实时的数据采集和分析，也能够更好地检测潜在的质量问题和设备故障，有助于降低废品率和设备的故障率，以及减少故障造成的损失，从而降低生产成本和设备维护成本。自适应功能赋予了产品生产线根据生产资源分配情况自动适应不同生产模式的能力，可以提高资源利用率、减少浪费。

对社会而言，这种影响体现在工作方式的改变和带来新的就业岗位上。在智能制造中，自动化操作和机器人可以承担危险、重复和枯燥的任务，从而减少大量的、重复的人工劳动，保障工人的安全和工作质量，减小劳动强度。与此同时，工人也需要掌握数字技术和自动化等相关技术。在智能制造中，自动化技术的普及可能会减少一些传统制造工作岗位，但是在推动企业转型升级的同时，也带来了新的就业机会，尤其是在数字技术、数据分析和人工智能等领域。

对环境而言，这种影响体现在生态环境的改善方面。传统制造业的资源利用率低，结合人工智能（Artificial Intelligence，AI）大模型等数字技术来优化生产流程，企业可以更高效地使用原材料和能源，将资源利用率最大化，减少浪费，降低对自然资源的依赖，有助于可持续发展目标的实现。高效的生产流程也有助于减少碳排放，有利于实现碳中和。因此，智能制造是一种更环保的制造方式。

1.1.2 智能制造的发展

1. 智能制造的发展史

制造业的竞争日益激烈，面临的挑战日益增多，将传统的制造技术与信息技术、现代管理技术结合的先进制造技术得到了重视和发展，先后出现了计算机集成制造、敏捷制造、并行工程、大批量（大规模）定制、合理化工程等相关理念和技术。

智能制造的概念经历了提出、发展和深化等不同阶段。20世纪80年代，美国的保罗·肯尼思·赖特（Paul Kenneth Wright）和戴维·艾伦·伯恩（David Alan Bourne）在专著《制造智能》（*Smart Manufacturing*）中首次提出，智能制造是指通过结合生产系统、机器人技术和专家知识库来建成自动化生产线，使其能够在无人值守的条件下实现自动化、小批量的生产。在上述基础上，英国研究者威廉姆斯（Williams）对智能制造的定义做了更加广泛的补充。他指出，智能制造的集成范围不仅限于自动化生产线，还应该包括那些贯穿整个制造组织内部的智能决策支持系统。之后不久，美国、日本、欧盟等工业化发达的国家和地区在智能制造技术与智能制造系统领域开始积极开展国际合作研究。1991年，这些国家和地区共同发起并实施了"智能制造系统国际合作研究计划"，旨在推动智能制造系统的发展。该计划中提到，智能制造系统作为一种先进生产方式，最重要的特征在于将智能活动与智能机器有机融合，贯穿整个制造过程，涵盖从订单处理、产品设计、生产制造到市场营销等各个环节，旨在实现制造过程的柔性集成，最大限度地提高生产力[1]。

我国的智能制造研究始于1986年，杨叔子院士开展了人工智能与制造领域的应用研究工作。杨叔子院士认为，智能制造系统能够利用智能化和集成化的方式提升生产体系的机动灵活性与自主性，进而具备快速适应市场需求变化和满足消费市场变革需求的能力。吴澄院士认为，智能制造可以被理解为以高新技术为代表的新一代信息技术，涵盖人工智能、分布式云计算、第五代移动通信技术，以及在制造业产品生命周期中涉及的理论和方法等。周济院士认为，智能制造的发展需要经历数字化制造、智能制造1.0和智能制造2.0这三个基本范式，并逐渐演进。智能制造1.0系统的主要目标是促进制造业的数字化与网络化发展，以此来提升制造业的效率和竞争力。其中，在全面数字化的基础上实现系统集成和网络互联，是智能制造1.0系统最重要的特点。而智能制造2.0系统的目标进一步延伸，不仅包括数字化与网络化，还强调实现制造业的智能化，通过引入先进的智能技术和创新应用，推动制造业向更高级的智能化阶段迈进，实现真正的智能制造。这种智能化的制造模式将真正实现智能制造的各类关键要素的融合与协同，为制造业的发展描绘更加广阔的前景。

2. 各国关于智能制造的发展战略和政策

随着数字技术的发展，智能制造逐渐成为全球制造业发展的重要方向之一，为了在全球制造业的发展中抢占先机，获得竞争优势和发展机遇，各个国家都积极探索和发展智能制造，纷纷出台相应的战略规划和政策举措。2013年，德国首次提出了"工业4.0"的概念，随后制定了《德国工业4.0战略计划实施建议》《数字议程（2014—2017）》《数字化战略2025》《德国工业战略2030》等一系列发展战略，包括数字议程、数字化战略、工业战略等内容。"工业4.0"的核心理念是"智能+网络化"，构建智慧工厂，它的战略包括领先市场和供应商策略，以及横向、纵向和端对端集成。这些发展战略旨在将德国打造成数字强国，强化工业基础设施，推动新技术研究，并保持全球技术领先地位。德国的智能制造发展战略如图1.1所示。

2013年，《德国工业4.0战略计划实施建议》　　2016年，《数字化战略2025》

2014年，《数字议程（2014—2017）》　　2019年，《德国工业战略2030》

图1.1 德国的智能制造发展战略

　　2006年，美国国家科学基金委员会提出了智能制造的概念，并指出智能制造的关键技术包括计算、通信和控制，随后创建了智能制造领导联盟（Smart Manufacturing Leadership Coalition，SMLC），以推动智能制造共享平台的建设，进而推动美国先进制造业的发展。在政策方面，美国于2009年提出了《重振美国制造业政策框架》，以支持美国制造业的高精尖技术研发；于2012年发布《美国先进制造业战略计划》，明确了发展目标。同年，通用电气公司在白皮书《工业物联网：打破智慧与机器的边界》中提出了工业物联网（Industrial Internet of Things，IIoT）的概念，首次明确提出智能制造设备、数据分析和网络人员将是未来制造业发展的关键要素。2018年，美国制定了《先进制造业美国领导力战略》，包括技术开发、人才培养和供应链改进等内容。此外，由美国能源部资助的清洁能源智能制造研究所于2017年发布《智能制造2017—2018路线图》，用很大的篇幅阐释了智能制造；2019年，美国还发布了《人工智能战略：2019年更新版》，以推动人工智能发展。美国的智能制造政策如图1.2所示。

图1.2　美国的智能制造政策

　　日本也积极发展智能制造领域的相关技术。与其他工业化大国发展策略不同的是，日本对智能制造的发展路线进行了顶层设计，包括机器人新战略和"互联工业"战略。一系列政策的实施使日本巩固了国际领先地位。2015年，日本正式发布《新机器人战略》，强调深度融合信息技术、大数据和人工智能，引领机器人技术发展。2016年，日本发布了《工业价值链参考架构》（*Industrial Value Chain Reference Architecture*，简称IVRA），构建了有别于其他国家发展架构的顶层架构，包括基础结构、组织方式和哲学观层级等内容。2017年，日本提出"互联工业"的概念，强调构建新型数字社会、合作解决挑战和培养高级人才。日本的智能制造政策如图1.3所示。

2015年，《新机器人战略》　　　　　　　　　2017年，提出"互联工业"的概念

2016年，《工业价值链参考架构》

图1.3　日本的智能制造政策

　　新中国成立后，特别是改革开放以来，在国家相关政策的支持与引导下，我国制造业蓬勃发展，成功建立了一个门类齐全、独立完整的产业体系。制造业的崛起为工业化和现代化进程做出了重要贡献，显著增强了我国的综合国力，为巩固我国的大国地位提供了坚实的物质基础。近年来，我国也积极发展智能制造，并取得了显著的成果。2016年，政府颁布了《智能制造发展规划（2016—2020年）》，提出了智能制造发展的"两步走"战略；2017年，国务院发布了《关于深化"互联网+先进制造业"发展工业互联网的指导意见》；工信部于2018年、2019年、2020年先后发布了《工业互联网发展行动计划（2018—2020年）》《"5G+工业互联网"512工程推进方案》《工业互联网创新发展行动计划（2021—2023年）》；2021年，政府发布了《"十四五"智能制造发展规划》。我国的智能制造政策如图1.4所示。

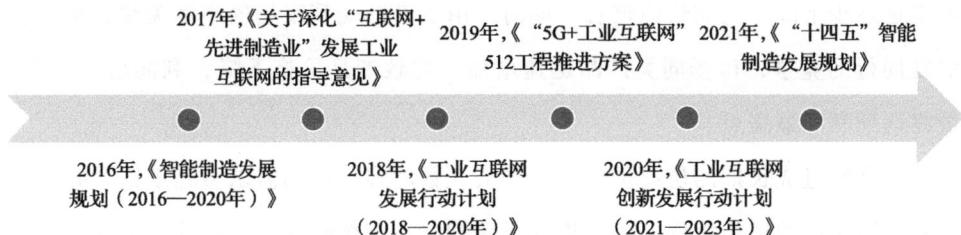

2017年，《关于深化"互联网+　　2019年，《"5G+工业互联网"　2021年，《"十四五"智能
先进制造业"发展工业　　　　　512工程推进方案》　　　　制造发展规划》
互联网的指导意见》

2016年，《智能制造发展　　2018年，《工业互联网　　　2020年，《工业互联网
规划（2016—2020年）》　　发展行动计划　　　　　　创新发展行动计划
　　　　　　　　　　　　（2018—2020年）》　　　　（2021—2023年）》

图1.4　我国的智能制造政策

　　智能制造的概念逐渐明确以来，世界制造业大国纷纷出台相关政策，都把智能制造视为新一轮工业发展的核心，力求占领全球制造业新一轮竞争的制高点。智能制造是一个涵盖整个制造流程的概念，除了硬件设备的支持，还需要软件的相互通信，实现产品从设计到生产、销售和售后服务等环节的相互协调，从而实现供应链整体优化。因此，智能制造的发展离不开产品生命周期管理。

1.1.3　产品生命周期管理

1. 产品生命周期管理概述

产品生命周期管理（Product Lifecycle Management，PLM）的主线是产品生命周期。了解产品生命周期的含义，可以更好地了解产品生命周期管理在产品生命周期中的作用。

产品生命周期理论最早由哈佛大学的一位教授于 1966 年提出。产品生命周期就是产品的市场寿命，即一个产品从诞生到消亡的整个过程[2]。产品生命周期一般分为 4 个阶段，分别是引入期、成长期、成熟期和衰退期。

引入期是产品刚刚进入市场的阶段。在这个阶段，市场上同类产品较少，消费者对新产品的了解较少，品牌知名度不高，企业往往需要大力推广产品、扩大宣传途径，让更多的消费者知道这个产品的存在，即提高产品知名度，最大限度地挖掘潜在客户。这一阶段由于产品生产批量小、制造成本高、市场份额有限，再加上推广费用较高，因此企业很难获利，甚至会出现亏损现象。

经过了引入期的大力推广，产品进入成长期。这一阶段的产品往往能够被大量消费者接受，在市场上占据了一定的份额，消费者需求逐渐上升，产品的生产成本也逐步下降，利润快速增长。同时，由于产品受到市场的高度关注，因此会引发同行的竞争，市场同类产品迅速增加，导致产品价格下降，利润增长变缓，最终达到利润最高点。

产品经过成长期的快速扩张后，购买人数增多，市场需求量趋于饱和并逐步下降，销售额的增长缓慢，由此进入成熟期。在这个阶段，同行的竞争对产品的销售额和利润率有较大的影响，为了保持市场份额，企业往往需要改进产品工艺、提高服务质量，这又会一定限度地增加产品的成本。

衰退期是产品生命周期的最后一个阶段。在这个阶段，由于市场偏好改变等因素，产品的市场份额和利润率可能会持续下降，从而失去市场竞争力。企业难以从该产品中持续获利，因此逐步决定停产，这也标志着该类产品逐渐走向产品生命周期的尽头，直至最后因被市场抛弃而完全退出市场。

产品生命周期管理是指与产品相关的跨部门信息管理程序，包括公司流程的规划、控制和组织。用户可以在整个产品生命周期中全面创建和管理数据、文档和资源。

抽象地描述，产品生命周期管理是一种管理策略。企业应用产品生命周期的理念，统一优化、管理从产生与产品相关的第一个想法，到设计、研发、实验、研制原型机、采购、批量制造、销售、售后服务等所有环节，目的是提升企业的生产效率，减少错误的发生，降低成本和提高利润。

直观地描述，产品生命周期管理是一套软件解决方案，是一个统一的数据操作和管理平台。一个优秀的产品生命周期管理平台可以与企业的数据库和其他的工程、商业软件实现互联，通过统一的平台整合企业内部所有信息。

产品生命周期管理贯穿产品生命周期的不同阶段（从产品的需求分析、概念设计、详细设计、生产制造到售后维护），它不是一个单独的软件或技术，而是一个企业级的解决方案，也是一种综合性的管理方法。产品生命周期管理能够集成、融合不同的技术和软件，通过一个完备的技术框架实现不同软件、不同平台之间的数据互通和数据透明，使产品生命周期的不同组成元素作为一个整体运行，互相协作，最终完成各自的任务。一个优秀的产品生命周期管理供应商可以基于成熟、标准的思路，根据客户的自身特点和商业需求，为客户量身定制产品生命周期管理解决方案，进而帮助企业优化各个环节的商业流程，提高企业的合作与协同能力，最大限度地提高团队的创新能力和生产效率，进而提升产品的创新水平，实现经济效益最大化。

2. 产品生命周期管理的特点

产品生命周期管理具有长期性、综合性和数据驱动性等特点。长期性是指产品生命周期管理面对的是产品生命周期，涉及产品引入期、成长期、成熟期和衰退期的整个过程，时间跨度较大，在此期间需要持续监测市场走向，通过调整产品生产策略来适应市场的快速变化。综合性体现在产品生命周期管理过程中，不仅需要考虑市场需求，还需要关注竞争环境及技术变革等多方面因素，以调整产品发展策略，并通过推陈出新来保持产品竞争力。数据驱动性则体现在产品生命周期管理需要基于数据做出决策，每一项关乎产品走向的决策都需要以大量市场数据的实际反馈为基础，因此需要收集大量的数据，全面了解产品的市场表现、用户需求和反馈，并对这些数据进行全面、综合的分析，做出更加科学和精准的决策，保持产品的市场竞争力。

3. 产品生命周期管理的作用

一套高效、完善的产品生命周期管理解决方案是企业数字化转型的重要工具，它能够实现数字化产品信息管理、工作流程管理、产品结构管理、分类管理和计划管理等关键功能。在数字化产品信息管理方面，产品生命周期管理可以通过构建并维护一个统一的数据逻辑视图，集中存储、追踪和更新产品信息，为企业提供一种安全、透明、一致的存取机制，确保企业成员可以随时获取最新的数据，提高沟通和协作效率。在工作流程管理方面，产品生命周期管理通过追踪产品从设计、生产到交付的流程，收集不同阶段的生产信息以分析、优化生产流程，明确每个步骤的相关负责人，以便对产品的故障溯源。在产品结构管理中，产品生命周期管理通过对产品配置和结构（包括产品的组成部分、与子产品的依赖关系等）进行创建与管理，来协助企业更好地理解产品的复杂性，更好地进行设计与制造的协同工作。在分类管理中，产品生命周期管理通过对相似的产品或者零件进行归类组织管理，来建立标准化的数据结构，以便快速组织和检索产品信息，提高产品数据的一致性和可管理性。在计划管理中，产品生命周期管理支持企业制订和执行产品开发与生产计划，包括项目进度追踪、任务分解等，这可以有效地帮助企业更好地掌握项目进展情况及资源分配概况，有助于项目按计划进行，使资源得到充分利用，从而确保产品按时交付。

总体来说，产品生命周期管理作为一个集成的产品管理和协同平台，为企业提供了全面、高效、标准化的产品生命周期管理和控制。通过优化产品设计和开发、提高产品质量和性能、降低成本和风险、增强企业竞争力和市场占有率，产品生命周期管理能够为企业带来多重优势，助力企业数字化转型取得成功。

1.1.4 信息技术与产品生命周期管理

1. 信息技术对传统制造业的冲击和影响

信息技术在过去的几十年中飞速发展，物联网、人工智能、云计算和大数据等互联网技术的出现与发展已经彻底改变了人们的生活方式。数字技术的发展不仅给人们带来了前所未有的便利，还使传统制造业发生了革命性的改变。过去，制造业主要依赖人工劳动和传统的生产方式。今天，自动化、数字化和智能化已经成为制造业的关键词。自动化设备和工业机器人能够执行高精度的任务，提高生产效率，降低人力成本；传感器技术和物联网的应用不仅使得制造设备状态的实时监测成为可能，还可以收集大量的生产数据，用于监控、分析和优化生产过程，从而提高生产效率、保证产品质量。

2. 信息技术与产品生命周期管理融合

信息技术的迅速发展正在重新定义产品的设计、制造、销售和服务方式，信息技术与产品生命周期管理的融合将为制造业带来巨大的变革和机会。

信息技术为产品设计和开发带来了前所未有的便捷。计算机辅助设计（Computer Aided Design，CAD）和计算机辅助制造（Computer Aided Manufacturing，CAM）技术使得工程师能够以数字化方式创建、模拟和优化产品设计。这不仅能够缩短产品开发周期，还能够降低原型制作的成本。借助虚拟仿真技术，工程师能够在实际制造之前对产品进行详尽测试，以确保其性能和可靠性。

信息技术为产品的生产赋予了自动执行和实时监测的能力。相关程序可以为生产线设置固定的任务，使其在没有人工干预的情况下自动执行；各类传感器可以实时监测设备状态并通过互联网实现信息传输，使远程实时监测设备成为可能；存储、分析传感器采集的信息还可以预测设备故障，提前采取预防措施，以缩短故障停机时间。

信息技术改变了供应链管理的方式。互联网技术和算法程序使供应链上各个环节实现了数据互通，增强了供应链各环节之间的紧密联系和协同合作，可以更高效地分配资源和产品。通过预测算法对不同地区的市场需求进行基于历史销售额的预测，能够更好地确保充足的产品供应和产品按时交付，避免库存堆积，更好地满足市场需求。

信息技术为产品的销售和服务提供了全新的机会。互联网和电子商务平台改变了产品的销售方式，使产品能够销往全球。通过互联网，制造商可以实现对产品的远程监测和维护，提高售后服务的响应速度。

信息技术与产品生命周期管理的融合是制造业向更智能、更高效和可持续的方向发展的关键驱动力，将有力推动制造业转型升级，为未来的发展打下坚实的基础。

3．关键的信息技术

在产品生命周期管理中，目前主要应用的信息技术包括但不限于云计算、大数据、物联网、区块链、人工智能等。

云计算（Cloud Computing）是一种基于互联网的存储、计算方式。通过这项技术，用户既不需要了解硬件基础设施的细节，也不需要具备专业的硬件知识和对硬件进行直接控制，仅需要向服务商按需购买云服务，即可通过浏览器或应用程序来获取对应的云服务。在产品生命周期管理中，制造商可以将大量的设计、仿真和生产数据存储在云服务器中，以便团队可以便捷地进行共享和协作，能够有效地降低基础设施的建设和维护成本，同时提高团队成员之间的协作效率。

大数据技术包括大数据（Big Data）和数据挖掘（Data Mining）。大数据即巨量的数据，这类数据的特点是规模十分庞大且结构复杂，难以使用传统的数据处理软件对其进行统一的处理和存储。对这些巨量的信息进行存储、管理需要使用分布式存储及计算机集群等服务。数据挖掘则是指利用机器学习、统计学等交叉方法对大型数据集进行分析，提取有价值的信息，并将其转换为可理解的结构，以便进一步使用。在产品生命周期管理中，大数据技术可以用于监测产品性能、预测维护需求、改进设计和制造过程，以及理解市场需求，有助于制造商做出更好的决策。

物联网（Internet of Things，IoT）是一个将计算设备和互联网进行相互关联的系统。物联网在互联网的基础上，通过各种信息传感设备将实体世界与互联网连接，从而实现人、机、物的随时随地的互联互通。在产品生命周期管理中，将IoT设备嵌入产品中，管理员可以在任何时间、任何地点通过监测软件对产品的性能和状态进行实时监测，有助于预测性维护、合理规划生产，同时为产品线的改进提供有价值的数据。

区块链（Blockchain）是通过密码学技术建立的可用于存储庞大交易资料链的点对点网络系统。区块链具有不可篡改性、透明性、加密保证和去中心化等特点，确保了数据高度安全。在产品生命周期管理中，区块链可以追踪产品的制造、运输和交付，记录每个环节的数据，有助于确保产品的可追溯性和真实性，预防产品被伪造，以及确保供应链的透明度。

人工智能又称机器智能，指的是由人设计和创造出来的机器进行与人类生产生活信息相关的大量模拟训练后所表现出来的智能。人工智能技术的发展在 21 世纪突飞猛进，特别是采用大规模神经网络进行训练的自然语言处理模型。这些模型能够处理和生成人类语言的文本，具备理解和生成自然语言的能力，并具备一定的通用智能能力，使用户用自然语言与机器交流或令机器执行特定任务成为现实。在产品生命周期管理中，人工智能可以理解生产者的需求，从而在制定产品优化方案、生产自动化、供应链管理等方面发挥作用。

1.1.5　智能制造的价值与意义

《"十四五"智能制造发展规划》指出："智能制造是制造强国建设的主攻方向，其发展程度直接关乎我国制造业质量水平。发展智能制造对于巩固实体经济根基、建成现代产业体系、实现新型工业化具有重要作用。"党的二十大报告提出："推动制造业高端化、智能化、绿色化发展。"中央经济工作会议也曾强调推动传统产业改造升级。

新中国成立后，尤其是改革开放以后，我国工业迅猛发展，逐步构建了独立、完整的工业体系，强有力地推动了我国的现代化进程。步入现代化后，我国的制造业立足基础、不断创新，向高端化、智能化的方向发展，取得了可观的成就。然而，纵观全球，尽管我国的制造业体系趋于完善，但是与传统的工业强国相比，在许多方面仍存在显著差距。随着全世界新一轮科技革命和产业变革不断加速，新材料、新能源、信息与通信、生物等技术不断突破，与先进制造技术迅速融合，这一趋势为制造业的高端化、智能化、绿色化发展提供了重大历史机遇。同时，在全球科技和产业竞争日益激烈的背景下，国际环境正在发生巨大变化，世界正面临前所未有的挑战，尤其是大国之间的战略博弈开始着重关注制造业领域。因此，抓住信息化浪潮，大力发展智能制造既是我国制造业迈进全球高端的必经之路，也是我国走向发达国家的必经之路。

1.2 产品生命周期多维数据智能化管理研究现状

本节介绍制造业产品生命周期多维数据的智能化管理，主要包括相关的国内外研究进展和面临的挑战。

1.2.1 国内外研究进展

1. 产品生命周期价值链研究

随着世界经济的快速发展和复杂产品需求的日益增长，不少制造业的生产流程呈现出越来越复杂、冗长的趋势，给企业管理带来了前所未有的挑战。产品生命周期价值链管理通过在产品的不同阶段分析与评估产品的引入、成长、成熟和衰退过程所带来的价值，可以有效地帮助企业洞察市场趋势、制定产品战略、优化资源利用、加强风险管理、提高企业竞争力和实现可持续发展。国内外不少学者和企业都对制造业产品生命周期价值链管理进行了深入的研究。

在国内，方文彬等[3]以北京京东世纪贸易有限公司为研究对象进行了基于价值链的电商企业成本管理研究，详细分析了企业价值链的竞争优势、存在的问题和解决方案。耿育科等[4]深入研究了物料清单（Bill of Materials，BOM）系统管理关键技术在产品生命周期优化管理过程中的应用。吕瑞[5]着重研究了面向汽车制造业的多核服务价值链协同技术，通过第三方云平台，针对价值链企业群体的数据孤岛问题提出了协同解决方案，同步解决了跨链业务流程整合问题，实现了价值链资源高效协同调度的效果。苗田等[6]深入探讨了面向产品生命周期的数字孪生技术的应用研究，给出了典型应用场景的相应技术路线，同时指出了未来的发展方向。刘曙光等[7]指出，人工智能技术可以有效提升我国制造业在全球价值链发展中的影响力，能够促进产品创新研发和驱动经济快速增长。董思思[8]从制度、资源和文化这三个角度深入研究了装备制造业价值链的服务化升级机理，为产业结构升级优化提供了新的研究和发展思路。杨静雅[9]主要从企业组织、客户价值、产品质量和库存等优化需求角度研究了面向汽车企业第三方平台的协同服务价值链优化技术。苗强等[10]深入研究了目前制造业产业价值链面临的关键问题，从区块链、数据驱动和人工智能等方向阐述了网状结构价值链的优化技术和方案，形成了网状结构多价值链数字生态理论研究思路及方案（见图 1.5），并展望了未来相关领域的研究方向和发展趋势。

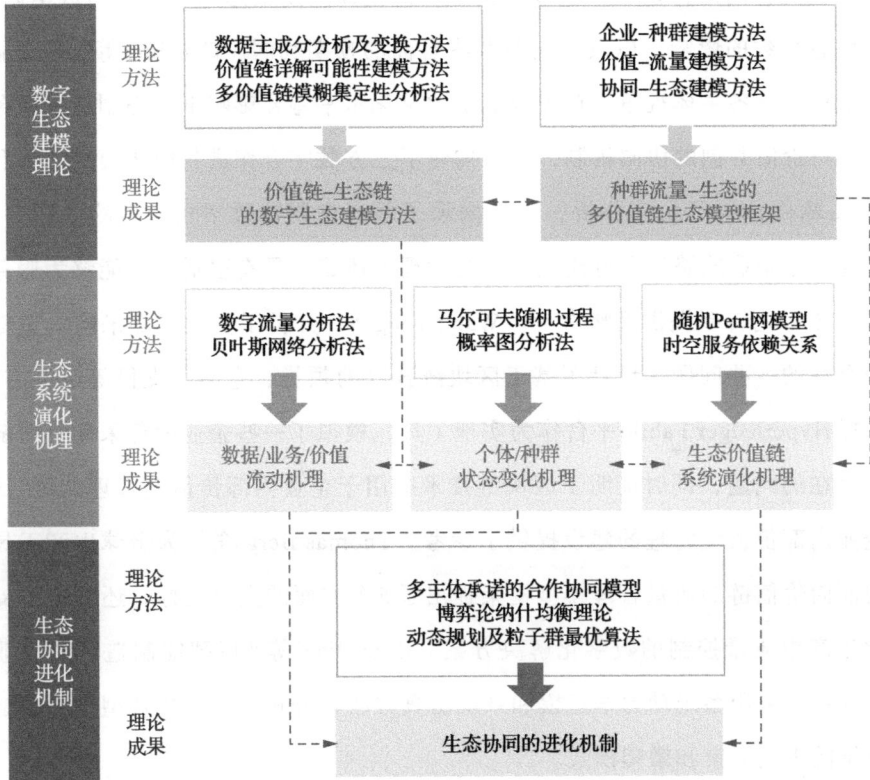

图 1.5 网状结构多价值链数字生态理论研究思路及方案[10]（原图见彩插页图 1.5）

在国外，Nikolaos Madenas 等[11]选取了 132 篇论文，从信息流的角度综合分析了产品生命周期中制造阶段的供应链管理研究现状，为今后的研究提供了重要的参考与指导。Sujit Rokka Chhetri 等[12]指出，下一代智能制造系统将结合各种最新的先进技术，不过当这些技术被集成到制造系统的产品生命周期中时，可能会对维护安全需求（如机密性、完整性和可用性）提出各种挑战。同时，Sujit Rokka Chhetri 等重点介绍了目前产品生命周期安全方面的各种趋势和进展。Seyedeh

Maryam Pahlevan 等[13]提出了一个三目标混合整数线性数学模型,用来设计铝行业可持续闭环供应链网络,在设计模型的同时优化了经济、社会和环境目标。该研究的主要贡献是通过应用产品生命周期评估方法来估计环境影响,并使用两种新颖的元启发式算法来优化所提出的数学模型。Saidjahon Hayrutdinov 等[14]提出了一种基于产品生命周期信息共享努力度和消费者对区块链系统产品的价格敏感度的供应链合同协调模型,模拟分析了产品生命周期信息共享的努力成本因子、价格敏感系数的影响,以及供应商和零售商的预期利润。Gao Jing 等[15]基于服务型制造价值链各主体视角,首先分析了数字化水平差异影响下核心制造、服务企业和客户价值共创的协同机制,然后构建了三方数字合作进化博弈模型,并利用Netlogo 软件进行了仿真分析,结果揭示了服务型制造数字化转型的协同路径。通过与实际企业的路径进行比较,他们发现上述路径具有普适性,能够为服务型制造的数字化转型提供战略参考。Wang Yang 等[16]分析了企业内部采购价值链活动中存在的一些问题,设计了基于区块链技术的领货、仓储、支付等解决方案,并选择 Hyperledger Fabric 平台作为实现工具,模拟了一些企业内部采购价值链活动中存在的问题,同时证明了区块链技术应用于企业内部价值链管理的可行性,为企业内部价值链管理的建设提供了参考。Thomas Bergs 等[17]为全球生产工具公司的面向价值链的质量管理模型框架提出了 5 个方面的主要目标,还提出了支持单批生产中质量控制的数字化解决方案。Zhou Jiazi 等[18]以智能制造试点企业为验证样本,采用系统动力学建模和系统仿真方法,分析了智能化转型下价值链攀登系统的影响因素和攀爬模式。

2. 制造业多维数据分析建模

物联网技术的快速发展使得制造业产生了海量的产品数据,这些数据往往呈现多维、多模态、异构和非线性等特点。如何基于这些多维、复杂的大规模数据实现数据分析,成为智能制造创新升级过程中的关键问题。国内外不少研究都对制造业多维数据分析建模进行了深入的探讨。

在国内,广东工业大学研究团队[19]提出了一种基于业务域、模态域和处理域 3 个维度,且面向制造业大数据的多维数据空间模型。通过建立的数据模型,可对工业化异构数据进行标准化处理，并通过互联网传输到数据库进行存储。王飞等[20]深入研究和分析了智能制造模式下工业多维数据的特点，并详细介绍了相关的数据降维分析算法。陈庆荣[21]以石油生产信息为研究对象，提出了一种基于虚拟仓库的多维分析方法。该方法能够多角度、多层次地实现石油生产数据的关系化分析，可以有效指导企业的生产决策。针对企业的海量多维数据，吕亮亮[22]重点介绍了一种 OLAP（On-Line Analytical Processing）技术，它能够从不同维度实现对企业信息数据的全面分析。闫含[23]通过深入研究、分析油气资源信息的集成应用需求，根据油气资源信息的多维数据特点，构建了基于数据库的数据分析方法和模型。该方法可以满足油气信息查询和分析需求，大大提高生产决策效率。赵辰[24]重点研究了钢贸平台数据库的建立，并对其中的数据进行了多维数据分析，实现了对钢材贸易数据的有效分析。

在国外，西班牙加泰罗尼亚理工大学的研究人员[25,26]提出了以用户为中心构建多维模型的方法，以支持终端用户需求提取和数据库多维设计任务。塞尔维亚贝尔格莱德大学的研究人员[27]提出了一种建立多维数据库和商业智能系统的混合型方法，并在能源传输系统和市场运营商系统中进行了测试。Alican Dogan 等[28]指出，制造业企业需要使用不同类型的技术和工具来实现基本目标。在这方面，使用机器学习和数据挖掘在应对制造中的挑战方面非常有帮助。该研究进行了全面的文献综述，概述了如何应用机器学习来实现具有智能动作的制造机制。Tao Fei 等[29]着重探讨了大数据在支撑智能制造中的作用，并概述了制造业数据生命周期的历史视角。Xiao Yan 等[30]指出，随着制造服务过程专业化、协同化、智能化的发展，如何快速提取分布式制造服务需求的潜在资源或能力，以及如何针对具有相关映射特征的制造服务需求进行资源匹配，已成为亟待解决的关键问题。结合智能云平台上制造服务任务的关联性、协同性和多样性的特点，该研究提出了一种基于多维信息融合的制造服务资源匹配决策方法：在整合云制造资源中多维信息数据的基础上，首先应用信息熵和粗糙集理论对制造服务任务的重要性进行分类，并利用混合协同过滤算法进行匹配能力分析，然后利用功能属性、可靠性、偏好等信息对制造服务资源或能力进行主动匹配和推送，实现质量精准、服务稳定、效率最大化的制造服务资源匹配决策。Shu-Kai S. Fan 等[31]提出利用随机森林算法分析半导体生产设备传感器多维状态变量识别的重要性，利用K-means自动过滤关键状态变量识别，综合各种机器学习方法验证关键状态变量识别。他们提出的框架可以有效地检测出高度不平衡类别的异常，并获得与关键状态变量识别、相应关键处理时间和步骤有关的信息。Xiong Yi等[32]针对增材制造多维设计空间中搜索设计解决方案的难题，提出了一种对数据进行驱动的设计优化方法，针对实施例设计阶段和详细设计阶段提出了基于两步代理模型的设计方法。在实施例设计阶段，采用贝叶斯网络分类器作为推理框架来探索设计空间；而在详细设计阶段，采用高斯过程回归模型作为优化方法的评估函数来开发设计空间。荷兰埃因霍芬理工大学的研究人员[33]将基于流程挖掘技术的ProM框架应用于全球顶级半导体设备制造商ASML的晶片测试环节，验证了流程挖掘技术既适用于结构化的流程，也适用于非结构化的流程。德国慕尼黑工业大学的研究人员[34]提出了多维流程挖掘技术，从发现分析、性能分析和一致性分析这3个方面对企业物流存在浪费的环节进行发现与分析，并在德国自动化工厂对该技术进行了验证。

3. 智能化服务与实践

随着人工智能、大数据、区块链、分布式云计算、虚拟现实、5G等新一代科学技术的快速发展，全世界的制造业正在经历新一轮的产业革命[35-38]。制造业与信息技术的融合正在深刻地影响着全球制造业，制造智能化、协同化、服务化的趋势愈加明显[39-41]。

制造智能化是利用信息技术手段重塑制造业，实现制造业的改造升级[42,43]。各国都针对制造智能化提出了自己的发展战略，包括美国的工业互联网、德国的"工业4.0"等。各国企业都对智能制造进行布局和推进，美国GE公司和德国西门子公司通过引入智能生产设备及物联网系统打造数字化工厂，对数据进行采集与加工，实现数据增值[44]。华为在云计算方面为企业提供数字化转型方案，为企业搭建全生命周期的生产管理平台。

制造协同旨在通过产品生命周期价值链各环节、各企业的业务协作和优势互补，降低分工协作的成本，提升产品的整体竞争力。波音公司利用先进的信息系统打造高效的供应链协同管理信息化平台，以降低研发成本、缩短飞机开发周期。在国内，海尔集团通过构建海尔智能制造工业互联网平台，形成了全球机构有效协同、以用户为中心的社群经济下的工业新生态[45]。小米公司将大量手机用户试用后的反馈意见用于MIUI操作系统的持续改进,并引入了大量的零部件供应商,建立了一个联合协作的生态[46]。

制造服务化要求企业从低附加值的生产环节,向研发、营销、售后、流通等高附加值的环节迁移,把更多服务要素融入产品的生命周期,以获得更多的增值利润和更大的竞争优势。美国GE公司作为一个电气公司,服务业务收入占总收入的比例超过59.1%;IBM公司的硬件收入只占总收入的24.1%,其余全部来自服务型收入。

国内外越来越多的制造业企业和相关研究机构都加快了智能化服务与实践的步伐,具体如表1.1和表1.2所示。在国内,华为公司搭建了FusionPlant工业互联网平台,可以为工业和能源领域的企业提供有效的数据处理与分析服务,获批了多项专利。海尔集团搭建的COSMOPlat平台主要应用于智慧工厂的建设,也获批了多项专利。航天云网深入研究了工业互联网,制定了相关智能制造服务平台标准。在国外,西门子公司启动的MindSphere工业互联网项目主要应用于工业、能源领域。通用电气公司发起了Predix工业互联网项目,该项目获批了多项专利。亚马逊公司搭建的AWS云计算平台系统主要应用于智慧工厂和协助企业数字化转型。Intel公司搭建的物联网平台能够为智慧工厂提供设备连接和数据服务功能。

表1.1 国内从事相关研究的主要机构

机构名称	相关研究内容	相关研究成果	成果应用情况
华为公司	FusionPlant工业互联网平台	获批多项专利	主要应用于工业和能源领域
阿里集团	ET工业大脑	发表多篇高水平论文,获批多项专利	主要应用于制造业、农业领域
海尔集团	COSMOPlat平台	获批多项专利	主要应用于智慧工厂的建设
树根互联	根云平台	参与制定工业互联网标准,获批多项专利	主要应用于设备制造业领域
航天云网	工业互联网	制定智能制造服务平台标准,获批多项专利	主要应用于制造业

表 1.2　国外从事相关研究的主要机构

机构名称	相关研究内容	相关研究成果	成果应用情况
西门子公司	MindSphere 工业互联网项目	获批多项专利	主要应用于工业、能源领域
通用电气公司	Predix 工业互联网项目	获批多项专利	主要应用于工业、能源领域
PTC	ThingWorx 工业物联网	获批多项专利	主要应用于离散型制造业
亚马逊公司	AWS 云计算平台系统	获批多项专利	主要应用于智慧工厂和协助企业数字化转型
Intel 公司	物联网平台	获批多项专利	主要应用于智慧工厂

1.2.2　面临的挑战

虽然目前制造业产品生命周期多维数据智能化管理在智能化转型中取得了一定的成果，不过依旧面临以下挑战。

1. 数据集成融合

随着制造业产品生命周期中非结构化数据规模的增加，验证数据一致性越来越困难，人工智能算法的复杂性也相应增加。所以，产品生命周期多维数据智能化分析服务面临的一个关键挑战是如何有效地收集、传输和集成高质量数据。在各个产品生命周期阶段，企业通过不同平台收集的需求往往是非结构化、碎片化的，且当前大部分网络技术和系统车间内联网不兼容。为了解决以上问题，跨网络、跨平台、跨设备的数据交换非常有必要[47]。此外，在现有范式中，产品生命周期每个阶段的大部分数据主要是为当前环节服务的，实现全流程数据的集成融合存在非常大的困难。从不同的系统中收集的各种信息数据有不同的标准和格式，这导致沟通和共享的方式不同，大大增加了集成众多子系统的复杂性。

2. 数据安全共享

制造业通常涉及复杂的供应链网络，涵盖多个供应商、合作伙伴和承包商。数据需要在这些不同实体之间流动，但每个实体出于自身企业利益考虑，往往不愿意在现有的范式下共享数据，因此容易形成数据孤岛现象。同时，每个实体的安全标准和控制措施可能不同，可能存在导致数据泄露和安全漏洞的风险。此外，产品生产过程中一旦发生质量问题，难以精确追溯原因和责任方。

3．算法信任问题

智能制造往往涉及许多复杂的因素和特征，理解哪些特征对模型的决策有重要影响是非常必要的，尤其是一些复杂的生产环境，人工智能算法的决策可能会影响产品质量、工艺控制等重要领域。因此，需要能够验证模型的可信度和准确性，以确保模型的预测和决策是可靠的。此外，一些智能制造应用可能需要满足特定的合规性和法规要求，这需要能够解释模型的决策过程，以满足监管机构的审核要求。不过，由于目前人工智能算法本身的黑盒模型具有不透明的问题，因此模型输出结果的可解释性和可信度是当前智能制造中面临的一个极大挑战。

4．算法稳定性

智能制造涉及产品生命周期中多个阶段的复杂生产过程，包括材料加工、装配、测试等。每个阶段都可能引入新的变量和不确定性，使得算法难以适应不同的情境。同时，制造环境中存在许多不确定因素和噪声，如传感器误差、设备故障、生产流程变化、材料特性的波动及外部环境的变化等，这些因素都可能影响数据的准确性，从而影响算法的性能和稳定性。因此，需要对算法进行广泛的测试，包括模拟真实生产环境中的不同干扰和各种异常情况，以验证其在不同情境下的性能，并在部署模型算法前进行严格的可靠性和稳定性测试，确保算法在实际制造生产环境中的表现。

5．数字孪生

数字孪生使制造业企业能够管理实时、双向和协同演化的物理对象与其数字表示之间的映射，为信息物理深度融合铺平道路。在与数字孪生结合的过程中，数据驱动的智能制造将变得更具响应性、适应性和可预测性。数字孪生技术如何更好地将实际的物理制造与数字化模型结合，为制造业企业提供更好的洞察力和决策支持，是当前智能制造领域的一个重要研究方向。

6．协同生产

在智能制造中，协同生产可以帮助企业更好地应对实际生产环境中的复杂性、动态性和高度个性化定制的要求，管理生产资源、优化生产流程和提高产品质量，并在竞争激烈的市场环境中保持竞争优势和核心创新能力。因此，如何解决制造业中产业链关系网络结构高维且复杂、价值传递堵点众多、孤岛效应日益增长等问题，如何精准刻画产业价值链的关系网络结构和推演机理，以及如何更好地探索产业价值链的高效协同控制方法，是当前面临的巨大挑战。

7. 柔性生产

市场需求多变，同时更多消费者趋向个性化定制产品和服务，柔性生产能够让企业迅速调整设计和生产流程，满足消费者的个性化需求。采用柔性生产，企业可以在降低库存成本的同时提高生产效率，快速适应新技术，降低企业经营风险，极大地提高客户满意度和保持企业的核心竞争优势。不过，柔性生产需要克服产品设计生产流程复杂、数据集成融合难、生产智能调度和资源分配优化等困难，并且确保不同生产模式下的协同工作，以及能够实时调整以快速适应市场变化，因此需要高度智能化的控制系统和数据分析能力。同时，如何确保柔性生产下的生产效率、产品质量和成本控制也是技术与管理上的亟待解决的问题。

8. 智能化服务

基于数据分析和人工智能技术，智能化服务可以实现预测性维护、远程支持、个性化服务等，从而缩短停机时间、降低维护成本，满足客户需求。通过收集和分析产品生命周期数据，智能化服务还能支持产品质量改进和管理决策优化，为制造业企业创造更大的价值。此外，智能化服务还能推动制造业的数字化转型，利用数据提供更准确、更高效的支持。智能化服务需要高度复杂的智能化技术和应用能力，包括物联网、人工智能、机器学习、大数据等前沿技术，并且将数据收集、分析和响应能力整合到服务过程中，这需要企业具备一定的技术研发和创新能力。此外，确保数据隐私和安全，协调不同团队和合作伙伴，同时实现传统服务模式的过渡，也是实施智能化服务的挑战。

参考文献

[1] 黄配, 许之颖, 张荷芳. 智能制造实践[M]. 北京: 清华大学出版社, 2021.

[2] VERNON R. International investment and international trade in the product cycle [M]//International economic policies and their theoretical foundations. Cambridge, MA: Academic Press, 1992: 415-435.

[3] 方文彬, 吴萍. 基于价值链的电商企业成本管理——以京东为例[J]. 武汉商学院学报, 2023, 37(3): 57-62.

[4] 耿育科, 郑炜, 李辉. 面向产品生命周期的 BOM 管理关键技术研究[J]. 中国新技术新产品, 2021(1): 122-124.

[5] 吕瑞. 基于云平台的多核服务价值链协同技术研究[D]. 成都: 西南交通大学, 2020.

[6] 苗田, 张旭, 熊辉, 等. 数字孪生技术在产品生命周期中的应用与展望[J]. 计算机集成制造系统, 2019, 25(6): 1546-1558.

[7] 刘曙光, 孟庆婕. 人工智能技术对中国制造业全球价值链升级的影响效应研究[J]. 工业技术经济, 2022, 41(12): 94-99.

[8] 董思思. 基于服务化的装备制造业全球价值链升级机制研究[D]. 哈尔滨: 哈尔滨理工大学, 2022.

[9] 杨静雅. 基于第三方平台的汽车服务价值链优化技术研究[D]. 成都: 西南交通大学, 2022.

[10] 苗强, 张恒, 严幸友. 大规模制造产业网状结构价值链数字生态理论研究构想[J]. 工程科学与技术, 2022, 54(6): 1-11.

[11] MADENAS N, TIWARI A, TURNER C J, et al. Information flow in supply chain management: a review across the product lifecycle[J]. CIRP Journal of Manufac-

turing Science and Technology, 2014, 7(4): 335-346.

[12] CHHETRI S R, FAEZI S, RASHID N, et al. Manufacturing supply chain and product lifecycle security in the era of industry 4.0[J]. Journal of Hardware and Systems Security, 2018, 2: 51-68.

[13] PAHLEVAN S M, HOSSEINI S M S, GOLI A. Sustainable supply chain network design using products' life cycle in the aluminum industry[J]. Environmental Science and Pollution Research, 2021: 1-25.

[14] HAYRUTDINOV S, SAEED M S R, RAJAPOV A. Coordination of supply chain under blockchain system-based product lifecycle information sharing effort[J]. Journal of Advanced Transportation, 2020: 1-10.

[15] GAO J, ZHANG W, GUAN T, et al. Evolutionary game study on multi-agent collaboration of digital transformation in service-oriented manufacturing value chain [J]. Electronic Commerce Research, 2022: 1-22.

[16] WANG Y, MEN S, GUO T. Application of blockchain technology in value chain of procurement in manufacturing enterprises[J]. Wireless Communications and Mobile Computing, 2021: 1-8.

[17] BERGS T, PRÜMMER M, LÜRKEN C, et al. Design model for a value chain-oriented quality management in global tooling[J]. Procedia CIRP, 2020, 93: 1013-1018.

[18] ZHOU J, WEN X. The dynamics of manufacturing value chain climbing system under MPL framework: modeling and simulation based on intelligent transformation[J]. Discrete Dynamics in Nature and Society, 2022.

[19] 吴卓儒, 任鸿儒, 鲁仁全, 等. 一种面向制造业数据空间的大数据体系结构构建方法. 广东: CN112506913B[P]. (2021-7-9)[2023-12-12].

[20] 王飞, 田刚, 吴澎. 智能制造模式下多维数据分析方法研究[J]. 信息与电脑（理论版）, 2019(13): 128-129.

[21] 陈庆荣. 基于虚拟仓库的石油生产信息的多维分析方法[J]. 微型电脑应用,

2018, 34(9): 35-39.

[22] 吕亮亮 . OLAP 多维数据分析在企业决策管理中的应用[J]. 计算机产品与流
通 , 2019(1):150+166.

[23] 闫含 . 基于数据库的油气资源核心库研究[D]. 北京: 中国地质大学, 2014.

[24] 赵辰 . 钢贸交易数据的数据库建模及多维分析研究[D]. 上海: 东华大学, 2013.

[25] ROMERO O, ABELLÓ A. A framework for multidimensional design of data
warehouses from ontologies[J]. Data & Knowledge Engineering, 2010, 69(11):
1138-1157.

[26] ROMERO O, ABELLÓ A. Automatic validation of requirements to support multi-
dimensional design[J]. Data & Knowledge Engineering, 2010, 69(9): 917-942.

[27] LUKIĆ J, et al. A hybrid approach to building a multi-dimensional business intel-
ligence system for electricity grid operators[J]. Utilities Policy, 2016, 41: 95-106.

[28] DOGAN A, BIRANT D. Machine learning and data mining in manufacturing[J].
Expert Systems with Applications, 2021, 166: 114060.

[29] TAO F, QI Q, LIU A, et al. Data-driven smart manufacturing[J]. Journal of Manu-
facturing Systems, 2018, 48: 157-169.

[30] XIAO Y, LI C, SONG L, et al. A multidimensional information fusion-based
matching decision method for manufacturing service resource[J]. IEEE Access,
2021, 9: 39839-39851.

[31] FAN S K S, HSU C Y, TSAI D M, et al. Data-driven approach for fault detection
and diagnostic in semiconductor manufacturing[J]. IEEE Transactions on Automa-
tion Science and Engineering, 2020, 17(4): 1925-1936.

[32] XIONG Y, DUONG P L T, WANG D, et al. Data-driven design space exploration
and exploitation for design for additive manufacturing[J]. Journal of Mechanical
Design, 2019, 141(10): 101101.

[33] ROZINAT A, et al. Process mining applied to the test process of wafer scanners
in ASML[J]. IEEE Transactions on Systems, Man, and Cybernetics, Part C (Ap-

plications and Reviews), 2009, 39(4): 474-479.

[34] KNOLL D, REINHART G, PRÜGLMEIER M. Enabling value stream mapping for internal logistics using multidimensional process mining[J]. Expert Systems with Applications, 2019, 124: 130-142.

[35] SCHWAB K. The fourth industrial revolution[M]. Geneva: World Economic Forum, 2016.

[36] KUSIAK A. Smart manufacturing[M]//Springer Handbook of Automation. Cham: Springer International Publishing, 2023: 973-985.

[37] LENG J, YE S, ZHOU M, et al. Blockchain-secured smart manufacturing in industry 4.0: a survey[J]. IEEE Transactions on Systems, Man, and Cybernetics: Systems, 2020, 51(1):237-252.

[38] Pankesh P, Muhammad I A, Amit S. From raw data to smart manufacturing: AI and semantic web of things for industry 4.0[J]. IEEE Intelligent Systems, 2018, 33 (4):79-86.

[39] 陶永, 王田苗, 李秋实, 等. 基于"互联网+"的制造业全生命周期设计、制造、服务一体化[J]. 科技导报, 2016, 34(4): 45-49.

[40] CAVALIERI S, OUERTANI Z M, JIANG Z, et al. Service transformation in industrial companies[J]. International Journal of Production Research, 2018, 56(6): 2099-2102.

[41] 闫开宁, 李刚. "互联网+"背景下的服务型制造企业变革[J]. 中国机械工程, 2018, 29(18): 2238-2249.

[42] MITTAL S, KHAN M A, ROMERO D,et al. Smart manufacturing: characteristics, technologies and enabling factors[J]. Journal of Engineering Manufacture, 2019, 233(5): 1342-1361.

[43] RAMAKRISHNA S, KHONG T C, LEONG T K. Smart manufacturing[J]. Procedia Manufacturing, 2017, 12: 128-131.

[44] 韩娜. GE之路——通用电气的服务化转型[J]. 装备制造, 2015(12): 72-73.

[45] 吕文晶, 陈劲, 刘进. 工业互联网的智能制造模式与企业平台建设——基于海尔集团的案例研究[J]. 中国软科学, 2019(7): 1-13.

[46] 刘建刚, 钱玺娇. "互联网+"战略下企业技术创新与商业模式创新协同发展路径研究——以小米科技有限责任公司为案例[J]. 科技进步与对策, 2016, 33 (1): 88-94.

[47] WANG L, LIU Z, LIU A, et al. Artificial intelligence in product lifecycle management[J]. The International Journal of Advanced Manufacturing Technology, 2021, 114: 771-796.

第2章

制造业数据的挑战与机遇

　　数据在制造业现代化中扮演着至关重要的角色，随着制造业数据的不断增长和变化，数据也为制造业的发展带来挑战与机遇。本章深入探讨制造业中数据流动的障碍、数据溯源的迫切需求，以及智能化趋势如何催生新的数据驱动机遇，为行业发展描绘令人瞩目的未来。

2.1　数据不透明与数据共享难题

　　数据在制造业产品生命周期中有重要作用，同时也存在严重的不透明问题。本节深入探讨制造业中存在的数据不透明问题的根源，以及数据不透明对决策和效率的影响，剖析制造业数据共享的现状和面临的挑战，帮助读者全面认识制造业数据不透明与数据共享问题。

2.1.1　数据不透明问题

　　数据透明度[1]被定义为数据不受存储位置或创建它们的应用程序的制约，可被轻松获取和处理的程度。在制造业领域，数据透明意味着向贸易伙伴、股东、客户、消费者及监管机构提供相应的信息，其中包括一系列详尽的数据，如产品组件、供应商名称、涉及的地理位置及相关证书等高级信息。信任是实现透明供应链的基本前提。研究[2-6]表明，如果制造业企业的合作伙伴之间存在不信任，将严重阻碍相互之间的协同与合作。供应链由一个个独立的合作伙伴组成,每个合作伙伴代表一个独立的中心系统。因此,缺乏信任可能损害数据透明度,而要推动发展,则需要建立更牢固的信任[7,8]。同时,消费者有权要求获取有关产品制造来源、服务质量及安全认证等详尽信息。因此,可以通过建立信任来提高制造业的透明度,以使个人和企业能够追溯产品的原产地。这一目标可以利用物联网技术[9,10]实现,利用通过网络传递收集到的数据,该技术可以提高制造业产品的性能和可追溯性。然而,制造业企业可能会受到合作伙伴独立系统内的额外数据负载的限制。制造业的数据透明度已经成为业务连续性和高产品质量的基本特征。不同利益相关者之间的有效合作需要高度透明的供应链[11]。实际上,数据透明使供应链中的各参与方能够充分了解正在引入和交换的数据、服务与产品。

目前,全球供应链构成了一个复杂的跨行业利益相关者网络,旨在协调、协作任务并达成共识。基于全球供应链的制造业正面临重大挑战,包括集中式系统、透明度不足、可伸缩性问题、与物联网集成相关的挑战,以及即将到来的技术变革趋势。尽管现有的集中式供应链系统在整合新技术方面取得了一些进展,但仍然难以高效地应对变通方案和满足可信的第三方提供商的需求[12]。这种独立数据库存在的信任问题,可能引发客户的负面反馈。此外,在大多数供应链中,信息共享的可靠性不足,这是集中式系统在数据透明度方面的主要问题。数据透明度不足会导致可追溯性和信任问题,同时也会引发来自客户的负面反馈。此外,当产品跨越多个地理区域时,可伸缩性成为一个更大的挑战,因为这一场景伴随着大量关键文件(如 ISO 证书、发票、海关文件、信函和证明文件等)的传输,合作伙伴之间需要进行成百上千次的沟通[13]。相关研究[13]表明,为实现单一产品的交付,合作伙伴需要完成超过 200 次通信过程。因此,可伸缩性可能导致安全性和性能问题,甚至可能导致数据伪造和数据丢失,从而影响合作伙伴之间的信任,引发客户的不满。此外,当前的网络基础设施无法充分发挥物联网的潜力,并且难以在集中式系统中有效管理和分析大量传入的数据,这意味着物联网的潜力受到了限制。目前,一些不可靠的框架和基础设施被设计用于连接数十亿个异构物联网设备,以及进行数据聚合和数据分析[14]。

由于人们对供应链数据透明度的需求较高，因此随着时间的推移，供应链发生了巨大变革，这些需求是创建透明系统的主要动力。例如，随着消费者对衣物的制造地点和方式，以及对新型电动汽车的可持续性产生怀疑，涉及所需原材料的制造数据透明度成为一个亟待解决的显著问题[15]。此外，供应链越来越多地涉及多样的合作伙伴、产品和客户需求。最近，制造业数据透明度的挑战已扩展至系统的异质性和额外的技术要求。因此，除了上述挑战，驱动制造业数据透明化的动机还包括以下3项。

（1）数据无法安全共享。当前制造业的数据基础设施是一组基于集中式系统的聚合，每个利益相关方代表一个或多个属于不同供应链的角色。这些系统严重依赖集中的、（通常是）不同的、独立的信息管理平台。参与生产过程的数据库组是分布式的、异构的和自治的[16]。因此，由于不同数据标准的硬编码性质，不同数据库之间的数据交换显得不够灵活，这影响了合作伙伴之间的相互协作，沃尔玛和思科[17]是两个典型的例子。

（2）合作伙伴缺乏合作。供应链的挑战主要涉及利益相关者之间的异质性、不同的数据格式，以及缺乏系统间的有效沟通。协作关系决定了企业之间如何共享数据，并将这些数据融入底层业务流程中。协作为现代企业优化与贸易伙伴关系提供了机会。然而，实现合作在供应链参与者之间是一个复杂的竞争过程，因为彼此存在紧密的协作，但也存在不同的沟通标准，以及不同级别的贸易伙伴能力和业务流程[18]。

（3）产品多元化和复杂性。当今的产品和服务呈现出分散的特性，这要求供应链必须具备充分的可见性，以避免模糊不清的情况，并提供透明度和可追溯性功能[19]。然而，许多制造商和销售商面临信息不足、信息不透明的问题，无法向客户提供所需的信息。因此，供应链的复杂性正在不断增加，因为产品和需求的多样性需要许多多层供应链的集成。高度透明的可见性实现了多层供应链的管理，而中心化系统中未受控制的信息数据容易导致大量的虚假信息、巨大的贸易损失和不良的商业声誉。

数据透明度对现代制造业企业至关重要。它有助于促使利益相关者寻求协作，优化供应链流程，并保持稳固的贸易伙伴关系。然而，不同独立系统之间的协作给供应链合作伙伴带来了合作挑战。协作型供应链要求多级供应商在完全透明的环境中共享数据，以充分挖掘协作业务的潜力。在区块链出现之前，一种用于提升数据透明度的著名方法被称为 "one step up, one step down"，许多供应链采用该方法来实现可追溯性的目标[20]。该方法要求每个供应商将他们的信息共享给其他相邻的供应商，换句话说，这是一个信息链，每个供应商首先接收有关购入商品的足够信息，然后将完整信息传递给所有相关的供应商，这是参与者之间信息的逐级共享过程。然而，这种方法只提供了有限的可见度，没有完全实现数据透明。此外，医疗和制药行业区块链和人工智能解决方案供应商 FarmaTrust 公司指出，在当前的中心化供应链中，全息防篡改标签和唯一序列号等技术还不够有效。

数据不透明问题的根本在于现代制造涉及的复杂网络和海量数据，这使得企业在获取、理解和利用数据方面面临重重障碍。这些问题的存在不仅影响了企业对生产过程的实时监控和优化，更妨碍了管理层基于全面、准确的数据做出科学决策。为解决数据不透明问题，需要制定全面的数据标准和规范，以确保数据的一致性和可解释性。同时，倡导内部数据共享文化，推动不同部门间的协同工作。引入先进的数据整合和分析技术，将有助于企业更好地应对数据不透明问题，顺利实现制造业的数字化转型。

2.1.2　数据共享问题

在当代制造业智能化的进程中，数据共享涉及不同用户对他人数据的访问、读取和操作。这一过程对加强上下游合作方之间的联系至关重要，因为各个环节所持有的信息通常存在不对称性[21]。具体而言，下游的销售方常常拥有更深入的市场预测和用户了解，上游的供应商则对原材料的数量、质量有着深入的洞察和掌控，而中游的制造商对商品质量有着绝对的掌握。不同环节、不同公司的信息，如果能够进行良好的共享和流通，将显著提升整个产业链的效率和质量。相反，若各个环节之间缺乏数据的共享和交流，则可能会对产品的生产和销售产生负面影响。在实际生产中，许多公司已经采用各种信息系统，如高级规划与排程（Advanced Planning and Scheduling，APS）系统等，以促进公司的智能化、数据的采集与分析的智能化，同时促进各个生产环节的数据共享和交流。例如，沃尔玛和Sara Lee联合引入了一个协作规划系统，以实现双方数据的高效集成和共享。双方企业的报告显示，通过不到半年的实践，沃尔玛的销售额增长了32%[22]。可见，数据共享在制造业智能化过程中扮演着至关重要的角色。只有实现制造业各个环节的数据共享和流通，才能更好地优化产品从生产到销售的各个环节。

尽管数据共享带来了极大的好处，但在实际生产中，企业之间仍然存在全面信息共享方面的不足。一份调查报告[23]显示，在对111家公司的调查中，有84%的公司声称已经采纳了正式的供应商关系管理战略，但仅有1/6的公司真正实施了信息共享计划。同样，Forrester研究公司的报告[24]指出，只有27%的零售商选择共享其销售数据。基于现有的一些调查报告及研究文献，本小节总结了以下3个数据共享在现实应用中的重点和难点。

（1）数据泄露风险。企业在考虑数据共享时最担忧的是信息泄露的风险，特别是担心数据可能会泄露给竞争对手。一项调查表明，一些公司可能故意泄露或出售其他合作公司或竞争对手的商业数据，以谋取商业领先地位。为了应对信息泄露的风险，一些研究提出了设计复杂合同的方案，以防止在信息共享中发生信息泄露[25]。另一个研究[26]着重分析了供应链系统中的信息泄露。然而，他们的分析和研究主要集中在设计合同和激励措施（例如，通过定价等方式）以有效地遏制信息泄露，而没有直接设计一种防泄露数据共享系统（例如，采用区块链技术的系统）。

（2）数据价值分配问题。在数据共享领域，一个关键问题是如何公平地将共享数据产生的价值分配给数据的提供者，即价值分配。有研究[27]分析指出，价值归属问题是阻碍供应链成员合作的主要障碍。值得注意的是，很少有信息共享研究尝试解决价值归属和分配问题。大多数研究集中在理解数据共享在多大程度上有助于提高系统效率，并隐含地假设零售商愿意分享其库存水平或销售数据，而不要求任何财务补偿。然而，这种假设可能不切实际。数据共享可能会以损害数据共享者的利益为代价。有研究[28]探讨了这一困境，即零售商分享其需求预测可能对其上游制造商有利，但会以降低自身利润为代价。该研究还报告了一个案例，说明使用共享数据可能导致股东利润减少的情况。在智能制造的众多合作公司中，如果对数据共享缺乏适当的补偿，数据共享者可能会拒绝分享其信息。

（3）共享各方之间的信任问题。数据共享各方对共享数据的质量和价值缺乏足够的信任和共识。此外，人们还担心，数据提供者甚至可能通过共享误导性数据而采取机会性行为。这种有偏见的信息共享现象甚至会在同一家公司中内部出现。有研究[29]报告了一个案例：一家全球制药公司的销售部门有意与同一公司的运营部门共享 3 个月的需求预测，而这一数据与实际数据相差甚远。从第三方数据提供商那里获取数据也会导致同样的困境。有研究[30]表明，当第三方客户是竞争对手时，第三方供应商向客户出售未扭曲的信息并不是最佳选择。应对这一挑战需要一种新的数据估值和定价机制，以公平地确定共享数据的价值。在目前的实践中，数据通常以数据所有者预先设定的固定价格出售，但这种定价程序并不能真正反映对不同数据消费者的使用价值。

简言之，确立一个成功的信息共享系统需要一个全面的解决方案。首先，信息共享方需要就共享数据的质量和价值达成共识，并理解实际使用数据的情况。其次，共享数据的价值必须能够在数据提供者和数据用户之间公平分配。最后，应确保数据共享过程是防泄露的，以维护数据的安全性和隐私。然而，目前的研究和系统未能很好地满足这些要求，因此需要更深入地研究数据共享解决方案，以提高现实生产效率。

作为实现制造业数字化转型的关键一环，数据共享是众多企业在实践中面临的重要问题。数据共享面临的首要挑战是打破数据孤岛。在众多制造业企业中，各个部门、业务单元之间存在数据孤岛，信息流通受限，这导致生产、供应链、销售等各环节的数据无法实现无缝对接，影响了整体业务的协同性和高效性。为应对这些挑战，需要采取多种措施，包括制定统一的数据标准、建立安全可控的数据共享平台、加强企业内部文化建设等。只有积极应对数据共享的挑战，制造业才能更好地抓住数字化时代的机遇，实现生命周期多维数据空间服务的理论和实践突破。

2.1.3　现状探究

数据透明和数据共享本质上都是信任问题，为了解决与信任相关的问题，区块链及更普遍的分布式账本技术（Distributed Ledger Technology，DLT）是很好的选择，可以实现数据记录的完全透明和共享。它通过一个基于密码学和P2P的去中心化平台增强了合作伙伴之间的信任，这是供应链[31]的基础。区块链平台可以消除传统供应链系统中独立数据库组背后的模糊性，这是因为所有记录都存储在每个利益相关者系统的分布式账本中。此外，区块链是不可篡改的，入侵者不能在不留下任何痕迹的情况下对任何记录进行更改或删除，这是因为所有参与节点都拥有一份最新分布式账本的副本。已有多项研究考察了实施区块链解决方案的不同关键方面[32,33]，这些研究一致认为区块链是解决供应链中信任和协作问题的便捷工具。区块链因能够鼓励公司诚实守信被戏称为"真相机器"[34]。此外，近年来人们已经开发出概念证明（Proof of Concept，POC）和试点方案等技术来研究供应链，以实现可追溯性和提高数据透明度的目标。由于平台具有分散特性，数据透明成为区块链的内置特性。在这种情况下，控制公共区块链中数据隐私的能力是非常重要的，因为供应链中的利益相关者拥有不应向公众披露的敏感数据。供应链项目所需的透明度远远超出了所提供的透明度，除了当前的区块链透明度特性，还应当增加它们的增强特性。

随着物联网技术的发展，物联网与区块链的整合对提高供应链透明度和可追溯性的重要性不断上升。与传统的手工方法相比，物联网设备的显著特点是能够收集准确数据、快速自适应和随时可用的服务。在当前核心结构下，由于合作相关方通常属于不同的、信任关系复杂或不确定的供应商，物联网很难实现真正的协作。因此，目前物联网设备的协作仅能在可信的环境中使用。区块链作为提供信任服务的技术，可以确保网络上数据的真实性，而物联网确保了从原始来源上传的信息的有效性。物联网与区块链的结合开辟了创新之路，具有无限的潜力，可以用于追踪不同商品的历史。因此，物联网技术对新的业务系统至关重要。此外，因为物联网设备可以充当数据的物理接口，所以物联网有助于在区块链和物理世界之间建立和谐的关系。物联网技术还可以减少源头干扰，确保数据的实际有效性。工业领域主要涉及 5 种物联网技术[35]：射频识别、无线传感器网络、中间件、云计算和物联网软件。与人类的感知能力相比，物联网技术可以帮助生产者准确地收集数据，如感知温度变化、计算经过的时间和色度变化[36]。

除了上述技术限制，还存在其他可能影响实现数据透明和数据共享的因素。数据透明和数据共享与利益相关者的要求之间存在矛盾，他们希望保护敏感信息，如计划、成本和秘密成分等，因为这些信息通常是公司的核心商业机密。基于区块链实现的供应链平台能确保每个交易都经过了多个不同的密钥签署，同时确保每个生成的密钥只能使用一次，这种方法能在密码学层面上保护用户的隐私。然而，还需要一种更高级的方法使不同的用户能够根据需求与法规自定义透明度和共享水平。例如，一些敏感数据仅在合作伙伴或公司之间共享，并且限制只能用于供应链协作。因此，还需要更多的研究对现有技术进行改进和优化，以解决不同场景下的数据透明和数据共享问题。

2.2 数据溯源与数据安全

随着数据规模的扩大和种类的增多，数据的产生和流动在制造业产品生命周期中变得越来越复杂，给供应链协作带来了严峻的挑战。本节深入剖析制造业中的数据溯源问题，揭示其中的困境与机遇。同时，探讨制造业数据安全问题，以及保障数据的完整性和安全性的重要性。

2.2.1 数据可追溯性

可追溯性提供了在产品生产和分销期间追踪产品并提供与这些产品有关的信息（如原材料、零部件、位置）的可能性[37]。它表示能够访问作为供应链一部分的任何细节信息，无论是特定库存、过程，还是供应链的成员（如零售商或批发商）。有研究[38]将可追溯性定义为对供应链上游阶段产品相关记录的访问。更详细地说，可追溯性可以涵盖供应链中基础产品的各个方面，包括是什么、如何做、为什么，以及在何处[39]。研究人员通常将可追溯性与追踪过程联系起来[40]。产品的追踪始于其起点，并一直持续到终点。根据相关研究[41]，数据透明度可以分为三种类型，通过追踪和追溯可以实现历史透明度，而运营透明度和战略透明度则是其他两种类型。简言之，可追溯性通过追踪和追溯实现了数据透明度。

一些研究人员已经在各种供应链场景中引入了可追溯性，以实现数据透明度。例如，Scholten等[42]引入了一种新的、数据透明的肉类供应链系统，使消费者能够追踪市场上可用肉类的历史。供应商和其他供应链参与者可以追踪肉类在整个供应链中的行程，同时政府机构也可以监测肉类的质量。Kandel、Klumpp和Keusgen[43]提出了一种支持全球定位系统（GPS）的追踪系统，称为GPS追踪系统。这种系统用于在生产计划和供应链事件管理的背景下进行追踪，以提高全球供应链的透明度。这些可追溯性解决方案依赖中心化系统，但存在数据操纵的风险。在中心化系统中，实现可追溯性变得困难。中心化系统通常缺乏透明度和信任度[44]。相关研究[45]将中心化的可追溯性系统描述为垄断、不对称和不透明的信息系统，这可能导致腐败和虚假信息等问题。此外，中心化系统容易受到单点故障等问题的影响，进而可能会立即中断提供其他功能。

研究人员在供应链中越来越关注可见性和可追溯性的相关领域[46]。与这些需求相一致，客户需要制造商和零售商提供产品原产地的可追溯信息。然而，要弥合与供应链可追溯性相关的差距并不容易，即使生产是道德的、受到制度约束的或安全的，这也是一个真正的经济和社会挑战[47]。由于供应链和产品流的复杂性，确定产品的起源常常比较困难。这种复杂性要求追踪产品的整个生命周期，从原材料采购到生产、分销和消费[48,49]。

可追溯性侧重通过循环供应链的直接和间接材料以及信息流进行动态追踪。在采用区块链技术之前，追踪过程中通常需要劳动力资源来获取、存储和分发有关材料的本地化更新和确认信息。不同公司采用了不同的传统方法来管理状态追踪的技术细节。主要的传统追踪方法包括电子邮件通信、电话呼叫、电子数据交换（Electronic Data Interchange，EDI）、增值网络（Value Added Network，VAN）

或企业资源计划（Enterprise Resource Planning，ERP）系统。然而，一些公司并没有采用协调的追踪系统，这降低了整体循环供应链的效率。从管理的角度来看，管理多个合作伙伴之间的大量数据交换和进行过程监测始终是昂贵且耗时的任务，特别是在协调和认证来自不同系统与外部参与者的数据时，这可能导致不可避免的潜在利润和效率损失。虽然 EDI、VAN 和 ERP 系统可以解决部分问题，但它们不能有效防止数据篡改等恶意行为。

一个基于区块链技术构建的实时追踪系统能够及时、自动地更新状态数据，从而支持高效和有效的业务决策。这种系统的增值追踪过程将使供应链中的参与者能够共享账本，并使用智能合同来监测材料信息状态的变化。通过采用智能合同，单个循环供应链合作伙伴可以追踪由自动事件机制触发的状态变化[50]。注册为特定联系人的合作伙伴可以及时了解更新后的流程状态，这是因为智能合同可能会自动触发信息推送机制。对于公司管理者，使用单一的格式处理重复信息和工作表可以节省大量数据协调的时间。区块链平台通过基于推送机制的实时通知信息变化，保证了更高水平的操作效率。因此，循环供应链合作伙伴可以降低与传统追踪方法相关的成本，实现合作伙伴之间的信息同步[50]。综上所述，区块链平台能够使循环供应链实现信息同步，减少确认流程状态所需的资源，并通过智能合同促进流程自动化，减少中介的需求。

数据可追溯问题的核心在于制造业产品生命周期中的数据源头追溯，即在整个生产过程中，数据如何生成、记录、传递及消亡。首先，制造业面临的一个主要挑战是数据在多个环节的生成与传递过程中可能发生的丢失、错误或篡改，进而影响产品质量与生产过程的可控性。这不仅给质量管理带来困扰，也对溯源体系的建立提出了更高的要求。其次，供应链的不同环节使用的数据标准和格式差异巨大，使得跨平台的数据追溯变得异常复杂，增加了溯源的难度与成本。当前，一些企业已经意识到数据可追溯的重要性，并采用了一些先进的技术手段（如区块链技术），以确保数据在产品生命周期内的完整性和准确性。然而，全行业尚缺乏统一的数据标准和溯源体系，制约了数据可追溯技术的广泛应用。随着信息安全威胁的不断升级，在确保数据可追溯的同时保护数据安全也成为一项迫切的任务。

2.2.2　数据安全

数据安全在制造业智能化过程中的重要性不容忽视。首先，制造业的数字化转型需要收集大量的生产和运营数据，并对这些数据进行存储和分析，以优化生产流程、提高效率和降低成本。然而，这些数据需要得到严密的安全防护，否则可能会发生众多安全问题，如黑客攻击、数据泄露和未经授权的数据访问等。目前，智能制造系统通常依赖互联网和云计算，这使得数据的收集和存储容易受到来自网络的攻击。黑客可以入侵制造控制系统，从中窃取关键生产数据或者攻击系统漏洞以干扰生产过程。这不仅可能导致生产中断，还可能会发生商业机密的泄露。其次，数据泄露是一个非常严重的问题。智能制造中的数据包括产品设计、原材料供应链、工艺参数等重要信息，这些数据是公司的商业竞争力，如果发生泄露，可能导致知识产权侵权和市场竞争劣势。最后，未经授权的数据访问可能导致数据滥用。员工和供应商可能滥用他们的访问权限篡改生产数据或者窃取商业机密信息，这可能会对企业的声誉和财务造成严重影响。因此，确保数据安全是智能制造中的重要一环。区块链技术为数据安全提供了一种有效的解决方案，可通过去中心化和不可篡改的账本确保数据的完整性与可追溯性，通过智能合约实现严格的访问控制和加密措施进一步维护数据安全。只有在确保数据的安全性的基础上，智能制造才能进一步发展。

在智能制造过程中，对数据存储的安全要求主要体现在以下 4 个方面[51-53]。

（1）数据保密是指防止未经授权的人访问和获取用户数据，确保数据的完整性和机密性。以银行账户为例，用户和银行工作人员有权访问账户数据以进行交易，但其他人不应该能够访问。一旦数据被未经授权的人访问，就可能会导致数据泄露，这是不可逆的。

（2）数据完整性影响着数据的可信度，即数据不应该被随意篡改或替换。举例来说，当顾客在亚马逊网站购物时，其他人不应该未经该顾客的授权而更改购物车中的物品。数据完整性的破坏可能会导致严重的安全问题。

（3）数据可用性意味着数据可以随时正常访问，用户能够在需要时立即获取数据、下载数据，或者对云中的数据进行必要的修改。

（4）用户在享受存储的便利的同时，存储服务提供商会得到用户的隐私信息，包括个人身份、位置和敏感企业数据等。隐私安全机制的作用是确保这些数据在面对好奇的恶意对手或服务提供商的雇员时仍然保持机密。

随着数据的进一步集中和数据量的增加，存储中的数据安全成为一个重要问题。因此，如何确保用户及其信息资源不被暴露，已成为服务提供商和学者长期关注的主要问题。然而，现有的信息安全和数据安全技术已经不能很好地满足大数据时代下数据爆发性增长所需要的信息安全要求，安全威胁逐渐成为大数据技术发展的瓶颈。现有的研究中，数据存储安全可以大致分为静态数据安全和动态数据安全两个不同的研究方向。静态数据安全关注的是保障存储系统中静态数据的安全性，动态数据安全则关注数据在传输过程中的完整性和机密性。通过存储系统中的 IP 传输数据会面临传统网络安全威胁，例如出现数据篡改、数据盗窃和数据销毁等安全问题，这些问题一旦发生会对数据存储和系统运行造成极大的危害。在分布式数据存储系统中，用户的数据分布在多个不同的存储服务器中，而每个服务器可能被多个不同用户共享。复杂的加密算法并不太适合资源有限的小型服务器，因此无法确保用户只在自己的数据空间进行操作，这极大地增加了未经授权访问的风险。此外，由于设备需要联网，用户的设备很可能会受到网络信道攻击的威胁。

数据在传输过程中容易受到攻击和窃取，为了保护数据的安全，加密技术是一种有效的方法。数据加密的核心思想是通过加密算法将原始的明文数据转化为一串不可读和无法简单还原的密文。即使有人截获了这些不可读的密文，也无法利用它还原原始内容，这有效地保护了数据的机密性。只有被授权的用户才能使用唯一对应的私钥对数据进行解密，并对数据进行更新和修改，这能够防止数据被窃取和篡改。数据加密分为对称加密和非对称加密两种方式。对称加密使用同一个密钥来加密和解密数据。然而，在使用对称加密之前，用户需要共同确定一个密钥，这在多用户共享文件时可能不太便利。相比之下，非对称加密（又称公钥加密）更加便捷。公钥加密使用一对密钥，分别称为公钥和私钥，其中公钥可以公开提供给他人，用于加密文件，而私钥则用于解密密文。

数据安全问题在制造业中愈发凸显，主要体现在信息泄露、恶意攻击和数据篡改等方面。首先，随着制造业的数字化转型，企业敏感信息的存储和传输变得更加频繁，信息泄露的风险也大幅增加。这不仅涉及公司内部的研发数据，还包括与供应链伙伴和客户之间的数据交换，因此需要建立更加强大的安全防线。其次，制造业面临着来自网络黑客和恶意软件的威胁，这些威胁可能导致数据的丢失、破坏和被窃，对企业运作和声誉造成严重损害。最后，数据篡改问题直接关系产品质量和制造过程的可控性，一旦数据被篡改，将对企业的正常生产和管理造成不可估量的影响。截至本书成稿之日，一些先进的制造业企业已经开始重视数据安全，并采取了一系列措施，如建立安全的网络架构、使用加密技术、实施权限管理等。然而，整个行业在数据安全方面仍存在不同程度的漏洞和不足。缺乏行业标准和全面的数据安全体系，使得企业在防范各类安全威胁时显得力不从心。

2.2.3　小结

制造业在数字化转型过程中所面临的核心问题有两个：数据可追溯性和数据安全问题。

随着制造业的全球化，数据在不同生产环节的生成、传递和应用变得越来越复杂，导致了信息孤岛、数据丢失和跨平台数据不一致等问题。解决这些问题需要建立全行业统一的数据标准和溯源体系，确保数据在产品生命周期内的完整性和可追溯性。同时，采用新兴技术（如区块链等）可以帮助构建去中心化、不可篡改的数据追溯网络，从而提升制造业对数据源头的可视化与管理。另外，还需要关注制造业在数字化转型中面临的安全挑战。随着信息技术的迅速发展，制造业在数据保护方面面临越来越大的压力。信息泄露、网络攻击和数据篡改等问题带来巨大的威胁，这些威胁可能导致严重的生产中断和质量问题。为了应对这一挑战，需要建立全行业标准的数据安全框架，包括使用加密技术、强化网络防御、加强员工安全意识培训等。只有建立全面且高效的数据安全机制，制造业才能更好地应对不断演变的网络安全挑战，确保信息的机密性和完整性。

总体来说，制造业在数字化转型的过程中存在许多难题，本节总结了数据可追溯问题和数据安全问题，旨在为业界提供解决方案和引导。通过解决数据可追溯问题，制造业的生产过程能够更加透明和高效。在数据安全方面的努力则有助于确保企业的核心信息得到充分保护，为制造业的数字化奠定坚实的基础。

2.3 制造业智能化与数据驱动的机遇

工业是经济繁荣和国家富强的主要推动力，提高工业绩效和效率可以促进经济增长。新兴的制造业采用的智能技术（特别是智能制造系统），能够提高机器的利用率和优化能源使用效率，从而使生产效率提高17%～20%[54]。制造商必须不断创新，迅速应对市场变化，提供低成本、高可靠性的产品，以满足终端消费者的需求。这种竞争推动了智能制造、数字化工艺和制造工厂的网络化物理控制的商业发展[55]。现代制造系统涉及智能设备和传感器的制造，这些设备能够在较少的人为干预下制造定制产品，并且可以通过互联网直接从终端客户处获得制造说明。许多国家已经出台相关政策，引导发展网络物理系统和数字制造业，以促进未来制造业的增长。例如，德国提出了"工业4.0"的概念，通过相互连接的加工系统实现了生产计划、工厂调度、产品定制、灵活制造、故障识别和恢复[56]。"工业4.0"涵盖了物联网、网络物理系统、数字制造、智能制造技术、增材制造、5G移动通信、机器人技术、大数据处理、数据分析、系统集成、仿真和柔性制造系统[57]。我国也推出了"互联网+"计划，旨在将制造业推向一个新水平[58]。发展分布式制造系统对实现智能制造至关重要，它能够应对不断增加的定制需求和供应链波动，也适用于较小的生产批次。根据麦肯锡全球研究所的报告，制造业有60%的自动化潜力，这表明智能制造技术可以在这些行业得到应用，以提高生产效率[59]。

第一个开始工业化的国家是英国，它于18世纪上半叶迈出了工业化的第一步。在这个时期，英国从以工人为基础的家庭手工业经济逐渐发展到以机器为基础的工业经济，即第一次工业革命。纺织工业在这一时期崭露头角，它也是首个采用现代生产技术的行业之一[60]。1764年，詹姆斯·哈格里夫斯发明了"纺纱珍妮"，这一发明促进了机械化加工的发展，同时煤炭、铁路、铁制品等关键领域的发明也开始出现，这些都是第一次工业革命的关键进展。煤炭的大规模开采和蒸汽机的发明为工业革命提供了新的能源来源，铁路的建设加速了人力和物资的流动，推动了工业化进程的发展。1830—1914年被称为第二次工业革命时期，这一时期诞生了大量新技术，这些技术促进了新能源的出现，包括电力、天然气和石油，从而推动了一系列重大发明。内燃机的发展充分利用了这些新的能源资源。与此同时，钢铁工业也迅速发展壮大，满足了不断增长的钢铁需求。化学合成技术的进步促进了合成织物、染料和肥料等新材料的产生。电报和电话的发明革命性地改变了通信方式。20世纪初，汽车和飞机的出现彻底改变了交通方式[60]。此外，化学学科也带来了新的人工材料，如消毒剂和防腐剂；电力系统的发展包括发电机、真空泵、气体照明系统和变压器的出现；在交通领域，铁路迎来了快速发展，而柴油发动机和快速船只改变了汽车业；农业领域也取得了一些重要的进展，包括钢制器具、排水和灌溉管道、蒸汽脱粒机、种子钻机和机械收割机等。第二次世界大战结束后，工业发展逐渐恢复并进入了第三次工业革命。在这个时期，机电系统升级为基于计算机的控制系统，其中可编程逻辑控制器（PLC）和工业机器人等自动化系统都是这一时期的伟大发明和实现[61]。在第三次工业革命中，晶体管和微处理器的快速发展推动了电信和计算机技术的崛起。这项新技术推动了小型材料的生产，为空间研究和生物技术等领域带来了前所未有的机会。第三次工业革命的核心是利用电子技术和信息技术来实现生产的自动化。2011年，"工业4.0"的概念由德国首次提出，旨在提升德国在制造业领域的竞争力[62]，这也被视为第四次工业革命的开始。"工业4.0"重点关注通过物联网和人工智能提高互联性和实时数据处理能力。通过物联网将工业互联网与制造系统连接，可使机器设备之间相互共享信息，同时根据系统算法做出智能化决策。"工业4.0"是一个渐进的发展过程，需要对现有的制造系统进行优化和升级，同时需要培训人员以熟悉新技术，从而确保有足够的技术人才。

制造业在智能化与数据驱动的浪潮中迎来了新的机遇，这些机遇将为制造业注入新的发展动力。首先，智能生产优化成为制造业的一项关键机遇。随着传感器技术、物联网和大数据分析的不断演进，企业能够实时监测生产过程、设备状态和产品质量。通过深入采集和分析这些数据，制造业企业可以更准确地识别生产中的瓶颈，并优化生产计划，从而实现生产效率的最大化。智能化生产的优势在于提供更灵活的制造流程，使企业能够更迅速地适应市场需求的变化。其次，个性化定制与智能供应链为制造业带来了巨大的机遇。通过深度挖掘客户需求和市场趋势的数据，制造业企业可以实现对产品需求的精准预测，从而实现生产过程的个性化定制。建设智能供应链将加速原材料采购、生产和配送等环节的智能化，提高供应链的灵活性和响应速度，为制造业提供更敏捷的生产模式。最后，智能维护与设备健康管理成为制造业的关键战略。通过应用先进的数据分析和人工智能技术，制造业企业能够实现对设备状态的实时监测和预测性维护。这种数据驱动的智能维护方法可以通过收集设备运行数据并运用预测分析算法，提前识别潜在的设备故障迹象，从而避免生产中断和降低维护成本。这一举措不仅提高了生产设备的可靠性，还加强了设备健康管理，使制造业企业能够更加高效地运营。这三个机遇共同勾勒出制造业智能化与数据驱动发展的广阔前景。通过充分发挥数据的潜力，制造业企业将能够实现更高效、灵活和创新的生产方式，为未来的制造业发展开创全新的可能性。这一数字化转型不仅将带来技术上的变革，更将塑造制造业的未来格局。

智能制造系统是"工业4.0"的核心组成部分，它将制造系统的各个方面数字化，具备互操作性、实时控制和监测、灵活的制造能力、对市场变化的快速响应、先进的传感技术和大数据分析，从而提高了生产效率[63]。智能制造系统具有两种运行模式：半自治和完全自治。在半自治系统中，生产工程师定义生产系统的目标和参数。而在完全自治系统中，智能制造系统自行定义最佳的操作参数，并自动将其应用于所有相关的生产单元。对制造商而言，在竞争激烈的市场中立足的主要挑战包括建立成本效益的能力、实现最佳产品生产和交付时间、确保产品质量，以及提供产品定制的灵活性。此外，制造系统需要适应不断变化的信息和环境，以持续保持和提高性能。为创建智能制造系统，人们已经开发出大量技术。如何选择适合将现有系统升级为智能制造系统的技术是一个重要问题，有一些策略可用于解决该问题。供应链准备级别和制造业企业解决方案协会（Manufacturing Enterprise Solution Association，MESA）制定的制造转型战略（基于ISA-95方法）是常用的策略。这些策略不仅将信息和通信技术视为主要基础，还关注单一技术或制造执行系统。在评估和改变智能系统时，信息与通信技术的使用至关重要，这在"工业4.0"模型中有明确体现。工业中的各种服务可以演化为智能服务，将业务流程与高效的数据和流程管理系统连接。通过物联网将系统和服务进行绑定，可以将整个行业转变为智能化行业。为了实现这一目标，需要开发不同的数据分析软件，并结合安全系统来分析和保护输入的数据。因此，需要深入分析制造业不同环节的业务和数据，根据不同的需求设计不同的模块，最终组成一个完整的智能制造系统。

智能制造系统使用集成网络系统在不同制造单元之间共享信息，甚至直接向终端客户提供服务，因此，智能制造系统需要连接互联网。通过互联网共享信息需要确保数据和信息在整个系统的各个节点之间具有高度的安全性，包括全球唯一识别和端到端数据加密[60]。因此，网络中的每个节点都应该免受外部攻击和数据滥用的威胁。在设计网络系统（如智能制造系统等）时，最重要的考虑因素之一是确保系统和整个过程的安全性。实施智能制造系统的另一个挑战是将新技术设备与现有设备进行集成。新技术设备与现有设备的兼容性在智能制造技术的实施中会引发各种问题。一些旧机器可能采用了特定的通信协议（这些协议可能已经过时），而新技术设备可能使用不同的协议。此外，机器之间的通信和系统的互联性也需要更高效的通信系统。最新的制造系统需要支持IPv6连接，以满足同时连接更多设备的需求。互操作性指的是不同系统具备独立理解和访问彼此功能的能力[61]。这一特性支持数据和信息在独立的硬件或软件制造商之间交换。"工业4.0"中有4个级别的互操作性[61]，分别是操作、系统、技术和语义互操作性。操作互操作性关注将物理系统与"工业4.0"的概念结构关联。系统互操作性包括标准、指导原则、方法和模型，用于确保系统之间的互操作性。技术互操作性提供了工具和平台，明确定义了技术、信息与通信技术环境及相关软件的互操作性。语义互操作性关注不同级别的组织和个体之间的信息交换。要实现互操作性，通信协议和标准的适当匹配至关重要，因为通信带宽、操作频率、通信方式、硬件能力等方面的差异可能导致互操作性无法有效实现，从而限制系统的互操作性。因此，需要设计一个交互和通信协议以满足智能制造系统中不同设备和不同用户之间的高效和安全的通信和数据交互。

数据驱动和数据智能技术在制造业智能化进程中扮演着关键角色，它们已经取得了令人瞩目的成就，并将在未来继续引领着制造业的革命。过去几十年来，信息技术得到了的快速发展，但是如今，数据已经成为制造业的新型燃料，推动着创新、效率和竞争力的提升。通过实时监测、数据分析和机器学习等技术，制造业企业能够更好地理解其生产过程，优化资源利用，降低生产成本，提高产品质量，甚至开发个性化的定制产品。未来，随着数据采集和处理技术的不断演进，可以预见更高级别的数据智能（如自动化决策系统、智能供应链管理和预测性维护）的广泛应用。这将为制造业企业带来更大的灵活性和竞争优势，也将推动全球制造业朝着更可持续、高效和智能的方向迈进。因此，数据驱动和数据智能技术的进一步发展将继续塑造未来智能制造的面貌，为行业带来更多的机遇和挑战。

参考文献

[1] HELLANI H, SLIMAN L, SAMHAT A E, et al. On blockchain integration with supply chain: overview on data transparency[J]. Logistics, 2021, 5(3): 46.

[2] BARRATT M. Understanding the meaning of collaboration in the supply chain[J]. Supply Chain Management: An International Journal, 2004, 9(1): 30-42.

[3] OLORUNNIWO F O, LI X. Information sharing and collaboration practices in reverse logistics[J]. Supply Chain Management: An International Journal, 2010, 15 (6): 454-462.

[4] RAMANATHAN U. Performance of supply chain collaboration—A simulation study[J]. Expert Systems with Applications, 2014, 41(1): 210-220.

[5] CHEN Y H, LIN T P, YEN D C. How to facilitate inter-organizational knowledge sharing: The impact of trust[J]. Information & Management, 2014, 51(5): 568-578.

[6] FAWCETT S E, WALLER M A, FAWCETT A M. Elaborating a dynamic systems theory to understand collaborative inventory successes and failures[J]. The International Journal of Logistics Management, 2010, 21(3): 510-537.

[7] ZORZINI M, HENDRY L C, HUQ F A, et al. Socially responsible sourcing: reviewing the literature and its use of theory[J]. International Journal of Operations & Production Management, 2015, 35(1): 60-109.

[8] GRIMM J H, HOFSTETTER J S, SARKIS J. Exploring sub-suppliers' compliance with corporate sustainability standards[J]. Journal of Cleaner Production, 2016, 112: 1971-1984.

[9] DEY N, HASSANIEN A E, BHATT C, et al. Internet of things and big data analytics toward next-generation intelligence[M]. Berlin: Springer, 2018.

[10] LI Y Q. An integrated platform for the internet of things based on an open source ecosystem[J]. Future Internet, 2018, 10(11): 105.

[11] HUGOS M H. Essentials of supply chain management[M]. NY: John Wiley & Sons, 2018.

[12] REJEB A, KEOGH J G, TREIBLMAIER H. Leveraging the internet of things and blockchain technology in supply chain management[J]. Future Internet, 2019, 11 (7): 161.

[13] HASWELL H, STORGAARD M. Maersk and IBM unveil first industry-wide cross-border supply chain solution on blockchain[EB/OL]. (2017-5-5)[2023-5-6].

[14] MANYIKA J, CHUI M, BISSON P, et al. The Internet of Things: mapping the value beyond the hype[M].NY: McKinsey Global Institute, 2015.

[15] FRASER I J, MÜLLER M, SCHWARZKOPF J. Transparency for multi-tier sustainable supply chain management: a case study of a multi-tier transparency approach for SSCM in the automotive industry[J]. Sustainability, 2020, 12(5): 1814.

[16] HSU C. Service science: design for scaling and transformation[M]. Singapore: World Scientific, 2009: 245.

[17] LEV B, RADHAKRISHNAN S, ZHANG W. Organization capital[J]. Abacus, 2009, 45(3): 275-298.

[18] ANTHONY T. Supply chain collaboration: success in the new internet economy [J]. Achieving Supply Chain Excellence Through Technology, 2000, 2: 41-44.

[19] WANG Y, HAN J H, BEYNON-DAVIES P. Understanding blockchain technology for future supply chains: a systematic literature review and research agenda [J]. Supply Chain Management: An International Journal, 2019, 24(1): 62-84.

[20] MISHRA D K, SEKHARI A, HENRY S, et al. Traceability in product supply chain: a global model[C]//The 13th IFIP WG 5.1 International Conference, July 11-13, 2016, Columbia, SC, USA. Cham: Springer International Publishing, IFIPAICT 492: 377-384.

[21] CACHON G P, FISHER M. Supply chain inventory management and the value of shared information[J]. Management Science, 2000, 46(8): 1032-1048.

[22] KURTULUS M. Collaborative forecasting in retail supply chains[M]//Ha A Y, Tang C S. Handbook of Information Exchange in Supply Chain Management. Berlin: Springer, 2017: 39-61.

[23] PEERLESS RESEARCH GROUP. The supplier collaboration shortage: uncovering the gaps in supply chain readiness[R/OL].(2013-12-2)[2023-12-6].

[24] SHANG W, HA A Y, TONG S. Information sharing in a supply chain with a common retailer[J]. Management Science, 2016, 62(1): 245-263.

[25] REN Z J, COHEN M A, HO T H, et al. Information sharing in a long-term supply chain relationship: the role of customer review strategy[J]. Operations Research, 2010, 58(1): 81-93.

[26] LIU H, JIANG W, FENG G, et al. Information leakage and supply chain contracts [J]. Omega, 2020, 90: 101994.

[27] SHIH H, LAI K, CHENG T C E. Examining structural, perceptual, and attitudinal influences on the quality of information sharing in collaborative technology use [J]. Information Systems Frontiers, 2015, 17: 455-470.

[28] GHOSHAL A, KUMAR S, MOOKERJEE V. Dilemma of data sharing alliance: When do competing personalizing and non-personalizing firms share data[J]. Production and Operations Management, 2020, 29(8): 1918-1936.

[29] SCHEELE L M, THONEMANN U W, SLIKKER M. Designing incentive systems for truthful forecast information sharing within a firm[J]. Management Science, 2018, 64(8): 3690-3713.

[30] BIMPIKIS K, CRAPIS D, TAHBAZ-SALEHI A. Information sale and competition[J]. Management Science, 2019, 65(6): 2646-2664.

[31] AGARWAL S. Blockchain technology in supply chain and logistics[D].MA: Massachusetts Institute of Technology, 2018.

[32] LONGO F, NICOLETTI L, PADOVANO A, et al. Blockchain-enabled supply chain: an experimental study[J]. Computers & Industrial Engineering, 2019, 136: 57-69.

[33] SABERI S, KOUHIZADEH M, SARKIS J, et al. Blockchain technology and its relationships to sustainable supply chain management[J]. International Journal of Production Research, 2019, 57(7): 2117-2135.

[34] PERBOLI G, MUSSO S, ROSANO M. Blockchain in logistics and supply chain: a lean approach for designing real-world use cases[J]. IEEE Access, 2018, 6: 62018-62028.

[35] LEE I, LEE K. The Internet of Things (IoT): applications, investments, and challenges for enterprises[J]. Business Horizons, 2015, 58(4): 431-440.

[36] TZOUNIS A, KATSOULAS N, BARTZANAS T, et al. Internet of Things in agriculture, recent advances and future challenges[J]. Biosystems Engineering, 2017, 164: 31-48.

[37] SODHI M M S, TANG C S. Corporate social sustainability in supply chains: a thematic analysis of the literature[J]. International Journal of Production Research, 2018, 56(1-2): 882-901.

[38] PANT R R, PRAKASH G, FAROOQUIE J A. A framework for traceability and transparency in the dairy supply chain networks[J]. Procedia-Social and Behavioral Sciences, 2015, 189: 385-394.

[39] AUNG M M, CHANG Y S. Traceability in a food supply chain: safety and quality perspectives[J]. Food Control, 2014, 39: 172-184.

[40] JEPPSSON A, OLSSON O. Blockchains as a solution for traceability and transparency[D]. Lund: Lund University, 2017.

[41] WANG W Y C, et al. Supply chain management: issues in the new era of collaboration and competition[M]. Hershey: IGI Global, 2006.

[42] SCHOLTEN H, BARTRAM T, KASSAHUN A, et al. Enabling transparency in

meat supply chains: tracking & tracing for supply chain partners, consumers and authorities[C]//IT-Standards in der Agrar-und Ernährungswirtschaft, February 24-25, Bonn, Germany. Esslingen: GIL, 2014.

[43] KANDEL C, KLUMPP M, KEUSGEN T. GPS based track and trace for transparent and sustainable global supply chains[C]//The 17th International Conference on Concurrent Enterprising, June 20-22, 2011, Aachen, Germany. NJ: IEEE, 2011: 1-8.

[44] EL MAOUCHI M, ERSOY O, ERKIN Z. TRADE: a transparent, decentralized traceability system for the supply chain[C]// The 1st ERCIM Blockchain Workshop, May 8-9, 2018, Amsterdam, Netherlands. NY: ACM, 2018.

[45] TIAN F. An agri-food supply chain traceability system for China based on RFID & blockchain technology[C]//The 13th International Conference On Service Systems And Service Management, June 24-26, 2016, Kunming, China. NJ: IEEE, 2016: 1-6.

[46] AGNOLI L, CAPITELLO R, DE SALVO M, et al. Food fraud and consumers' choices in the wake of the horsemeat scandal[J]. British Food Journal, 2016, 118 (8): 1898-1913.

[47] GALVEZ J F, MEJUTO J C, SIMAL-GANDARA J. Future challenges on the use of blockchain for food traceability analysis[J]. TrAC Trends in Analytical Chemistry, 2018, 107: 222-232.

[48] LU Q, XU X. Adaptable blockchain-based systems: a case study for product traceability[J]. IEEE Software, 2017, 34(6): 21-27.

[49] XU X, LU Q, LIU Y, et al. Designing blockchain-based applications a case study for imported product traceability[J]. Future Generation Computer Systems, 2019, 92: 399-406.

[50] ZHU Q, SHAH P, SARKIS J. Addition by subtraction: integrating product deletion with lean and sustainable supply chain management[J]. International Journal

of Production Economics, 2018, 205: 201-214.

[51] BHATIA T, VERMA A K. Data security in mobile cloud computing paradigm: a survey, taxonomy and open research issues[J]. The Journal of Supercomputing, 2017, 73: 2558-2631.

[52] XIA Z, XIONG N N, VASILAKOS A V, et al. EPCBIR: an efficient and privacy-preserving content-based image retrieval scheme in cloud computing[J]. Information Sciences, 2017, 387: 195-204.

[53] ZHANG J, CHEN B, ZHAO Y, et al. Data security and privacy-preserving in edge computing paradigm: Survey and open issues[J]. IEEE Access, 2018, 6: 18209-18237.

[54] TUPTUK N, HAILES S. Security of smart manufacturing systems[J]. Journal of Manufacturing Systems, 2018, 47: 93-106.

[55] AZIZI A, YAZDI P G, HUMAIRI A A, et al. Design and fabrication of intelligent material handling system in modern manufacturing with Industry 4.0 approaches [J]. International Robotics & Automation Journal, 2018, 4(3): 186-195.

[56] ARNOLD C, KIEL D, VOIGT K I. How the industrial internet of things changes business models in different manufacturing industries[J]. International Journal of Innovation Management, 2016, 20(8): 1640015.

[57] AHUETT-GARZA H, KURFESS T. A brief discussion on the trends of habilitating technologies for Industry 4.0 and smart manufacturing[J]. Manufacturing Letters, 2018, 15: 60-63.

[58] LI L. China's manufacturing locus in 2025: With a comparison of "Made-in-China 2025" and "Industry 4.0" [J]. Technological Forecasting and Social Change, 2018, 135: 66-74.

[59] MANYIKA J, CHUI M, MIREMADI M, et al. A future that works: AI, automation, employment, and productivity[R]. Washington, USA: McKinsey Global Institute Research, 2017.

[60] ZHANG C, YANG J. A history of mechanical engineering[M]. Berlin: Springer, 2017.

[61] ZHOU K, LIU T, ZHOU L. Industry 4.0: towards future industrial opportunities and challenges[C]//The 12th International Conference on Fuzzy Systems and Knowledge Discovery, August 15-17, 2015, Zhangjiajie, China. NJ: IEEE, 2015: 2147-2152.

[62] BAHRIN M A K, OTHMAN F, AZLI N H N. Industry 4.0: a review on industrial automation and robotic[J]. Jurnal Teknologi, 2016, 78(6-13): 137-143.

[63] LU Y, MORRIS K C, FRECHETTE S. Current standards landscape for smart manufacturing systems[R]. Gaithersburg, MD: National Institute of Standards and Technology, 2016.

第 2 篇
多维数据空间模型与服务理论

第 3 章

多维数据空间模型

多维数据空间模型是一种表示和分析高维数据的模型，多个变量的数据可以看作一个由多个维度和一个或多个度量组成的数据立方体。通过多维数据空间模型，可以提高数据查询的效率和灵活性，从而实现多角度的数据分析。不同的数据切割方法有助于模型提取不同特征值，实现不同的数据分析模型，进而处理不同的任务。在制造业中，多维数据空间模型可以用于整合各个环节的数据，方便数据存储及利用。

3.1 多维数据与多维数据空间模型

随着数字化时代的发展，不同行业的数据量和数据维度呈现几何级增长的态势，制造行业在其制造、运输等不同周期都会产生各种不同类型的数据。这种将不同的特征表示为不同维度（Dimension）或属性的数据集所构成的空间，称为多维数据空间。多维数据空间既可以用来表示复杂的数据结构（如数据库、数据立方体、数据流等），也可以用来进行数据分析、数据挖掘、数据可视化等。图3.1展示了工业制造的多维数据分析和可视化。

在当今数字时代，数据已经成为人们生活和工作的重要组成部分，无论是企业管理、科学研究、金融分析，还是医疗保健，各个领域都涉及大量的数据。制造业产品生命周期涉及产品从生产到销售再到淘汰报废的整个过程，其间会产生许多不同维度及特征的数据。这些数据本身有时并不够直观，要理解和利用数据，需要使用一种有效的方法来组织、存储和分析它们。多维数据空间模型提供了一种将数据从不同角度进行组织和分析的方式，是一种可以应用到整个产品生命周期的强大工具。本章深入探讨多维数据空间模型的概念与定义，以及它在不同领域中的应用。

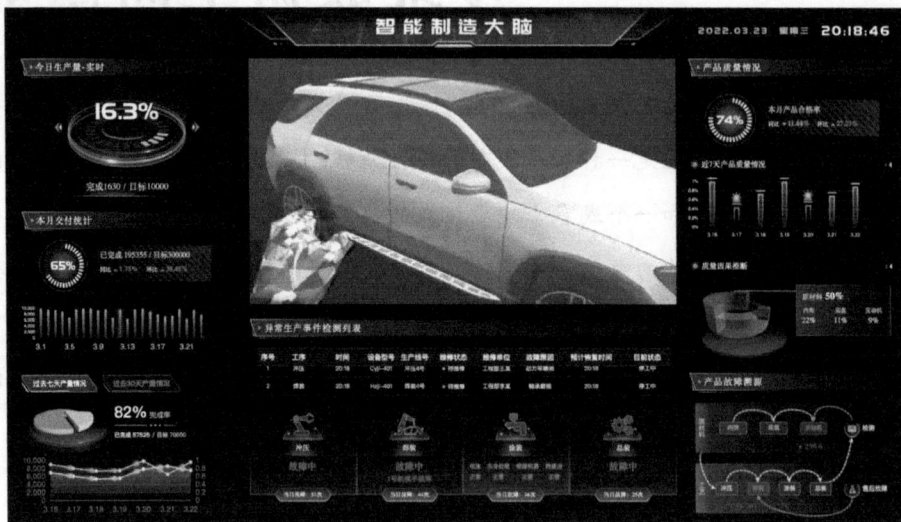

图3.1　多维数据分析和可视化（原图见彩插页图3.1）

3.1.1　多维数据的复杂性

本节将论述为什么多维数据空间模型如此重要。现实世界中的数据往往具有多个维度，每个维度代表数据的一个特征或属性。举例来说，在零售业中，一个数据点可以包括产品、时间、地点、销售额等多个维度。这些维度之间存在着复杂的关系和交互，如时间维度可以包含年份、季度、月份等不同层级，地点维度也可以包括国家、省、市等不同级别。随着维度的增加，维数越高，表示数据的复杂度越高，处理起来越困难，可能导致维数灾难（Curse of Dimensionality）的概率也就越高。同时，多维数据意味着数据量的增大，大量数据会导致噪声、冗余、不一致等问题，极大地提高数据处理的难度。此外，大数据导致数据本身质量堪忧，数据是否准确、完整、一致、及时等问题会极大地影响数据的可信度和可用性，很难从中提取到真正有效的数据。

这种多维度的数据复杂性使得数据的理解和分析变得具有挑战性。单一的统计方法或数据可视化工具通常无法捕捉到数据中的所有关系和趋势。因此，需要一种更高级的方法来处理这种多维数据复杂性，这就是多维数据空间模型的"用武之地"。

3.1.2　多维数据空间模型的概念

多维数据空间模型的核心思想是将数据映射到一个多维空间中，其中每个维度都对应一个坐标轴。这个多维空间中的每个数据点都可以在多维坐标系中表示。通过这种方式，人们可以直观地理解数据之间的关系，发现潜在的模型和规律。多维数据空间模型使人们能够从数据的新维度来看待世界，从而更好地理解和利用数据。

多维数据空间利用维度表示特征，维度是多维数据空间模型中的一个关键概念。每个维度代表了数据集中的一个特征或属性。例如，在一个销售数据集中，可以有产品、时间、地区等多个维度。每个维度都对应一个坐标轴，用来表示该维度的取值范围。多维空间通过多个维度相互交叉的方式表示数据单元，数据空间中的每个交叉点表示一个具体的数据单元，它同时考虑了多个维度的值。每个交叉点包含了在所对应不同维度上定义的数据。用户可以使用多维数据空间模型便捷地进行多维分析，如可以通过选择不同的维度和层次，轻松地进行数据的切片、切块和提取，以获得对数据更深入和全面的理解。多维数据空间模型具有很高的灵活性，允许用户根据具体需求动态地调整维度和层次，以适应不同的分析场景。这些优势使得多维数据空间模型可以更加全面、直观地表示和分析数据，适用于许多领域（包括商业智能、数据库和决策支持系统等），为用户提供了更深入的洞察和更好的决策支持。

多维数据空间模型的维度内部还可以包含多个有序的维度层级，例如在时间维度中包含年份、季度和月份。测量值则是与维度相关的数值或度量指标，代表具体的数据信息，如销售额。多维立方体是模型中的核心结构，是一个多维数组，其中每个维度层级对应一个维度的值，每个单元格包含一个或多个测量值。用户可以对多维立方体执行切片、切块和切点等一系列操作，从而能够实现不同角度的数据分析。其中，切片是选择某个维度层级上的特定值，切块是选择多个维度上的特定值，切点则是选择某个维度上的特定值并在其他维度上进行数据汇总。这些操作使用户能够从多个维度来灵活地分析数据。

多维数据空间模型是一种用于表示和组织多维数据的结构化方法，它将多维数据映射到一个多维空间中，使得数据的关系和结构更加清晰可见。多维数据空间模型提供了一种有力的分析和探索工具，使用户能够更好地理解和利用多维数据。它的关键特点包括多维度、每个维度不同维度层级、不同维度层级的测量值，以及通过不同切片实现的多维立方体。

多维数据空间模型是一个可以应用于商业智能、数据挖掘、科学研究、地理信息系统等各个领域的强大工具。用户能够通过多维数据空间模型以直观的方式理解数据之间的关系，进而发现隐藏的模型和规律，从而更好地做出决策和创新。

在制造业中，多维数据空间模型的应用同样具有巨大价值。它可以帮助制造业企业实现对生产、销售、采购等各环节数据的深度挖掘和分析，揭示企业运营中的关键问题和发展潜力。通过多维数据空间模型，企业能够实时监测生产状态，优化生产流程，提高生产效率。同时，它还有助于企业精准把握市场动态，实现市场营销的精准投放，从而提升销售额。在制造业的质量管理、设备维护和供应链管理等方面，多维数据空间模型也发挥着重要作用。通过对海量数据的挖掘和分析，企业可以实时发现产品质量问题，提高产品合格率；可以对设备运行状态进行监控，实现预测性维护，降低设备故障率；可以优化供应链，降低库存成本，提高响应速度。

本节介绍了多维数据空间模型的基本概念与定义、多维数据的特征，以及多维立方体和数据操作的基本概念。多维数据空间模型可以以多维度的方式组织、存储和分析数据，从而帮助用户更好地理解数据之间的关系。接下来的章节将深入探讨多维数据建模的方法和技术，以及如何应用多维数据空间模型来解决制造业相关问题。

3.2 多维数据空间模型的构建方法

3.1 节介绍了多维数据空间模型的核心概念和定义。本节进一步探讨多维数据空间模型的构建方法，这是将理论付诸实践的关键环节，大体步骤如图 3.2 所示。多维数据空间模型的构建涉及选择合适的维度、定义维度层级、选择测量值、构建多维立方体等多个方面。本节详细讨论这些关键步骤以及如何构建一个高效且有用的多维数据空间模型。

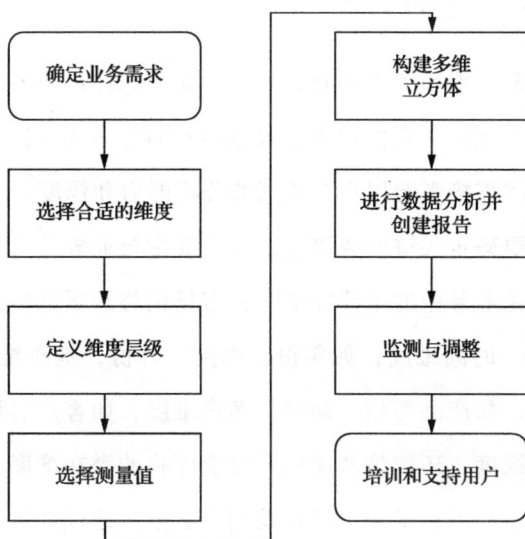

图 3.2 模型构建方法

3.2.1 确定业务需求

多维数据空间模型的构建始于对业务需求的深入理解。无论是在产品制造、产品运输、市场分析、人员管理，还是其他制造业领域，都要明确数据将用于解决什么问题或支持什么决策。这些需求将指导后续的数据建模过程。

为了更好地理解业务需求，设计人员与业务团队密切合作是至关重要的。需要与业务经理、分析师和其他相关人员进行会议和讨论，以了解他们的需求、目标和优先事项。这将有助于确保构建的多维数据空间模型以满足实际业务需求。与业务团队沟通后，就可以定义关键问题、明确业务需求。在明确了业务需求后，进一步细化问题至关重要。这个过程包括需要明确解答的关键问题、确定关键绩效指标（KPI），以及确定数据分析的主要方向。例如，如果需要构建一个市场分析模型，可能存在许多关键问题："在不同地区和时间段内，哪些产品的销售表现最佳？""销售额存在什么季节性趋势？""哪些因素对销售额产生的影响最大？""哪个国家/地区的客户退货率最高？"明确这些问题，可以更好地定位和设计多维数据空间模型。

3.2.2　选择合适的维度

一旦明确了业务需求和关键问题，下一步就是选择适当的维度。维度是多维数据空间模型的核心元素，它们代表了数据的不同方面或特征。选择正确的维度至关重要，因为它将直接影响用户对数据的分析能力和深度。

首先，用户需要确定关键业务维度，这主要指与业务需求相关的关键业务维度。这些维度通常是业务中的重要特征。在市场销售数据分析的例子中，可能的关键业务维度包括：时间维度，如年份、季度、月份；地点维度，如国家、省、市、县；产品维度，如产品类型、品牌；客户维度，如客户名称、客户类别。其次，除了关键业务维度，还应该考虑用户可能面临的潜在维度，这些维度可能在后续分析中至关重要。潜在维度可以帮助用户更全面地理解数据，并为未来的需求做好准备。假如用户的业务正在拓展新市场，市场可能成为一个潜在维度。此外，尽管选择维度非常重要，但在确定关键维度的同时，应当避免数据过度维度化，过多的维度会导致数据模型变得复杂，难以管理和理解。在选择维度时，要坚持以业务需求为核心，不添加不必要的维度。

3.2.3　定义维度层级

维度层级是维度内部的有序结构，它表示不同粒度或层次的维度值。维度层级使用户能够在不同粒度上进行数据分析。

维度层级由设计人员确定。例如，在时间维度中，可能的维度层级包括年份、季度、月份、周和日；在产品维度中，可能的维度层级包括产品类型、品牌和型号。每个维度的层级应与业务需求和分析目标一致。设计人员应当在定义维度层级时，确保建立正确的层级关系，这意味着每个较低层级的值都与上一层级的值相关联。例如，月份层级的值应与所属季度的值相关联，以确保数据的一致性和可比性。在设计好整体维度层级后，应当考虑时间维度的特殊性，因为它涉及时间的自然流逝。在时间维度中，要考虑年度周期、季节性趋势、节假日等因素，并相应地定义层级。

3.2.4　选择测量值

选择合适的测量值是多维数据空间模型构建的关键步骤。测量值是将在模型中分析的实际数据，它们可以是数值、度量指标、统计数据等。在选择测量值时，设计人员的首要考量是业务目标，即测量值应与业务目标和问题密切相关，需根据业务需求确定。例如，在市场销售数据分析中，可能的测量值包括销售额、销售数量、平均销售价格等。在保证分析数据有效后，设计人员应考量数据可用性，确保所选的测量值在可用的数据集中有相应的记录和数值。如果数据不可用或不完整，将无法进行有效的分析。设计人员应尽量将维度关联性也纳入选择测量值的考虑范围内，测量值应该能够与维度建立有意义的关系，以支持数据切片和切块操作。

3.2.5　构建多维立方体

在确定了数据的维度、维度层级和测量值之后，就可以开始构建多维立方体。多维立方体是多维数据空间模型的核心结构，旨在将数据映射到多维空间，以提高数据的组织和分析效率。构建多维立方体的过程涉及数据抽取和转换，需要从源数据中进行抽取和转换，以适应多维立方体的结构。这包括对数据按照所选维度层级进行切片、切块和切点操作，从而生成多维立方体中的数据。多维立方体的构建通常使用专业的多维数据分析工具或数据库管理系统，这些工具提供了创建和维护多维立方体的功能，并支持数据切片、切块和切点操作。一旦多维立方体构建完成，就需要定期加载和维护数据，以确保数据的及时性和准确性。这些任务是多维数据空间模型中常见的操作，可以确保多维立方体始终反映源数据的最新状态。

3.2.6 进行数据分析并创建报告

多维数据空间模型的真正的价值体现在数据分析和报告中。多维数据空间模型使得数据分析更加高效和直观，用户能够轻松执行切片、切块、切点等操作，从不同维度和层级深入探索数据。在这个过程中，选择适用的数据分析工具至关重要。这些工具可以是商业智能软件、数据可视化工具或自定义应用程序，它们能够帮助用户方便地与多维数据空间模型进行交互式分析。此外，创建有意义的报告和可视化也是该模型的关键应用之一。通过报告和可视化，用户能够将数据的洞察力传达给决策者和利益相关者，帮助他们更好地理解数据的含义。最终的目标是通过多维数据空间模型的分析结果来支撑数据驱动的决策，确保分析结果能够被切实有效地应用于改进业务策略、优化业务流程。

3.2.7 监测与调整

需要注意的是，多维数据空间模型是一个动态的工具，创建模型只是第一步，在创建完模型后，还需要持续监测和调整模型以确保其可以适应新的需求。随着业务需求和数据的变化，可能需要不断地对模型进行修改和扩展。首先，定期监测多维数据空间模型的性能至关重要，因为它可以确保用户能够获得良好的体验。这一步骤的实现方式包括检查数据加载速度、查询性能和报告生成效率。其次，随着业务需求的演变，可能需要调整多维数据空间模型，例如添加新的维度、维度层级或测量值，以满足新的分析需求。最后，还要持续维护数据的质量，定期监测数据的准确性和完整性，并及时纠正数据质量问题，从而确保多维数据空间模型的输出结果的可靠性和准确性。

3.2.8　小结

多维数据空间模型的构建是一个复杂且关键的过程。通过明确业务需求、选择合适的维度、定义维度层级、选择测量值、构建多维立方体、进行数据分析并创建报告、监测与调整，以及为用户提供培训和支持，就可以创建一个强大且有用的多维数据空间模型，为决策和创新提供有力支撑。多维数据空间模型不仅是一个技术工具，更是一种帮助人们理解和利用多维数据的思维方式。在实际应用中，多维数据空间模型可以为各个领域的数据分析和决策提供重要帮助。

3.3　多维数据空间模型实例分析

本节主要介绍3种常见的多维数据空间模型，即星形模型（Star Schema）、雪花模型（Snowflake Schema）和事实星座（Fact Constellation）模型[1]，以产品销售作为实例，来说明它们的用途和优势。3.3.4小节补充介绍其他数据模型。

3.3.1　星形模型

星形模型是一种用于构建数据库和数据分析的数据模型，它能够有效地处理多维数据，提供灵活性和性能优势。顾名思义，它的形状实际上就像由多个维度组成的卫星系统[2]。本节将通过一个实例分析来说明它在数据建模中的应用。

星形模型是一种结构简单、容易理解和查询的数据模型，其基本结构如图3.3所示。它由以下关键元素构成。

事实表（Fact Table）包含了业务事实和度量值，通常记录数值数据，如销售额、数量、利润

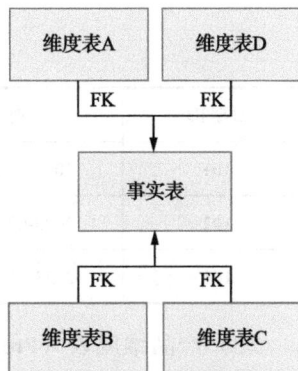

图3.3　星形模型

等。事实表的每一行记录代表了某个事件的发生，如一笔销售交易。维度表（Dimension Table）包含了与事实表相关的维度信息，用于对事实数据进行分组和过滤。维度可以是时间、地理位置、产品、客户等。每个维度表通常包含了维度的属性，如时间维度表可以包含年份、季度、月份等。事实表中通常包含用于建立事实数据与维度数据之间的关联的、指向维度表的外键（Foreign Key，FK）。例如，在销售事实表中，可以有指向时间维度表和产品维度表的外键，以便进行时间和产品的分析。

下面以建立一个销售数据库为例来说明星形模型的应用。该销售数据库用于分析公司制造产品的销售业绩，建模过程包含以下4个方面。

（1）销售事实表（Sales Fact Table）包含了销售交易的相关数据，如销售金额、销售数量、成本、利润等，如表3.1所示，每一行记录代表一笔销售交易。

表3.1 销售事实表

销售ID	日期ID	产品ID	客户ID	销售金额/元	销售数量/个	成本/元	利润/元
1	101	001	202243	1000	10	600	400
2	102	002	202244	1500	15	900	600
3	103	003	202245	800	8	480	320

（2）时间维度表（Time Dimension Table）包含了与时间相关的维度信息，如日期、月份、季度、年份等。具体信息如表3.2所示。

表3.2 时间维度表

日期ID	日期	月份	季度	年份
101	2023-12-31	12月	Q4	2022年
102	2023-02-15	01月	Q1	2023年
103	2023-02-28	02月	Q1	2023年

（3）产品维度表（Product Dimension Table）包含了与产品相关的维度信息，如产品名称、产品类别、供应商等。具体信息如表3.3所示。

表 3.3　产品维度表

产品 ID	产品名称	产品类别	供应商
001	产品 A	家居用品	供应商 X
002	产品 B	电子产品	供应商 Y
003	产品 C	零食百货	供应商 Z

（4）客户维度表（Customer Dimension Table）包含了与客户相关的维度信息，如客户姓名、地址、电话等。具体信息如表 3.4 所示。

表 3.4　客户维度表

客户 ID	客户姓名	地址	电话
202243	客户 1	地址 1	电话 1
202244	客户 2	地址 2	电话 2
202245	客户 3	地址 3	电话 3

用户可以使用星形模型来执行各种查询，以分析销售数据。以下是一些查询示例。

查询某一年的销售额和利润：

```
1. SELECT 年份, SUM(销售额), SUM(利润);
2. FROM 销售事实表;
3. INNER JOIN 时间维度表 ON 销售事实表.日期ID = 时间维度表.日期ID;
4. WHERE 年份 = 2023;
5. GROUP BY 年份;
```

查询某个产品类别的月销售额：

```
1. SELECT 产品类别, 月份, SUM(销售额);
2. FROM 销售事实表;
3. INNER JOIN 产品维度表 ON 销售事实表.产品ID = 产品维度表.产品ID;
4. INNER JOIN 时间维度表 ON 销售事实表.日期ID = 时间维度表.日期ID;
5. WHERE 产品类别 = '电子产品';
6. GROUP BY 产品类别, 月份;
```

通过这些查询示例，用户可以轻松地从星形模型中提取有关销售数据的有用信息，通过对这些有用信息进行多维数据分析，实现决策制定和业务优化。

可以看出，星形模型是一个强大的多维数据空间模型，适用于构建数据库和数据分析应用。它通过事实表和维度表的组织结构，提供了灵活性和性能，使用户能够轻松地分析复杂的业务数据。在实际应用中，星形模型可用于各种领域，包括销售分析、客户关系管理、库存管理等，帮助组织更好地理解业务并做出明智的决策。

星形模型本身可能存在数据冗余和不一致性，以及维度表过大的问题，更适合应用在数据量较小的多维数据建模中。

3.3.2　雪花模型

雪花模型的基本结构如图3.4所示。与星形模型不同，雪花模型在某些情况下更适合处理复杂的多维数据需求。

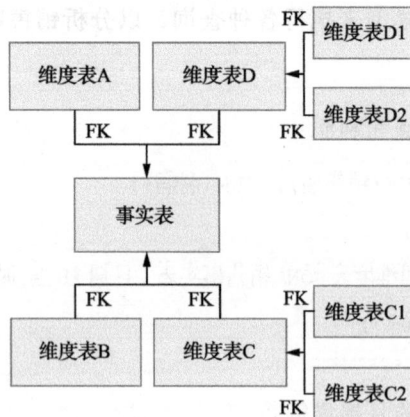

图3.4　雪花模型

雪花模型是一种多维数据空间模型，与星形模型相似，但它的维度表结构有所不同。事实上，由于雪花模型存在子维度，或者说，由于雪花模型将维度拆分为子维度，因此雪花模型中引入了层次结构的概念[3]。

雪花模型也包含许多关键元素。其中，事实表与星形模型一样，包含了业务事实和度量值，每一行记录代表一个特定事件或事实的发生。维度表包含了维度信息，如时间、地理位置、产品、客户等。每个维度表通常包含维度属性，用于对事实数据进行分组和过滤。雪花模型的一个关键特点是，它的事实表通常是规范化的，但维度表不是[4]。雪花模型的维度表可以进行规范化，即将维度表分解为多个相关的子表。这些子表可以通过外键关联，形成维度的层次结构。

下面以建立一个零售业务的数据库为例来说明雪花模型的应用。该数据库用于分析销售订单和库存数据，建模过程包含以下 4 个方面。

（1）销售订单事实表（Sales Order Fact Table）包含了销售订单的相关信息，如订单号、日期 ID、产品 ID、客户 ID、销售数量、销售金额等。每一行记录代表一个销售订单。具体信息如表 3.5 所示。

表 3.5　销售订单事实表

订单号	日期 ID	产品 ID	客户 ID	销售数量/个	销售金额/元
1001	101	001	202234	5	500
1002	102	002	202235	3	300
1003	103	003	202236	2	200

（2）时间维度表（Time Dimension Table）包含了与时间相关的维度信息，如日期、月份、季度、年份等。在雪花模型中，时间维度表可以进一步规范化为多个子表。例如，一个用于存储年份信息，另一个用于存储月份信息。表 3.6 所示为年份子表，表 3.7 所示为月份子表。

表 3.6　年份子表

日期 ID	年份
101	2022 年
102	2023 年
103	2023 年

表 3.7　月份子表

日期 ID	月份
101	12 月
102	01 月
103	02 月

（3）产品维度表（Product Dimension Table）包含了产品的相关信息，如产品 ID、产品名称、产品类别等。具体信息如表 3.8 所示。

表 3.8　产品维度表

产品 ID	产品名称	产品类别
001	产品 A	家居用品
002	产品 B	电子产品
003	产品 C	零食百货

（4）客户维度表（Customer Dimension Table）包含了客户的相关信息，如客户 ID、客户姓名、地址等。具体信息如表 3.9 所示。

表 3.9　客户维度表

客户 ID	客户姓名	地址
202234	客户 1	地址 1
202235	客户 2	地址 2
202236	客户 3	地址 3

用户可以使用雪花模型来执行一些查询，如分析销售订单和库存数据。以下是一些查询示例。

查询某个月份的销售额和销售数量：

```
1. SELECT 时间维度表.月份，SUM(销售订单事实表.销售金额)，SUM(销售订单事实表.销售数量)；
```

2. FROM 销售订单事实表；

3. INNER JOIN 时间维度表 ON 销售订单事实表.日期 ID = 时间维度表.日期 ID；

4. WHERE 时间维度表.月份 = '2023-02'；

5. GROUP BY 时间维度表.月份；

查询某个客户的购买历史：

1. SELECT 客户维度表.客户姓名，时间维度表.日期，销售订单事实表.销售金额；

2. FROM 销售订单事实表；

3. INNER JOIN 时间维度表 ON 销售订单事实表.日期 ID = 时间维度表.日期 ID；

4. INNER JOIN 客户维度表 ON 销售订单事实表.客户 ID = 客户维度表.客户 ID；

5. WHERE 客户维度表.客户姓名 = '客户1'；

通过这些查询示例不难看出，雪花模型允许用户通过规范化的维度表进行复杂的多维数据分析，同时保持了数据的一致性和可维护性，与星形模型相比，它更加灵活。

简言之，雪花模型是一种适用于复杂多维数据的数据模型，尤其在需要处理层次结构和规范化的维度信息时非常有用。通过合理设计和组织维度表，雪花模型可以具有高度灵活性和优秀的性能，支持多维数据分析和决策制定。在实际数据建模和数据库设计中，根据具体业务需求选择合适的模型是非常重要的，而雪花模型就是处理复杂多维数据的一种优秀的选择。

除此之外，雪花模型支持所有主要平台的事务，如 SQL、ANSI 和 ACIDS。它最大的好处是可以从一个平台迁移到另一个平台，而无须进行大的更改[5]。

但是，雪花模型会增加数据模型的复杂度和维护成本，以及降低查询效率和可理解性，在小数据量的模型中，它并不是最优的选择。

3.3.3 事实星座模型

事实星座模型是一种更加复杂的多维数据空间模型，适用于处理大规模的、具有多个事实表和维度表的数据，基本结构如图 3.5 所示。本小节将通过一个实际的数据模型示例，说明事实星座模型在数据建模中的应用和优势。

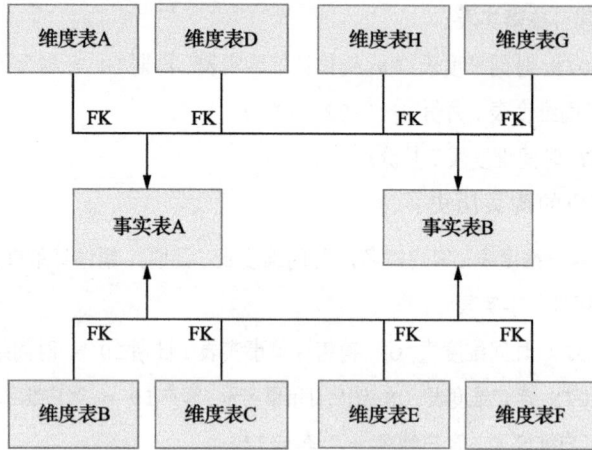

图 3.5　事实星座模型

与星形模型和雪花模型不同，事实星座模型可以包含多个事实表，每个事实表示不同的业务过程或指标。类似地，事实星座模型可以包含多个维度表，用于不同的维度信息，如时间、地理位置、产品、客户等。不同的事实表可以共享相同的维度表，称作共享维度表，这有助于减少数据冗余和提高数据一致性。

下面以建立一个企业绩效分析的数据库为例来说明事实星座模型的应用。在该示例中，用户需要分析销售、库存和人力资源等多个方面的数据。

建模过程包含以下 4 个方面。

（1）销售订单事实表包含了销售订单的相关信息，如订单号、日期 ID、产品 ID、客户 ID、销售数量、销售金额等。每一行记录代表一个销售订单。具体信息如表 3.10 所示。

表 3.10　销售订单事实表

订单号	日期 ID	产品 ID	客户 ID	销售数量/个	销售金额/元
1001	101	001	202234	5	500
1002	102	002	202235	3	300
1003	103	003	202236	2	200

（2）库存事实表（Inventory Fact Table）包含了库存信息，如产品 ID、仓库 ID、库存数量、入库日期、出库日期等。具体信息如表 3.11 所示。

表 3.11　库存事实表

产品 ID	仓库 ID	库存数量/个	入库日期	出库日期
001	401	100	2022-12-25	NULL
002	402	50	2023-01-01	2023-02-15
003	401	75	2023-02-27	NULL

（3）人力资源事实表（HR Fact Table）包含了员工信息，如员工 ID、部门 ID、职位、薪酬、入职日期等。具体信息如表 3.12 所示。

表 3.12　人力资源事实表

员工 ID	部门 ID	职位	薪酬/元	入职日期
501	601	经理	80000	2022-01-15
502	601	分析师	60000	2022-02-01
503	602	工程师	90000	2022-03-10

（4）时间维度表（Time Dimension Table）包含了与时间相关的维度信息，如日期、月份、季度、年份等。这个维度表可以被销售订单事实表、库存事实表和人力资源事实表共享。具体信息如表 3.13 所示。

表 3.13　时间维度表

日期 ID	日期	月份	季度	年份
101	2022-12-31	12 月	Q4	2022 年
102	2023-02-15	01 月	Q1	2023 年
103	2023-02-28	02 月	Q1	2023 年

假设用户使用事实星座模型来执行一些查询，以分析销售、库存和人力资源

等多个方面的数据。下面是一些查询示例。

查询某个月份的销售额和销售数量：

```
1. SELECT 时间维度表.月份, SUM(销售订单事实表.销售金额), SUM(销售订单事实表.销售数量);
2. FROM 销售订单事实表;
3. INNER JOIN 时间维度表 ON 销售订单事实表.日期ID = 时间维度表.日期ID;
4. WHERE 时间维度表.月份 = '2023-02';
5. GROUP BY 时间维度表.月份;
```

查询某个产品的库存变化：

```
1. SELECT 产品维度表.产品名称, 仓库ID, 入库日期, 出库日期;
2. FROM 库存事实表;
3. INNER JOIN 产品维度表 ON 库存事实表;
```

查询某个部门的员工薪酬情况：

```
1. SELECT 部门ID, AVG(薪酬);
2. FROM 人力资源事实表;
3. GROUP BY 部门ID;
```

通过这些查询示例可以看出，事实星座模型允许用户在一个统一的数据模型中处理多个事实和维度，支持综合性的多维数据分析和跨部门的决策制定。

事实星座模型是一种适用于大规模、复杂多维数据的数据模型，它允许处理多个事实表和维度表，并支持多维数据分析的综合性视图。在企业数据库和综合性数据分析应用中，事实星座模型能够帮助组织更好地理解业务，实现跨部门的数据共享和分析，从而支持更明智的决策制定和业务优化。在实际数据建模中，模型的选择取决于业务需求和数据复杂度，事实星座模型是处理复杂多维数据的有力工具之一。

但是，事实星座模型会增加数据模型的复杂度和不一致性，降低查询效率和可理解性。

3.3.4 其他数据模型

除了星形模型、雪花模型和事实星座模型，还有一些常用的数据库的概念模型。本小节仅列出部分常用的数据模型，不再单独举例。

交叉连接模型是一种不需要通过维度键就可以将多个维度表直接连接到事实表的模型。它的优点是简化查询的复杂度，不足是有可能导致数据的冗余和不一致。数据立方体模型是一种将多维数据组织成一个立方体结构的模型，每个维度对应一个轴，每个单元格对应一个事实值。这种模型可以支持快速的多维分析和可视化，但也需要大量的存储空间和计算资源。数据流模型是一种将整个数据库视为一个数据流处理系统的模型，它可以实时地从多个数据源获取、清洗、转换、聚合和存储数据，可以支持高效的数据更新和查询，但它也需要高性能的硬件和软件支持。

上述模型可用来满足建模复杂数据的 9 个要求，包括支持时间维度、正确聚合数据、支持非严格层次结构、处理多对多关系、支持数据随时间变化、处理数据不确定性、允许不同粒度的数据记录等[6]。

3.3.5 多维数据空间模型在制造业中的应用

本节介绍的示例多应用于产品销售行业中，而多维数据空间模型可以应用于各种不同的数据驱动场景。尤其在智能制造环境中，通过利用多维数据，可以实现从贮存到生产、运输的整个产业链的数据化管理。

在货仓贮存中，多维数据空间模型可以优化库存管理，如追踪库存水平、库存周转率和库存成本等信息。这有助于优化库存策略，降低仓储成本；实现货物追踪，如追踪货物的贮存位置和状态，可确保货物的安全和完整。而且，通过分析历史销售数据和市场趋势，企业可以提前进行需求预测，以便据此调整库存水平和生产计划[7]。在生产环节，多维数据空间模型可以用来分析生产线上的设备运行状态、工人效率、原材料消耗等各种实时监测参数，以发现生产过程中的瓶颈，并采取措施提高生产效率。多维数据空间模型还可以帮助企业监测产品质量的关键参数，发现潜在的质量问题，并在早期阶段采取纠正措施。这有助于降低不合格品率，提高产品质量。通过多维数据分析，企业可以更好地分配人员和设备资源，以适应生产需求的变化。这有助于避免资源浪费和不必要的停机时间，可以优化资源调度。在运输环节，多维数据空间模型可以用来实现实时物流监控，如追踪货物的实时位置、运输状态和预计到达时间[8]。这有助于提高物流可见性，减少交货延误。通过分析交通数据、天气数据和路况数据，企业可以选择最佳的运输路线，减少运输时间和成本。综上所述，多维数据空间模型在智能制造的不同场景中发挥着关键作用，它可以帮助企业优化生产、提高运输效率和降低仓储成本。通过对多维数据进行实时监测和深入分析，企业能够更好地应对市场变化，提高核心竞争力，实现智能制造的目标。

此外，多维数据的大数据和多样性的特性，使得多维数据本身适合应用于目前十分火热的机器学习。通过处理和分析多维数据，机器学习算法能够从中提取模式、关联和洞察，为决策制定和问题解决提供了强大的工具。多维数据的丰富性使得机器学习模型能够更好地理解和预测复杂的现实世界问题，如图像识别、自然语言处理、推荐系统、医疗诊断等领域中的复杂问题。针对智能制造领域，多维数据可以通过机器学习的图像识别技术来实现产品质量把控，通过自然语言处理进行员工培训，通过决策分析进行产品生产、储备及运输管理等。更加详细的实例及应用，将在5.2节中进行介绍。

3.3.6　小结

多维数据本身是一种工具，其具体形式要根据不同应用的需要来使用不同的建模方式，其中并没有固定的范式可言。用户根据自身的需要选择不同的模型或多个模型，解决在制造过程中出现的问题，才是使用多维数据空间模型的关键。

参考文献

[1] 黄伟建, 徐学钢, 王子轩. 基于数据库的水利工程信息管理系统设计 [J]. 河北工程大学学报: 自然科学版, 2012, 29(1): 90-94.

[2] SIDI E, EL M M, ABDELOUARIT EI A A. The impact of partitioned fact tables and bitmap index on data warehouse performance [J]. International Journal of Computer Applications, 2016, 135: 39-41.

[3] BENJELLOUN M, EL M M, ABDELOUARIT EI A A. Impact of using snowflake schema and bitmap index on data warehouse querying [J]. International Journal of Computer Applications, 2018, 180(15): 33-35.

[4] SIDI E, EL M M, ABDELOUARIT EI A A. Star schema advantages on data warehouse: using bitmap index and partitioned fact tables [J]. International Journal of Computer Applications, 2016, 134: 11-13.

[5] IQBAL, M Z . MUSTAFA G, SARWAR N, et al. A review of star schema and snowflakes schema [C] // International Conference on Intelligent Technologies and Applications, November 6-8, 2019, Bahawalpur, Pakistan. Singapore: Springer, CCIS 1198: 129-140.

[6] PEDERSEN T B, JENSEN C S, et al. Multidimensional data modeling for complex data[C] // The 15th International Conference on Data Engineering, March 23-26, 1999, Sydney, Australia. NJ: IEEE, 99CB36337: 336-345.

[7] GOSAIN, A, SINGH, J. Conceptual multidimensional modeling for data warehouses: a survey[C] // The 3rd International Conference on Frontiers of Intelligent Computing: Theory and Applications, Novembe 14-15, 2014. Cham: Springer, AISC 327: 305-316.

[8] 庞舒文. 大数据与供应链物流管理 [J]. 中国航务周刊, 2023(25): 61-63.

第4章

数据存储与共享

在制造业产品生命周期中，数据存储与共享的有效性决定着产业链的协同与创新。首先，本章深入研究区块链技术在智能制造中的创新应用，揭示其在数据管理方面的颠覆性优势。随后，本章探讨创新的存储共识机制，打破传统界限，提升数据流畅性。最后，介绍基于区块链的可信数据存储模型，为制造业多维数据空间服务的理论建构提供实践基础。

4.1　区块链技术在智能制造中的应用

制造业正迎来数字化转型的浪潮，而区块链技术作为一项颠覆性创新，将引领智能制造的未来。本节深入解析区块链的基本原理与特性，以及区块链在智能制造中的创新应用，揭示其在提升效率、加强安全性、推动合作等方面的独特价值，帮助读者深入了解区块链技术在制造业产品生命周期中的引领地位。

4.1.1　区块链技术

2008年，中本聪发表了一篇名为《比特币：一种点对点的电子现金系统》[1]的论文，提出了一种全新的数字加密货币——比特币。比特币的核心技术是区块链技术，它是一种集成了密码学、共识机制、P2P网络等已有技术的创新性和革命性技术。区块链技术具有以下特点。

（1）去中心化。去中心化是区块链最重要的特性之一。在区块链中，账本存在于网络中的所有节点，并由所有参与者共同维护。区块链网络无须中央权威节点来验证和记录交易数据，而是使用 P2P 的方式完成信息验证。区块链系统采用分布式系统结构记录、存储、更新、传输、验证和维护网络的信息数据[2,3]。这种去中心化的特性消除了对强大中央节点的需求，由所有参与节点共同维护账本，使系统更加公平和安全。区块链节点之间使用一组被称为共识协议的规则和算法来验证信息记录和交易，以确保区块链网络信息的一致性。当网络中足够多的参与用户达成一致时，信息数据将被记录在区块链账本中[4,5]。区块链节点之间使用纯数学方法（如非对称密码学）来建立互信，无须中央节点来单方面操纵数据。每个分布式节点在网络中相对独立，拥有平等的权利和义务。即使某些节点受到损坏，也不会影响整个网络，这保障了区块链系统的可靠性和鲁棒性[3]。由于需要复杂的共识机制来编辑或操纵区块链上的信息的多个副本，因此可以确保区块链账本数据的真实性。此外，区块链上的分布式信息的多个副本可以防止依赖单一账本而导致信息丢失或销毁的风险。区块链系统取消了信息的中央收集、记录、维护和一般无限制的访问，也提高了用户的隐私，并消除了信息滥用的可能性。最后，不依赖中央机构可以显著降低中间成本，并降低对中央服务器的性能要求[3,5]。

（2）防篡改性[6]。防篡改性表示区块链系统中的账本具有不可改变性，即被写入区块链账本中的数据不能被随意修改或恶意篡改。在区块链账本结构中，每个数据块都附带时间戳，并使用哈希算法进行加密，这确保了数据的永久性和防篡改性，除非大多数系统节点达成一致意见。交易得到验证并被存储在区块链账本后，区块链系统中的任何使用者都可以随时查看这些交易，但是无法进行随意更改或者恶意删除操作，因此数据信息变得不可逆和不可变。任何对区块链账本的更改都会导致账本区块具有不同的哈希值，而这种不同会立即被系统检测到，这确保了共享账本的不可篡改性。这个特性对金融交易和财务审计非常有效，因为它允许数据的提供方和接收方都能够证明数据没有被篡改。

（3）可追溯性。数据的可追溯性是指能够追踪数据在节点之间经历的各种更新，包括数据的源头、目的地及更新的顺序。除了增强数据完整性和提高信息信任度，数据的可追溯性还有其他好处，包括提供更好的数据治理、保证数据全过程符合法规要求、了解数据变化的影响以及改进数据质量等[7]。区块链系统中账本的每次修改和更新都会附带时间戳和用户身份信息，可以用于实现数据的可追溯性。时间戳技术用于为每个数据块增加时间维度，并且存储在每个数据块中的哈希值可以正确地标识当前块与上一个块的关系。数据的可追溯性在金融交易、供应链管理等领域都具有重要意义。

与传统的集中式数据库不同，区块链网络中的所有参与节点共同维护一个账本，并通过共识机制同步该账本。这种分布式账本技术可以防止恶意用户篡改账本，同时提高了网络的可用性。以比特币为例，每当用户需要发起一笔交易时，首先需要将待执行的交易通过公共比特币网络发送给接收方。交易的验证由比特币网络中的"矿工"进行，他们需要确保发送者拥有足够的比特币，并且交易签名正确且完整，以不影响网络的基本完整性。然后，经过一定数量的"矿工"批准和验证，该交易才会被添加到区块中，最终成为区块链网络的一部分。最后，执行与该区块相关的事务，从而更新所有节点上的账本，使所有参与者共享相同的事务副本，以确保透明性和安全性[8]。

根据应用领域和许可类型，区块链可以分为3个主要类型：公有链、私有链和混合链[9]。

（1）公有链。公有链没有特定的单一所有者，网络中的任何人都可以查看，并且任何人都可以自由加入或退出网络。

（2）私有链。私有链是需要授权的，只有经过身份认证的用户可以加入区块链网络。不同的节点可能具有不同的权限来读取和写入区块链。联盟链是私有链的一个特例，通常由多个企业或组织共同参与和拥有。

（3）混合链。混合链提供公共访问权，但仅限特定的群体。它是一种部分去中心化的框架，其中共识过程由各方达成一致的规则来指导，以确定对区块链的控制和访问。

这些不同类型的区块链适用于不同的应用场景，用户可以根据隐私、控制和共享的要求选择合适的类型。随着区块链技术的不断发展和创新，人们已经开始探索并应用它在各个领域的潜力。除了加密货币，区块链还可以用于供应链管理、身份验证、智能合约和智能制造等领域。然而，尽管区块链技术具有巨大的潜力，但仍然面临着一些挑战，如可扩展性、隐私保护和能源效率等方面的问题。随着技术的进一步成熟和应用的不断拓展，区块链在各个领域的广泛应用和深远影响仍然值得期待。虽然区块链已经在改变传统业务模式和提供新的解决方案方面取得了一些成功，但它仍然需要面对一些挑战。可扩展性问题是指当前的区块链技术在处理大量交易时可能面临性能瓶颈。提高区块链的可扩展性，以支持更多的交易和用户，是一个重要的挑战。虽然区块链是公开可查的，但某些应用需要更高级别的隐私保护。解决这一问题需要研究和实现更好的隐私保护技术，例如零知识证明。一些区块链网络需要大量的计算能力来维护安全性，这导致了很高的能源消耗。开发高能源效率的共识算法和矿工机制是关键。区块链领域缺乏统一的标准和法规，这使得采用区块链技术变得更加复杂。制定行业标准和建立法规框架是必要的。尽管存在这些挑战，但随着研究和创新的不断进行，仍然可以期待区块链技术在未来得到改进，并在各个领域发挥更广泛的作用。区块链有潜力改善数据安全、透明度和可信度，同时提供更高效、去中心化的解决方案。

4.1.2　区块链的应用

物联网是实现智能制造的关键技术之一。在物联网中，各种设备通过互联网连接，共享有用的信息，以便在外部环境中执行特定的任务或动作，例如测量温度、湿度和物体的移动[10]。物联网的应用使得正确的信息可以在正确的时间传递给相关人员，从而帮助他们收集各种传感器的感知数据并用于有效的决策。预计连接到互联网的物联网设备将在不久的将来超过500亿个，设计和集成如此大规模的不同设备需要一个更高效和可靠的方法，以实现一个能够满足未来需求的服务交付网络。物联网的体系结构是应用程序的主干，因此需要着重考虑功能、可伸缩性、可用性和可维护性的发展。然而截至本书成稿之日，大多数物联网设备存在欠缺安全性的问题，容易受到黑客攻击。同时，多数物联网设备的网络容量有限，计算能力较弱，存储容量也较小。因此，与传统计算机系统相比，这些设备更容易受到各种攻击。为了解决物联网实施中的安全问题，分布式且防篡改的区块链技术可能提供了一种解决方案。截至本书成稿之日，已经有一些研究将区块链与物联网结合，实现了安全可靠的设备互联。通过区块链的分布式和去中心化特性，提高物联网设备的安全性，确保数据的完整性，同时降低了对中心化控制的依赖。这种融合有望改善物联网的安全性和可信度，推动其在各个领域的广泛应用。

供应链[11]是制造业生产的核心环节，它涵盖了组织内部跨职能协调和与供应商、客户之间前后端的整合。供应链管理包括从原材料加工到最终成品的一系列活动，包括供需计划、预测、生产、运输、售后支持、物流等。然而，传统的供应链管理技术通常采用集中式数据库管理，容易受到操作和安全威胁的影响。此外，供应链参与者之间缺乏互连性和信息的可见性。随着供应链参与者数量的增加以及全球化的发展，产品来源和运输细节的可见性变得越来越受限。因此，管理供应链各方之间的信息流，确保透明和可信，对供应链的有效运作至关重要。区块链技术为解决这些问题提供了新的可能性。区块链中账本的不可变且不可篡改可以用于提高供应链中产品数据的可信度和可追溯性。透明供应链是指信息的可用性和可见性，供应链数据可以供所有利益相关者使用。传统的 ERP 系统虽然可以追踪供应链交易细节，但需要大量人工干预，并且这些数据并不对所有参与者可见。而区块链技术可以帮助制造业永久记录和追踪与报价、订单细节、合规证书、制造成本分解、日期、已完成和未决流程、产品当前位置、质量细节以及其他细节相关的所有信息。它有助于实现从原材料采购到产品到达客户的端到端产品追踪。通过提供可靠和透明的产品信息，区块链技术增加了供应链中产品的可追溯性，帮助企业和客户确保产品符合所有要求的标准。因此，区块链技术为制造业提供了实现供应链透明度和可追溯性的机会，提升了整体效率和安全性。随着这一技术的进一步发展和采用，可以期待物流和供应链管理的革新，为制造业带来更可靠和高效的运营模式。

区块链技术在智能制造中的应用前景广泛且重要，尤其是在物联网和供应链领域。对于物联网和供应链的进一步优化和发展，区块链作为一种创新的分布式账本技术，为解决传统技术所面临的安全、可信和可见性等挑战提供了新的解决方案。首先，物联网与区块链的结合为智能制造带来了巨大的潜力[12,13]。物联网连接了各种设备和传感器，通过实时数据采集和交互，实现了智能化的生产和监控。而区块链技术的引入，使得物联网中的数据可信且不可篡改，提供了更高的数据安全性和可靠性。通过区块链，物联网设备之间可以进行安全的数据交换和认证，促进了设备之间的可信互操作性。此外，区块链的去中心化特性还可以提高物联网系统的可用性和抗攻击性。其次，区块链在供应链管理中的应用为实现透明、可追溯和高效的供应链流程提供了新的解决方案[14,15]。传统的供应链管理往往面临着信息不对称、信任缺失和数据篡改等问题。区块链技术则通过创建分布式账本和智能合约，实现了供应链数据的可靠记录和验证。通过区块链，供应链中的各个参与者可以实时共享和验证数据，能够提高供应链的透明度和可信度。此外，区块链账本还可以实现对产品全生命周期追踪，同时实现端到端的供应链可视化追踪。使用区块链的高效信息同步机制可以减少供应链中的信息滞后和延误，从而提高供应链系统管理的高效性和准确性。

尽管区块链技术在智能制造中的应用前景广泛，仍然面临一些挑战和限制。首先，区块链技术的性能和扩展性仍然是一个待解决的关键问题，现有的区块链网络还无法高效地处理大规模的物联网数据和复杂的供应链网络。其次，需要进一步完善区块链的标准化和互操作性，以实现不同的物联网设备和供应链参与者无缝集成和交互。区块链技术为物联网和供应链管理提供了安全、可信和高效的解决方案。随着技术的不断发展和成熟，可以期待区块链为实现智能化、可持续发展的制造业提供更多支持，并推动整个产业的转型与创新。

4.2 链上–链下联合存储的高效共识机制

在现代制造业中，链上–链下联合存储的高效共识机制是推动行业创新的关键。本节首先深入研究不同的共识机制，探讨它们在制造业多维数据空间中的应用，以实现高效协同与决策。随后，探讨如何在数字链上与物理链下实现无缝整合，为制造业产品生命周期的数据存储提供全新的理论框架，以适应当今复杂的产业环境。

4.2.1 共识机制

在分布式系统中，网络节点的分散会不可避免地导致参与者之间的相互不信任。为了保证网络的可靠性，分布式系统需要通过相关协议进行协商，达成共识，最终达到一致性。这就是被用于解决分布式系统一致性问题的共识机制。共识机制能够保证在有限的时间内，给定的操作在分布式系统中是一致的、公认的和防篡改的。共识算法的本质是解决分布式系统中的信任问题。理想的共识过程可以通过投票、协商和确定等相对简单的方式实现。然而，这一过程往往受到许多不确定因素的影响。例如，在分布式系统中，一些节点的故意延迟中断、处理错误和恶意性质都会对共识机制的有效实现造成干扰。因此，分布式系统的高效运行依赖一种高效和可靠的共识机制。区块链具有去中心化、匿名性好、防篡改、安全性和可信度高等优点。从本质上，它是一个去中心化的分布式账本。去中心化是区块链技术带来的一个独特理念，而共识机制是区块链技术的核心。共识机制的有效性直接决定了区块链系统的稳定性和安全性。有效的共识机制使区块链能够通过快速的协商形成一致的区块链结构和账本。本小节将区块链共识机制划分成宕机容错型共识机制、拜占庭容错型共识机制、基于证明的共识机制三类，并探究不同场景下共识机制的选择和应用。

（1）宕机容错型共识机制只能处理分布式系统中的节点崩溃故障，不能保证区块链场景中系统的可靠性。因此，这类共识机制主要用于需要许可的系统。Paxos[16]于1989年由Lamport提出，是一个在部分副本宕机情况下保证系统仍能正常工作的主从备份算法。基础的Paxos共识过程可以分为准备（Prepare）阶段、接收（Accept）阶段和学习（Learn）阶段。基础Paxos协议由于需要先竞选提案权，再对提案进行共识，在此期间存在发生活锁的风险，最终确定性没有得到保证。为了解决该问题，Lamport同时提出了一种基于主从结构的Multi-Paxos方案。通过一轮基础的Paxos共识，集群选择一个主节点主导后续的提交过程，只要主节点不发生宕机，后续的提案均由主节点发出。这样做，使得存在主节点的时间段内，系统能够满足最终确定性。后来的Raft[17]等共识算法，均是在Multi-Paxos的基础上进行优化与改进。

（2）拜占庭容错（Byzantine Fault Tolerance，BFT）共识机制。拜占庭问题[18]最早由Lamport等人提出，描述的是如何在存在恶意节点的分布式系统中正确地达成共识。他们同时提出了两种解决方案，但是这两种方案的通信复杂度过高，无法在实际中应用。其中，实用拜占庭容错（Practical Byzantine Fault Tolerance，PBFT）算法[19]建立在半异步的网络假设下，通过主从备份的设计方式，将BFT共识机制的通信复杂度降低到$O(n^2)$。在PBFT算法中，节点分为主节点与从节点两种角色，提案由主节点发起，并经由全体节点共识才会被提交。完整的一次共识过程需要经过Pre-prepare、Prepare、Commit三个步骤，如图4.1所示。每个提案在各个节点经历Pre-prepared、Prepared、Committed状态后，才会被最终提交。如果将主从节点之间的一次信息交互称为一轮，PBFT算法需要经过两轮交互：Pre-prepare与Prepare为第一轮交互，由主节点在Pre-prepare阶段向从节点广播提案，并由从节点在Prepare阶段广播消息以对这个提案进行确认；Commit为第二轮交互，主从节点都会广播消息以确认该提案可以被提交。在每轮交互中，都需要满足最小投票数要求，才表示完成当前轮次的交互。在这个过程中，PBFT算法主要用于防止参与者破坏集群安全性与活性，即保证各个正确的节点都能够获得一致的状态，并且能够持续不断地提供共识服务。PBFT算法最显著的缺点是视图变化的高度复杂性。随着区块链技术的快速发展，各种区块链共识机制不断被提出和改进，以满足新场景需求的机制，如FastBFT[20]、HotStuff[21]等。

（3）基于证明的共识机制是目前区块链系统应用最广泛的共识机制。2008年，中本聪通过比特币[1]提出了工作量证明（Proof of Work，PoW）共识机制。PoW共识机制的核心思想是通过分布式节点的计算能力竞争来确保数据的一致性

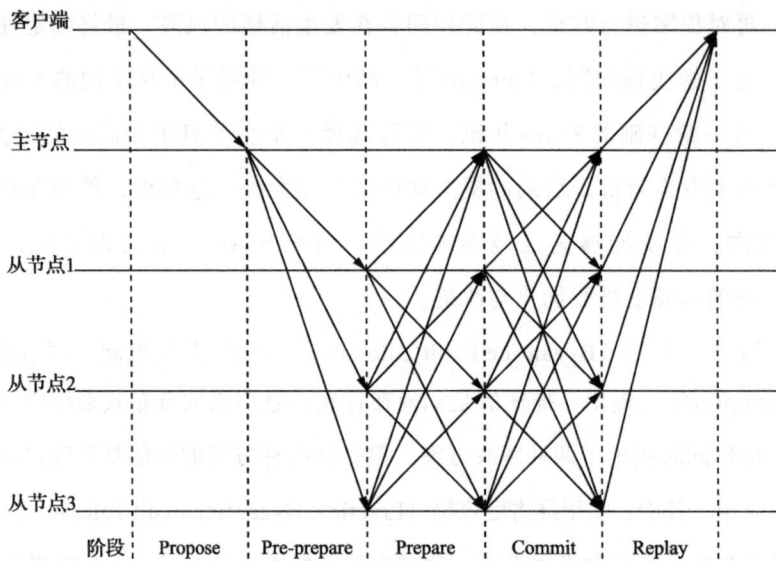

图 4.1   PBFT 共识过程

和共识的安全性。PoW 共识机制通过计算和解决难题，实现了整个网络的共识，达到了分散性，防止了重复支付，并能够在有限的时间内达成交易协议，从而保证了系统的稳定运行。然而，这种机制仍然存在一些缺点。由于它依赖计算能力，因此会消耗大量的资源。例如，如果一个"矿工"成功地挖掘了一个区块，那么其他参与者投入的大量计算工作将会被浪费，这与可持续性发展的理念相悖。此外，交易确认时间（共识达成周期）较长，且并发性较低。2011 年，Quantum Mechanic 提出了权益证明（Proof of Stake，PoS）共识机制，作为解决 PoW 共识机制中资源浪费和安全性缺陷的替代方案。PoS 共识机制选择使用一种全新的高效公平证明方法来替代 PoW 共识机制中的基于哈希计算的工作量证明机制，避免了大量无效的计算工作。在 PoW 共识机制中，在系统中投入更多权益的节点将获得块的生成权，并且将获得更高的权益回报。权益是基于节点拥有的代币数量与其最后一笔交易的时间计算得到。在 PoW 共识过程中，每个节点的"挖矿"难度相同，而在 PoS 共识过程中，持有的代币数量越多，挖矿难度越低，生成块的概率也越高。一旦在一个节点上生成了一个块，它会被广播到整个网络进行验证。以太坊[22]的 Casper 共识机制就是 PoS 共识机制的典型应用。委托权益证明（Delegated Proof of Stake，DPoS）共识机制是由比特股提出的 PoS 共识机制的优化版本。它从 PoS 共识机制中选择了多个持有股权的节点作为特定的代表，允许它们轮流打包和确认交易以生成新的区块。每个被授权的代表节点从每笔交易中获得一定的收入，并且必须支付一笔押金以成为授权代表。这些代表节点必须对其他持有股权的节点负责。如果代表节点没有为相应的区块签名，它们的资格将被撤销。EOS[23]采用 DPoS 共识机制，大大提高了网络效率，避免了大量节点进行记账所带来的效率问题。在 DPoS 共识机制中，每个节点都可以独立选择他们信任的代表节点，这显著减少了参与验证和簿记的节点数量，从而实现了快速共识验证，提高了交易速度并节省了资源。与 PoW 和 PoS 共识机制相比，DPoS 共识机制可以大大增加单个区块中容纳的交易数量。在 PoW 和 PoS 共识机制中，容量限制通常是限制系统运行速度的主要因素，而 DPoS 共识机制通过解决这个问题提高了效率。然而，需要注意的是，DPoS 共识机制也引发了集中化问题，这是需要权衡的方面。

不同的应用场景对共识机制有不同的要求，因此许多针对以上共识机制的优化和改进应运而生。下面是一些针对不同应用的共识机制优化的例子。用于红币（Reddcoin）的 PoSV（Proof of Stake Velocity）共识机制[24]改进了 PoS 共识机制，引入了时间变化的线性函数作为指数衰减函数，以控制货币年龄的增长速度。这个修改有助于防止代币的过度存储，保持系统的稳定运行。Algorand 系统[25]结合了 PBFT 算法和 PoS 共识机制：首先，代表节点负责验证机制的选择，并提出新的积压块；然后，通过兴趣机制选择新的代表来验证积压块的确认。这种混合机制减少了分叉，提高了系统的可扩展性和效率。PoA（Proof of Authority）共识机制[26]侧重身份验证，只有特定的授权节点具有验证权力。这种机制常用于私有链，其中节点身份可信，因此不需要复杂的计算任务。PoI（Proof of Importance）共识机制[27]考虑了节点在网络中的活动程度和投入，而不仅是它们持有的令牌数量。这可以激励节点积极参与网络并获得更多权益。这些改进和优化的共识机制旨在满足不同应用场景的需求，并提高区块链系统的效率、可扩展性和安全性。

在选择共识机制时，需根据具体应用场景的要求进行权衡和考虑，合适的共识机制对项目的平稳运行至关重要。在对安全性和去中心化要求较高的金融交易等邻域，可以选择使用PoW共识机制或PoS共识机制；DPoS共识机制和Raft等消耗较低的共识协议更适合企业级的交互应用；PBFT算法则适用于无法容忍拜占庭错误的场景。随着共识技术的发展，更多满足不同应用领域的共识机制不断涌现。表4.1总结了常用共识机制算法的优缺点及其代表性区块链平台。

表4.1 常用共识机制算法及其代表性区块链平台

共识机制算法	优势	劣势	代表性区块链平台
PoW	去中心化、安全、抗攻击、可伸缩	资源消耗大、共识时间长、容易分叉	比特币等
PoS	比PoW效率高，同时消耗小	比PoW更集中化	以太坊等
DPoS	比PoS效率高，同时消耗小	公平低、依赖标记	EOS.IO等
Raft	过程清晰、资源消耗小	非拜占庭容错	Hyperledger Fabric等
PBFT	资源消耗小、吞吐量大	网络复杂度高、可扩展性差	Fisco Bcos等

综上所述，区块链共识机制的多样性为不同应用场景提供了灵活性和选择性，需要根据安全性、去中心化、性能等需求权衡考虑选择合适的共识机制，以达到最佳的技术和经济效益。

4.2.2　链上–链下联合存储

区块链是一种分布式记账技术，区块链系统中每个节点共用一个账本，并且每个记账节点都有一个账本副本。这种重复存储的方式保证了区块链的不可篡改性，但也造成了数据冗余存储。因此，为了保证区块链的效率和减少资源的浪费，账本中存储的数据应当十分简单。为了将区块链技术用于制造业中海量数据的存储，提高区块链的运行效率和可伸缩性，需要使用链上–链下联合存储的方法。链上–链下联合存储系统使用户能够将数据存储到区块链系统的外部，同时在区块链系统和外部存储之间实现安全和标准化的交互，外部数据可以在满足特定标准时公开到区块链系统。链上–链下联合存储系统中，数据存储方式可以分为本地硬件存储、集中式云存储和分布式存储。本地硬件存储即直接将数据存储在本地的存储硬件中，可以直接通过内部网络进行通信和读取。集中式云存储通常将数据集中存储在云存储服务中，通过网络在存储服务器和计算服务器之间共享文件和数据库等信息。集中式云存储系统目前在制造业数据信息管理系统中很流行，然而它很容易受到数据泄露、黑客攻击及软件勒索等问题的影响，并且集中式系统可扩展性较差[28]。分布式存储系统是一种将数据分散存储在分布式网络的多个计算机中的存储系统[29]。对于分布式存储系统与集中式存储系统，用户都可以在网络上通过授权和身份验证来请求和接收数据。分布式存储系统一般通过自动加密文件来保护存储在系统中的数据，其中只有用户自身的身份密钥可以解密数据，确保了数据的安全性和授权访问[30]。此外，通过将数据分片存储，没有一个节点拥有全部数据，通过数字签名和其他传统的安全技术确保存储在分散网络上的数据的安全性和隐私性。

如今，有大量研究使用基于区块链的链上-链下联合存储的方式解决不同领域中数据的高效存储。文献[31]提出了一个医疗数据管理系统 MedRec，该系统通过使用以太坊中的智能合同来确保医疗数据的所有权、权限和数据的完整性。简单来说，智能合同是一种建立在彼此不信任的不同当事人之间的协议，并且可以自动运行。MedRec 是一个离链存储系统，医疗数据存储在每个数据所有者的本地数据库中，而数据的哈希被存储在区块链中。云服务厂商 IBM 存储[32]也为链外存储提供了一个私有云解决方案，该方案可以通过在多个数据中心扩展存储资源来提高存储的可伸缩性和可用性。通过私有云的可控性，可以很容易地实现数据的访问控制。IPFS[33]是一种 P2P 分布式文件存储系统，系统中文件被切分成块，文件副本存储在网络节点中。需要获取文件时，节点使用其哈希请求该文件，而文件请求需要先从多个节点收集文件块，再合并创建该文件，最终节点可以使用哈希来检查文件的完整性。这种分布式文件存储方法可以与区块链系统结合。文献[34]提出了一种基于 IPFS 的链下数据存储方法。为了保护数据的隐私，该方法使用了 Hyperledger Fabric，这是一种联盟链，只允许通过认证的节点参与。因此，除了通过认证的用户，其他人都无法访问存储在 IPFS 中的数据。由于 IPFS 和 Fabric 之间的通信网络不匹配，该模型需要大量的数据通信。文献[35]提出了一种 IPFS 和区块链相结合的工业物联网数据管理系统，如图 4.2 所示。该系统包括物联网数据提供者、IPFS 数据存储、基于区块链（图中的IOTA Tangle模块）的元数据共享平台和物联网数据消费者。在该系统中，物联网设备将收集到的数据上传至IPFS存储和并在区块链平台记录数据摘要信息，而数据使用者需要从IPFS下载数据并从区块链下载元数据。通过IPFS和区块链的结合和交互，可以在保证数据存储的同时保证数据的可靠和安全。

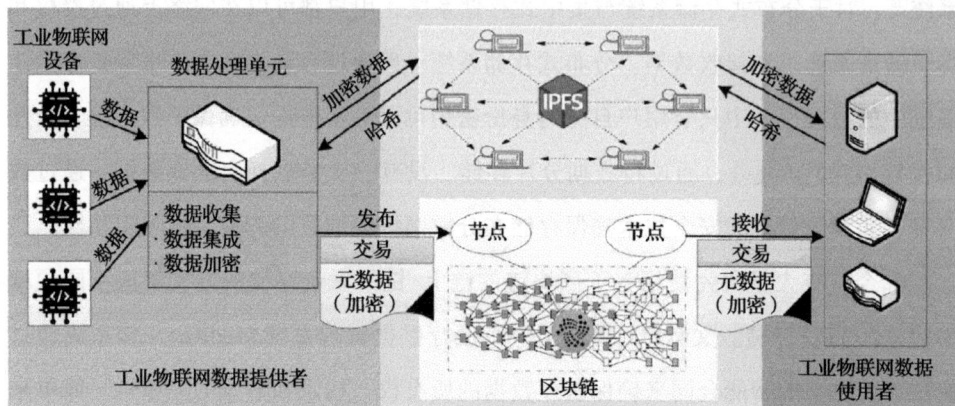

图4.2　基于IPFS和区块链的IIoT数据管理系统[35]（原图见彩插页图4.2）

在图4.2中，工业物联网设备（IIoT Device）用于监控和收集设备运行数据；数据处理单元（Data Handling Unit）用于数据收集（Data Collection）、数据集成（Data Integration）和数据加密（Data Encryption）；星际分布式文件存储系统（IPFS）用于存储加密数据（Encrypted Data）并返回哈希（CID Hash）；区块链的一种实现（IOTA Tangle）包含多个节点（Node），通过交易（Transaction）记录数据存储信息。

通过结合区块链和传统存储技术，实现分布式存储的高效管理。该模式旨在克服传统链上存储的瓶颈问题，提高系统整体性能，同时确保链下存储的高度可靠性。通过引入链下存储层，可以有效降低链上存储的负担，实现更大规模数据的安全存储。区块链作为分布式账本，记录了链下存储的元数据和验证信息，保证了数据的不可篡改性和透明性。链下存储层则承担了实际数据存储的任务，它具有高效的读写性能和低延迟特性，为区块链系统提供了可扩展的存储解决方案。这种分层架构旨在充分发挥各自优势，构建更加强大的整体系统。链上-链下联合存储作为区块链技术的重要扩展，为分布式存储领域带来了新的思路和解决方案。然而，在实际应用中仍然存在一些挑战，例如链上存储合约的高昂成本、链下存储的隐私安全等问题需要进一步研究和解决。未来的工作可以从以下 3 个方面展开：首先，通过引入更高效的链下存储技术，进一步提升整体系统的性能；其次，加强链上存储合约的智能化设计，在降低成本的同时保证系统的稳定性；最后，深入研究链上-链下联合存储在特定应用场景下的实际效果，为不同领域的应用提供定制化的解决方案。

4.2.3 小结

不同的共识机制在基于区块链的存储技术的应用中，根据不同的存储场景，展现出各自独特的优劣势。尤其对链上-链下联合存储场景而言，这些机制提供了多样的解决途径。一方面，PoW 共识机制在公共区块链得到广泛应用。它的主要优势在于去中心化和高度安全性，然而，相对较高的能源消耗和相对缓慢的交易确认速度，可能使得 PoW 共识机制在需要高吞吐量和低延迟的链上-链下联合存储场景中不够高效。另一方面，PoS 共识机制（如以太坊 2.0 中的 Casper）提供了更高的能源效率和更快的交易确认速度，这使其在某些链下数据存储场景中具备更高的适用性。然而，PoS 共识机制同样面临着一些挑战，如寡头控制的风险和可能存在的安全性问题。此外，DPoS 共识机制在 EOS 等区块链项目中得到广泛使用，它通过代表权益持有者进行共识，为需要快速交易确认的链下场景提供了更高的吞吐量和更低的延迟。然而，DPoS 共识机制也带来了一系列中心化和治理上的挑战。随着对共识机制的深入研究，更高效的共识机制有望在链上-链下联合存储场景中崭露头角。截至本书成稿之日，前沿的研究方向包括混合共识机制、零知识证明技术和侧链技术等。混合共识机制研究将多种不同的共识机制结合，同时设计一种转换机制以在不同场景下实现更好的平衡。零知识证明技术和侧链技术是提高区块链存储效率和安全性的一个研究方向，该类研究将部分共识过程或者数据存储转移到区块链之外，使用密码学原理保证整个过程的可信。总之，共识机制在区块链存储领域的应用将持续不断地演化和创新，以满足不同存储场景的需求，并在未来推动区块链技术的发展。

4.3　以区块链为基础的可信数据存储与共享模型

制造业正面临着巨大的数据管理挑战，而区块链技术的崛起提供了一种颠覆性的解决方案。本节深入研究区块链如何构建起可信的制造业数据存储体系，实现数据的不可篡改与可追溯。同时，探索区块链如何为制造业建立安全、高效的数据共享平台，推动生命周期各环节的协同发展，为产业链注入新的活力。

4.3.1　可信数据存储

由于制造业涉及的环节众多，各个环节都会产生海量数据，因此安全可信的数据存储是制造业智能化的基石。由于数据规模的不断增加，对存储的要求也越来越高，本地集中式存储已经无法满足存储需求，并且这种方式成本较高。云服务的出现为数据存储提供了新的解决方案，云存储在过去的几十年中起到了至关重要的作用。然而，截至本书成稿之日，云存储服务提供商大多数遵循集中式控制方法，导致可靠性难以保证。尽管集中式云服务系统在外部看来非常高效，但维护这样的系统成本高昂，且容易受到攻击或者发生单点故障。即使数据存在备份，如果发生系统发生故障，用户也无法访问他们的数据。例如，2017年2月28日，亚马逊 S3 的崩溃持续了 4 个多小时，导致依赖云存储的多个 Web 服务中断[36]。此外，用户与服务提供商存在信任问题，他们不知道自己的数据存储在哪里，谁有权访问数据，是否存在未经授权的非法访问。文献[37]指出，谷歌中的一个错误导致了大约 60 万用户信息泄露，这是 CSP 漏洞之一。为了解决集中式存储的问题，分布式存储引起了许多研究人员的关注。分布式存储是将数据分散存储在由不同节点组成的点对点（P2P）网络中，数据的存储和传输在节点之间执行而不需要集中服务器[38]。它能够在任何设备之间共享空闲空间，因此可以降低存储成本，而位于网络边缘的存储资源可以满足低延迟和高可伸缩性的要求。

近些年提出的分散存储设计（如 Pond[39]、IPFS[33]），取得了令人满意的性能。

然而，基于开放网络的分布式存储仍然存在两个具有挑战性的问题。第一个是高效的分布式可信：现有的设计无法提供一种有效的、可扩展的节点间分布式可信解决方案。由于节点之间缺乏相互信任，存储系统很难达成共识，数据的可信性差。第二个是可靠的资源分配：目前的设计缺乏可靠的资源分配机制来保持存储的稳定性和流动性。稳定性的缺乏影响了网络的存储能力，而流动性的缺乏阻碍了提供者与需求者之间的资源流通。为了实现有效的分散信任，一些研究人员考虑在存储网络中应用区块链。Storj[40]和 Sia[41]将存储网络与区块链结合，以解决信任问题，但这导致了计算能力的浪费和性能的降低。Filecoin[42]则采用一种基于存储容量的共识算法对 IPFS 进行了修改，这在一定程度上解决了激励问题。但这些方案并没有深入结合分布式存储网络和区块链的特点，导致了效率降低的问题。而对于资源分配问题，文献[43,44]通过将资源分配建模为一个全局优化的效益问题来执行存储分配。然而，在动态和分散的存储网络中，这种全局优化的假设过于理想，而且现实存储网络更加复杂。

为了实现高效和可信的数据存储，越来越多的研究对现有的区块链技术和分布式存储进行优化和改进以满足不同的需求。文献[45]提供了一种基于区块链的分布式存储和共享方案，并且提供了端到端加密和细粒度访问控制。该研究结合了以太坊区块链和 IPFS 系统，将以太坊作为一个可审计的访问控制层，并制定了基于属性的细粒度访问控制策略，使用密码学协议在用户之间进行密钥共享以保证数据的可信和安全。文献[46]提出了一种可信共享存储网络 TSSN，如图 4.3 所示，以实现高效的可信分布式存储。TSSN 的存储层采用了链上和链下相结合的存储方式，区块链层提供通信、共识和激励功能，应用层则提供了满足不同应用的接口。TSSN 将链外协作协议与区块链结合，并设计了一种基于交易和多属性双边匹配的分配机制，实现了高效、稳定和可信的存储。为了解决基础设施建设中数据收集困难、项目周期长、数据复杂、安全性差、可追溯性差、数据通信困难等问题，文献[47]提出了一种基于区块链的国家基础设施可信数据存储体系方法。该方法首先通过传感器和其他物联网设备实时收集基建数据，根据业务流程将异构的数据源数据转换为统一的格式，并将数据及时存储在区块链中，以确保数据的安全性和持久性。然后，使用联邦学习对存储在链中的数据和多个不同区域或不同领域的数据进行知识提取和联合建模。

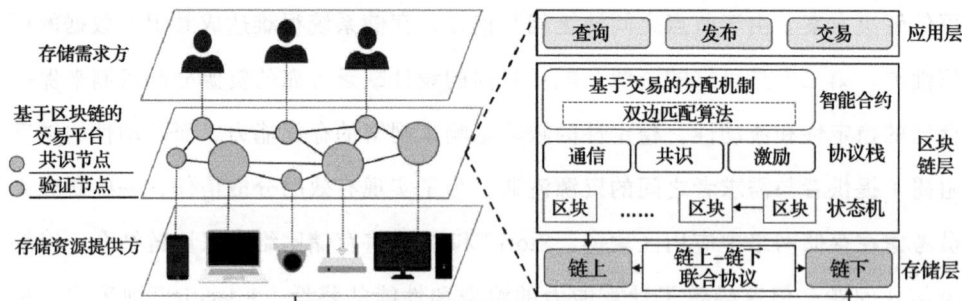

图4.3　TSSN[46]（原图见彩插页图4.3）

　　基于区块链的可信数据存储可以确保数据的透明性和安全性。传统的中心化数据库容易受到攻击和篡改，而区块链通过分布式账本和密码学技术，为数据提供了无法伪造的信任基础。每个区块都包含前一区块的信息，形成链条，这使得一旦信息被存储，就难以篡改。这种特性使得可信数据存储在金融、医疗、物联网等领域得到广泛应用。可信数据存储的优势不仅体现在数据的不可篡改性上。由于区块链的去中心化特性，数据不依赖单一实体，降低了单点故障的风险。这为数据的持久性和稳定性提供了保障，使得数据更加可靠。此外，区块链的智能合约功能进一步提高了数据的可信度，通过预设的规则自动执行合约，减少了人为因素对数据的影响。同时，可信数据存储为构建开放而安全的数据共享平台提供了可能。由于数据的去中心化和加密存储，用户可以更加自由地分享他们的信息，而无须担心隐私泄露或不当使用。这对于推动跨机构、跨行业的信息合作具有巨大的潜力，特别是在大数据时代，信息共享对创新和解决问题至关重要。目前，可信数据存储也面临一些挑战。首先，区块链技术的扩展性和性能问题仍然是亟待解决的难题，特别是在大规模应用的情境下。其次，法律和监管框架的不完善可能成为限制可信数据存储发展的一大瓶颈。综合而言，基于区块链的可信数据存储为信息时代的发展带来了新的可能性。它的不可篡改性、去中心化特性及智能合约功能，使得数据在存储、传输和共享过程中更加安全、透明和高效。

尽管还存在一些挑战，但随着技术的不断演进和社会的逐步接受，可信数据存储必将在未来发挥越来越重要的作用，推动未来向数字化、智能化迈进。

4.3.2 数据共享

智能制造旨在提高产品和服务质量，提高效率，促进创新、绿色、协调制造，这是制造业发展的主要趋势，也是提高制造业企业核心竞争力[48]的重要动力。虽然智能制造越来越受到人们的关注，但在实现智能制造方面仍存在许多问题和挑战，如数据安全风险、信息不对称、信任机制不足、缺乏系统协调等。文献[49]表明，有效的数据共享可以提高生产效率，降低成本，促进智能制造企业的整体发展，但是目前制造业数据共享仍然存在以下问题。首先，企业部门只注重自身利益，缺乏将相关数据和信息公开的动力。其次，制造业数据共享往往需要建立在不同企业的孤立数据系统之上，而不同系统使用的不同存储方式和不同的标准增加了跨系统[50]的数据共享的难度。最后，由于缺乏先进的信息管理方法，智能制造企业难以有效地提取和利用制造数据的潜在价值。因此，构建一个高效和可信的数据存储与共享系统在制造业智能化过程中至关重要。

现有的数据存储与共享方法存在一定的安全问题和隐私问题。首先，本地或云服务集中存储的数据很容易发生故障或泄露[51]。由于制造业数据的隐私性和高灵敏度，数据泄露的后果极其严重。其次，制造业所产生的数据量较大，直接基于存储平台进行数据共享会消耗大量的带宽资源，导致数据存储与共享成本增加[52]。此外，为了防止数据被篡改，数据本身和数据共享的过程应容易验证，但目前许多平台无法保证。例如，文献[53]提出了第一个可以利用云存储服务提供隐私保护和开放审计方法的数据共享方案。然而，基于云计算的数据共享方案并不能解决数据集中导致的隐私泄露的风险。

凭借去中心化、持久性、匿名性和可追溯性等特性，区块链对传统行业的系统的升级改造提供了新的解决方案[54]。基于区块链的安全数据共享方案可以大致分为两种，即基于公有链的方案和基于联盟链的方案。基于公有链的方案允许任何节点自由连接和退出，由于具有强去中心化的特点，所以数据更加安全。

文献[5]基于以太坊实现了一个医患数据共享平台，并通过智能合同实现了多个医疗服务机构的数据整合，但是这种方案会导致区块链吞吐量降低和事务开销提高。基于联盟链的方案的性能远远优于基于公有链的方案，所以前者有助于实现更高效的数据共享。文献[31]基于联盟链提出了一种以用户为中心的数据共享方案，实现了身份管理和隐私保护。文献[55]设计了一种基于区块链技术的多中心、部分去中心化的物联网架构，以增强物联网中数据的安全性和隐私性。文献[56]构建了一种基于区块链的数据共享平台，如图4.4所示。该平台包含区块链层、社区检测层、数据层。为确保数据共享的安全性，该研究设计了一个基于身份认证和超级账本结构的安全数据共享框架，使用社区检测算法，根据标签数据的相似性将客户端划分为不同的数据共享社区，并基于社区计算共享程度选择数据共享的范围。这种方法可以有效地缩小查询共享数据的范围，提高数据共享的效率。

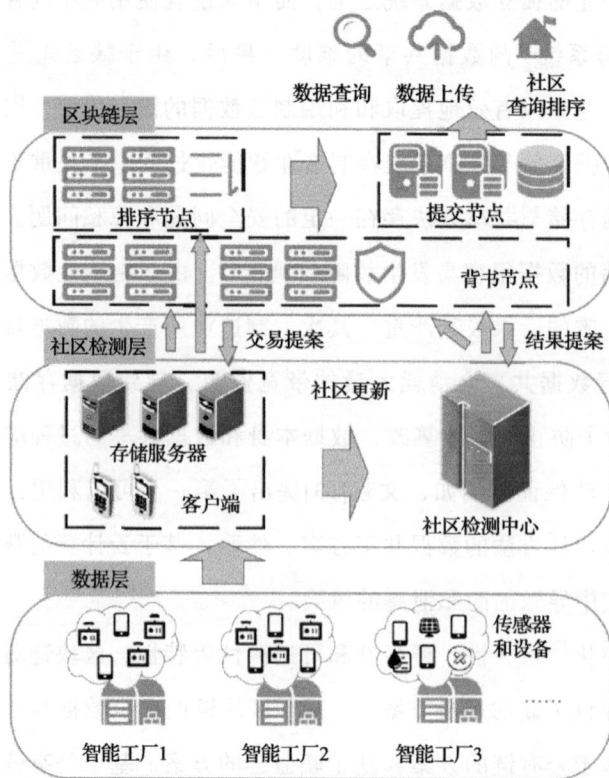

图 4.4　基于区块链的数据共享平台[56]（原图见彩插页图 4.4）

随着区块链等技术的发展，数据共享不再受限于特定机构或组织的壁垒，而是建立在去中心化的共识机制之上。这意味着任何组织和机构都有权参与到数据存储与共享的过程中，无须中介，使信息更加民主化和平等化。这种开放性的共享模式为创新提供了更广阔的空间，激发了参与者的积极性，形成了一个共同推动技术进步的良性循环。另外，区块链的不可篡改性为数据的真实性和可信度提供了坚实的保障。每个数据块都经过加密和时间戳的处理，一旦被写入区块链，便无法被篡改或删除。这种特性保证了数据的完整性，有效地解决了数据共享过程中可能出现的信任问题。无论是在商业合作中的数据交换，还是在科研领域的信息分享，这种可信的数据存储方式都为参与者提供了更大的信心和安全感。总体而言，基于区块链的可信数据存储与数据共享模型为数据共享领域带来了革命性的变化。去中心化的特性、开放的共识机制，以及不可篡改的数据存储方式，使得数据的流通变得更加高效、安全和可信。未来，随着区块链技术的不断演进和应用场景的扩展，这一革新性的数据共享模式将在各个领域取得更加显著的成果，推动社会信息化的进一步发展。

4.3.3 小结

在智能制造迅速发展的过程中，区块链技术作为一个有潜力的创新工具为智能制造的技术发展提供了许多解决方案，本章对基于区块链的数据存储与共享方法和技术进行了深入探究。区块链技术的去中心化、加密保证和不可篡改性等特性，有助于防止数据泄露、篡改和未经授权的访问，为智能制造提供了安全和可信的数据存储与共享方式。同时，区块链的可追溯性和智能合约功能使得智能制造中的数据存储与共享能够实现高度的可追溯性和数据授权访问，这有助于监控整个供应链的各个环节。智能合约技术在智能制造中具有广泛的应用前景，它可以自动完成执行合同、追踪库存、处理支付等任务，减少了人工干预和烦琐的文件工作，提高了效率。但当前的区块链系统在处理大规模数据时可能会面临性能瓶颈，需要更高的事务吞吐量。未来的研究应着重改进区块链的性能，以适应智能制造中不断增长的数据需求。物联网设备和边缘计算技术的发展为智能制造提供了更多的计算和存储资源，未来的研究可以考虑将区块链与边缘计算结合，以提高数据处理的效率和可用性。为了实现跨不同制造业企业和供应链的数据共享，需要建立标准和协议，以确保区块链系统的互操作性。这将有助于不同系统之间的数据交换和协作。除了供应链管理，区块链技术还可以在智能制造中的其他方面得到应用，如质量控制、生产过程监控和产品生命周期管理。未来的研究可以探索更多的潜在应用场景。综上所述，基于区块链的数据存储与共享对智能制造产生了深远的影响，提高了数据安全性、可追溯性和透明性。然而，它仍然需要进一步研究和发展，应对性能挑战并扩展应用领域，以挖掘智能制造的更大潜力。

参考文献

[1] SATOSHI N. Bitcoin: A peer-to-peer electronic cash system[J]. Computer Science, 2008.

[2] LIN I C, LIAO T C. A survey of blockchain security issues and challenges[J]. Int. J. Netw. Secur., 2017, 19(5): 653-659.

[3] XINYI Y, YI Z, HE Y. Technical characteristics and model of blockchain[C]//2018 10th International Conference on Communication Software and Networks (ICCSN). NJ: IEEE, 2018: 562-566.

[4] XIE J, TANG H, HUANG T, et al. A survey of blockchain technology applied to smart cities: research issues and challenges[J]. IEEE Communications Surveys & Tutorials, 2019, 21(3): 2794-2830.

[5] ZHENG Z, XIE S, DAI H, et al. An overview of blockchain technology: architecture, consensus, and future trends[C]//2017 IEEE International Congress on Big Data (BigData Congress). NJ: IEEE, 2017: 557-564.

[6] PUTHAL D, MALIK N, MOHANTY S P, et al. The blockchain as a decentralized security framework [future directions][J]. IEEE Consumer Electronics Magazine, 2018, 7(2): 18-21.

[7] JAVED A. Managing data traceability: impact and benefits[J/OL]. (2023-5-11) [2023-12-12].

[8] PARKIN J. The senatorial governance of Bitcoin: making (de) centralized money [J]. Economy and Society, 2019, 48(4): 463-487.

[9] ZHANG J, ZHONG S, WANG T, et al. Blockchain-based systems and applications: a survey[J]. Journal of Internet Technology, 2020, 21(1): 1-14.

[10] LAGHARI A A, WU K, LAGHARI R A, et al. A review and state of art of Internet of Things (IoT)[J]. Archives of Computational Methods in Engineering, 2021: 1-19.

[11] FREDERICO G F, GARZA-REYES J A, ANOSIKE A, et al. Supply Chain 4.0: concepts, maturity and research agenda[J]. Supply Chain Management: An International Journal, 2019, 25(2): 262-282.

[12] UDDIN M A, STRANIERI A, GONDAL I, et al. A survey on the adoption of blockchain in IoT: challenges and solutions[J]. Blockchain: Research and Applications, 2021, 2(2): 100006.

[13] ABDELMABOUD A, AHMED A I A, ABAKER M, et al. Blockchain for IoT applications: taxonomy, platforms, recent advances, challenges and future research directions[J]. Electronics, 2022, 11(4): 630.

[14] MOOSAVI J, NAENI L M, FATHOLLAHI-FARD A M, et al. Blockchain in supply chain management: a review, bibliometric, and network analysis[J]. Environmental Science and Pollution Research, 2021: 1-15.

[15] LIM M K, LI Y, WANG C, et al. A literature review of blockchain technology applications in supply chains: a comprehensive analysis of themes, methodologies and industries[J]. Computers & Industrial Engineering, 2021, 154: 107133.

[16] LAMPORT L. The part-time parliament[J]. ACM Transactions on Computer Systerms, 1998, 16(2): 133-169.

[17] ONGARO D, OUSTERHOUT J. In search of an understandable consensus algorithm[C]//2014 USENIX Annual Technical Conference (USENIX ATC 14). [S. l.]: [S. n.], 2014: 305-319.

[18] LAMPORT L, SHOSTAK R, PEASE M. The Byzantine generals problem[M]// Concurrency: The Works of Leslie Lamport. 2019: 203-226.

[19] CASTRO M, LISKOV B. Practical byzantine fault tolerance[C]// The Third Symposium on Operating Syterms Design and Implementation. [S. l.]: OSDI, 1999:

173-186.

[20] LIU J, LI W, KARAME G O, et al. Scalable byzantine consensus via hardware-assisted secret sharing[J]. IEEE Transactions on Computers, 2018, 68(1): 139-151.

[21] YIN M, MALKHI D, REITER M K, et al. HotStuff: BFT consensus with linearity and responsiveness[C]//Proceedings of the 2019 ACM Symposium on Principles of Distributed Computing. NY: ACM, 2019: 347-356.

[22] BUTERIN V. A next-generation smart contract and decentralized application plat-form [J]. Etherum, 2014(1):1-36.

[23] LARIMER D, BLUMER B. Eos. IO technical white paper v2[EB/OL]. (2018-3-16)[2023-12-12].

[24] REN L. Proof of stake velocity: building the social currency of the digital age[J]. Self-published white paper, 2014.

[25] ANTONOPOULOS A M, HANDING D A. Mastering bitcoin: programming the open blockchain[M]. 3rd. CA: O' Reilly Media, 2023.

[26] CURRAN B. What is proof of authority consensus? Staking your identity on the blockchain [EB/OL].(2018-7-5)[2023-12-12].

[27] NEM. NEM Technical Reference [EB/OL]. (2018-2-23)[2023-12-12].

[28] FERNANDES D A B, SOARES L F B, GOMES J V, et al. Security issues in cloud environments: a survey[J]. International Journal of Information Security, 2014, 13: 113-170.

[29] ANDONI M, ROBU V, FLYNN D, et al. Blockchain technology in the energy sector: a systematic review of challenges and opportunities[J]. Renewable and Sustainable Energy Reviews, 2019, 100: 143-174.

[30] HUANG H, LIN J, ZHENG B, et al. When blockchain meets distributed file sys-tems: an overview, challenges, and open issues[J]. IEEE Access, 2020, 8: 50574-50586.

[31] AZARIA A, EKBLAW A, VIEIRA T, et al. Medrec: using blockchain for medical

data access and permission management[C]//2016 2nd International Conference on Open and Big Data (OBD). NJ: IEEE, 2016: 25-30.

[32] IBM. Building blockchain solutions with IBM storage and IBM LinuxONE[EB/OL].(2019-7)[2023-12-12].

[33] BENET J. IPFS-content addressed, versioned, P2P file system[EB/OL]. (2014-7-14)[2023-12-12]. arXiv:1407.3561.

[34] KUMAR R, MARCHANG N, TRIPATHI R. Distributed off-chain storage of patient diagnostic reports in healthcare system using IPFS and blockchain[C]//2020 International Conference on Communication Systems & Networks (COMSNETS). NJ: IEEE, 2020: 1-5.

[35] ZHENG X, LU J, SUN S, et al. Decentralized industrial IoT data management based on blockchain and IPFS[C]//IFIP International Conference on Advances in Production Management Systems. Cham: Springer, 2020: 222-229.

[36] AMAZON E C. Amazon web services summary of the Amazon s3 service disruption in the northern Virginia (us-east-1) Region[R]. Amazon, 2017.

[37] LÓPEZ-VARGAS A, LEDEZMA A, BOTT J, et al. IoT for global development to achieve the united nations sustainable development goals: The new scenario after the COVID-19 pandemic[J]. IEEE Access, 2021, 9: 124711-124726.

[38] GRAY C. Storj vs. Dropbox: why decentralized storage is the future[J/OL]. (2014-8-16)[2023-12-12].

[39] RHEA S, EATON P, GEELS D, et al. Pond: the oceanstore prototype[C]//2nd USENIX Conference on File and Storage Technologies (FAST 03). [S.l.]: [S.n.], 2003.

[40] WILKINSON S, BOSHEVSKI T, BRANDOFF J, et al. Storj a peer-to-peer cloud storage network[EB/OL]. (2014-11-15) [2023-12-12].

[41] VORICK D, CHAMPINE L. Sia: simple decentralized storage[J]. Retrieved May, 2014, 8: 2018.

[42] BAUER D P. Filecoin[M]//Getting Started with Ethereum: a Step-by-Step Guide to Becoming a Blockchain Developer. Berkeley, CA: Apress, 2022: 97-101.

[43] BORJIGIN W, OTA K, DONG M. In broker we trust: a double-auction approach for resource allocation in NFV markets[J]. IEEE Transactions on Network and Service Management, 2018, 15(4): 1322-1333.

[44] AFRAZ N, RUFFINI M. A sharing platform for multi-tenant PONs[J]. Journal of Lightwave Technology, 2018, 36(23): 5413-5423.

[45] ULLAH Z, RAZA B, SHAH H, et al. Towards blockchain-based secure storage and trusted data sharing scheme for IoT environment[J]. IEEE Access, 2022, 10: 36978-36994.

[46] HUANG S, DU M, LI W, et al. TSSN: a trusted shared storage network based on blockchain and bilateral matching[C]//2020 IEEE International Cenference on Parallel & Distributed Processing with Applications, Big Data & Cloud Computing, Sustainable Computing & Communications, Social Computing & Networking (ISPA/BDCloud/SocialCom/SustainCom). NJ: IEEE, 2020: 269-276.

[47] WANG Y, FAN R, LIANG X, et al. Trusted data storage architecture for national infrastructure[J]. Sensors, 2022, 22(6): 2318.

[48] MITTAL S, KHAN M A, ROMERO D, et al. Building blocks for adopting smart manufacturing[J]. Procedia Manufacturing, 2019, 34: 978-985.

[49] SINGH P, MASUD M, HOSSAIN M S, et al. Cross-domain secure data sharing using blockchain for industrial IoT[J]. Journal of Parallel and Distributed Computing, 2021, 156: 176-184.

[50] ZHENG K, ZHANG Z, CHEN Y, et al. Blockchain adoption for information sharing: risk decision-making in spacecraft supply chain[J]. Enterprise Information Systems, 2021, 15(8): 1070-1091.

[51] SUSHMITHA Y, KRISHNAREDDY V, PAVANDEJA D R. A survey on cloud computing security issues[J]. International Journal of Computer Science and Inno-

vation, 2015(2): 88-96.

[52] KHAN M A. A survey of security issues for cloud computing[J]. Journal of Network and Computer Applications, 2016, 71: 11-29.

[53] WANG C, WANG Q, REN K, et al. Privacy-preserving public auditing for data storage security in cloud computing[C]//2010 Proceedings of IEEE Infocom. NJ: IEEE, 2010: 1-9.

[54] LIANG X, ZHAO J, SHETTY S, et al. Integrating blockchain for data sharing and collaboration in mobile healthcare applications[C]//2017 IEEE 28th Annual International Symposium on Personal, Indoor, and Mobile Radio Communications (PIMRC). NJ: IEEE, 2017: 1-5.

[55] WAN J, LI J, IMRAN M, et al. A blockchain-based solution for enhancing security and privacy in smart factory[J]. IEEE Transactions on Industrial Informatics, 2019, 15(6): 3652-3660.

[56] CHI J, LI Y, HUANG J, et al. A secure and efficient data sharing scheme based on blockchain in industrial Internet of Things[J]. Journal of Network and Computer Applications, 2020, 167: 102710.

第 5 章

数据分析与建模

数据分析与建模是一种利用数据和相关分析工具,将多维的数据转化为可解释的、可以使用的数据类型的方法。制造业通过对数据进行准备、分析、可视化等,使用不同的建模方法,可以帮助发现数据的不同类别、预测数据随时间发展的趋势等。数据分析结果可以帮助优化决策,降低成本,提高利润等。制造业的产业链从采购、研发到制造、运输、销售的整个过程都可以通过数据分析来达到优化流程、降本增效的作用。

5.1 机器学习在制造业多维数据预处理中的应用

制造业一直是世界经济的重要支柱之一,而如今,随着技术的进步和数据量的爆炸性增长,制造业正经历着一场数字化革命。在现代制造的过程中,众多传感器、设备和系统不断产生大量的多维数据,这些数据包含了关于生产线、设备状态、产品质量和供应链等方面的信息。要想更好地管理制造业的运营和生产,以及提高效率和质量,预处理这些多维数据变得至关重要。

本节深入探讨机器学习在制造业多维数据预处理中的应用,以及如何利用机器学习方法来清洗、转换和准备制造业数据,为后续的建模和分析奠定基础。这些方法包括数据清洗、特征工程、异常数据检测和数据降维等，这些可以帮助制造业更好地理解数据、优化生产流程、提高产品质量，并实现智能制造的目标。本节介绍 3 种常用的机器学习多维数据预处理方法。

5.1.1　数据清洗

数据清洗在制造业中发挥着关键作用，对确保生产过程的稳定性、产品质量的可控性，以及决策制定的准确性具有重要意义。在大数据时期，数据的维度极高、规模极大，数据清洗不仅有助于提高数据质量，还会对制造业的多个方面产生积极影响。首先，清洗后的数据可用于监测和控制生产过程，及时发现并纠正质量问题，从而降低次品率、提高产品质量，减少质量问题对企业声誉的不良影响。其次，通过清洗和预处理生产数据，可以识别生产线上的瓶颈和效率低下的环节，有助于制造业企业优化生产计划、资源分配和设备维护，提高生产效率。清洗后的数据还可用于建立预测模型、趋势分析和决策支持系统，使企业在决策制定过程中更有依据。此外，数据清洗能够避免错误或不准确的数据导致的不必要成本，如设备故障维修成本、库存成本和解决质量问题的成本。清洗后的供应链数据有助于提高供应链的可见性，如监控库存、需求和交货情况，可以更好地协调供应链活动，减少延迟和库存浪费。最重要的是，数据清洗为制造业提供了数据分析的基础，支持企业不断改进生产过程、产品设计和质量控制，以适应市场需求的变化。

数据清洗一般包括缺失值处理、噪声数据处理、特征工程等步骤。其中，大多数数据可以通过机器学习进行清理，来提高数据质量和清洗效率。

在制造业数据中，常常会出现缺失值。这些缺失值可能是传感器故障、数据采集错误或其他原因造成的。缺失值的存在会影响后续的数据分析和建模工作，因此需要进行处理。机器学习技术可以帮助识别和处理缺失值。例如，可以使用基于模型的方法来估计缺失值，或者使用插值方法来填充缺失值。此外，还可以利用机器学习算法来预测缺失值，例如使用回归模型或随机森林模型。图 5.1 所示为用有标签数据训练一个随机森林回归或分类模型，其中包括缺失值标记的特征作为输入特征。这样，如果测试集中的数据存在缺失值，可以使用已经训练好的随机森林模型来选取含有缺失值的样本，将其余特征用于模型输入；使用随机森林模型进行预测，填充缺失值。重复上述步骤，直到所有含有缺失值的样本都被填充。

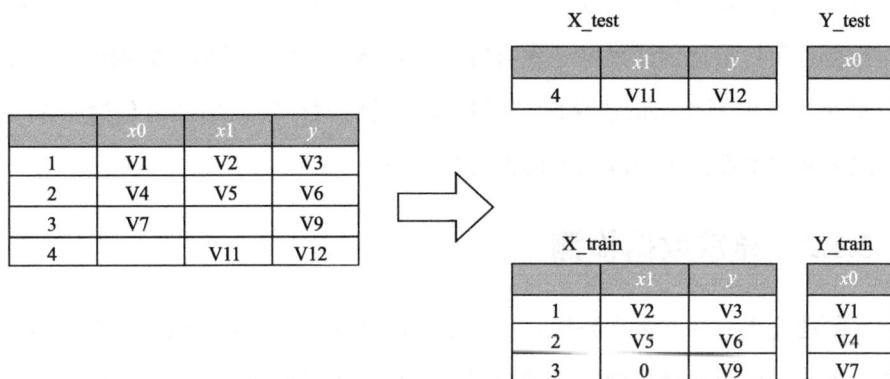

	x0	x1	y
1	V1	V2	V3
2	V4	V5	V6
3	V7		V9
4		V11	V12

X_test

	x1	y
4	V11	V12

Y_test

x0

X_train

	x1	y
1	V2	V3
2	V5	V6
3	0	V9

Y_train

x0
V1
V4
V7

图 5.1　随机森林进行数据填充

噪声数据是指包含错误或异常值的数据点，这些数据点可能会导致分析结果不准确。在制造业中，噪声数据可能由设备故障、传感器误差或环境干扰引起。机器学习可以用于噪声数据的检测和过滤。例如，可以先使用异常检测算法［如 Z-分数、箱线图、孤立森林、LOF（局部离群因子）等］来识别噪声数据点，然后将其排除或进行修正，也可以使用数据增强法，在训练数据上引入随机性以减少噪声的影响。或者使用深度学习方法，如卷积神经网络（Convolutional Neural Network，CNN）和循环神经网络（Recurrent Neural Network，RNN）可以学习到数据中的特征，并对噪声具有一定的鲁棒性。此外，自动编码器和生成对抗网络（Generative Adversarial Network，GAN）[1]等深度学习模型也可以用于噪声数据的降噪和重建。

特征工程是指将原始数据转化为适合输入机器学习模型的特征集合的过程。在制造业多维数据预处理中，特征工程起着至关重要的作用，因为好的特征可以帮助模型更好地捕捉数据的模型和信息。特征工程包括许多不同的处理方式，如特征提取是将原始数据转化为更高层次、更抽象的特征的过程。在制造业中，特征提取可以基于领域知识或数据分析来进行。例如，可以从传感器数据中提取统计特征，如均值、方差和频率分布，这些统计特征可以反映设备的状态和性能。

此外，还可以使用信号处理技术来提取频谱特征或时域特征，用于挖掘周期性模型或趋势。特征选择则是从原始特征集合中选择最相关的特征，以减少维度和提高模型性能的过程。在制造业数据中，可能存在大量的特征，但并不是所有特征都对模型有用。特征创建是基于现有特征创建新的特征，以捕获数据中的更多信息。例如，可以利用 svm 或深度学习模型通过将两个特征相乘来创建一个新特征，或者从文本数据中提取关键词作为新特征。

5.1.2 异常数据检测

在制造业中，异常数据检测是一个重要的任务，因为异常数据可能表示设备故障、生产问题或质量异常。机器学习可以帮助实现自动化异常检测的过程。下面列举一些常用的数据异常检测方法。

（1）采用统计方法的模型可以基于数据的统计性质来提取数据中的分布特征，从而识别异常值。例如，Z-分数检测通过计算数据点与平均值之间的标准差来识别异常值。超出阈值的数据点被视为异常。

（2）箱线图使用四分位数和离群值边界来检测异常值。低于下四分位数或高于上四分位数的数据点被视为异常。

（3）Grubbs'检测是先假设数据是正态分布的，再检测是否有单一异常值偏离统计测试。

（4）采用距离和相似性方法的模型通过计算不同数据之间的距离（如欧几里得距离、曼哈顿距离、切比雪夫距离等），将距离较短的数据视作同一类型数据来进行数据分类，进而排除异常数据。常用的如 K-均值（K-means）聚类算法，该算法的具体实现方式是将整个数据集划分为 K 个不同簇，以保证每个数据点到其所属簇的中心点距离之和最小。图 5.2 所示为通过 K-means 聚类算法进行数据分类。DBSCAN 算法同样是基于密度的聚类算法，可以将稀疏区域中的数据点视为异常。或者使用相似度函数，即根据数据类型创建合适的计算不同数据点间距离的算法，使用相似度或相关性度量来评估数据点之间的差异，如果差异大于某个阈值，则被视为异常。

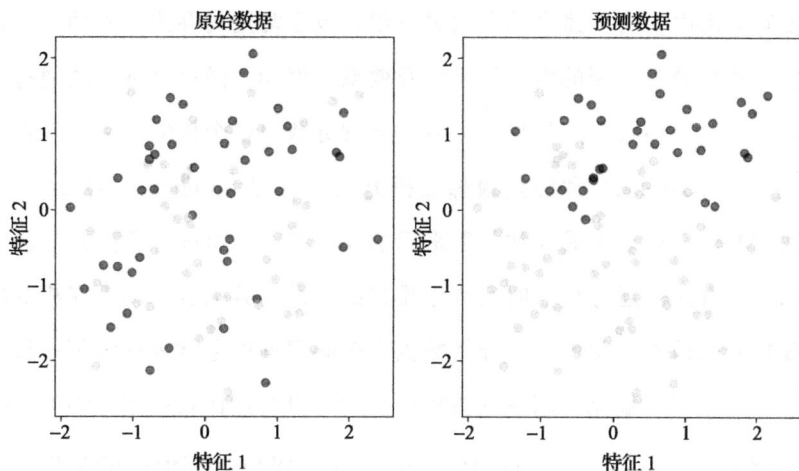

图5.2　通过K-means聚类算法进行数据分类

机器学习方法利用机器学习算法将数据进行分类，用以区别正常数据和异常数据。例如，孤立森林（Isolation Forest）算法是一种基于决策树的算法，它通过随机选择特征和分割值来隔离异常点，使其更容易被识别。一类支持向量机（One-Class SVM）算法是支持向量机的变体，用于建立仅包含正常数据的模型，将与该模型不符的数据点视为异常。图5.3所示为通过One-Class SVM算法进行数据异常检测。或者使用神经网络［如自编码器（Autoencoder）］，通过神经网络对学习数据进行更低维的表示，异常点通常在重构误差较大的情况下被检测到。

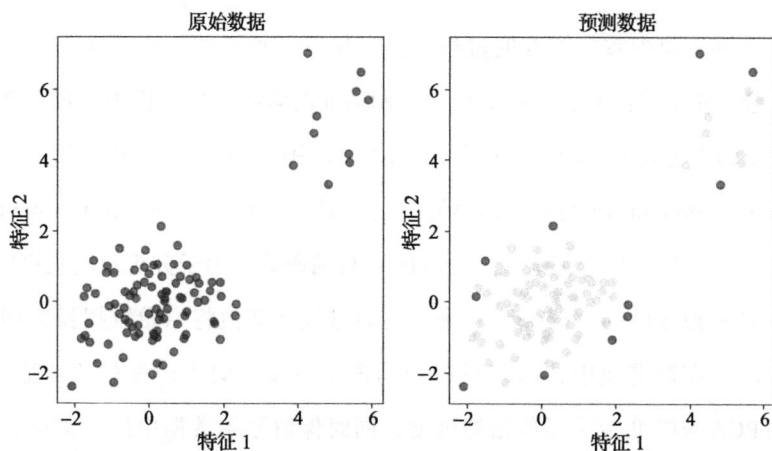

图5.3　通过One-Class SVM算法进行数据异常检测

在现实应用中，将上述多种方法进行组合也是常用的办法。多种方法组合检测可以提高数据异常检测的整体稳定性及效果。例如，随机森林方法通过构建多个决策树，可以评估数据点的异常分数。异常分数由多个树的结果综合得出。极端梯度上升（XGBoost）和轻量级梯度提升机器学习（LightGBM）是一般梯度提升算法的变体，通过生成异常分数来识别异常点，从而进行数据异常检测。

时间序列方法是通过按照时间顺序排列的一系列数据点（通常在相等的时间间隔内收集）来检测异常数据，异常数据在时间序列中通常表现为不一致的观察值。指数平滑用于平稳化时间序列数据，用户可以通过比较模型观测值和平滑值的偏差来检测异常数据。差分自回归移动平均（Autoregressive Integrated Moving Average，ARIMA）模型可以用于时间序列数据的异常检测，异常通常表现为模型残差中的大偏差。

深度学习方法是机器学习的一种，如通过神经网络提取原始数据信息特征；通过反向传播的方式，将异常信息和正常信息进行分类，如长短时记忆（Long Short-Term Memory，LSTM）网络[2]和门控循环单元（Gated Recurrent Unit，GRU）可用于处理时间序列数据中的异常检测任务。此外，使用深度自编码器也可以通过编码-解码结构来学习数据的表示，并检测异常点。

5.1.3　数据降维

数据降维是减少数据维度的过程，旨在保留最重要的信息并减少噪声，提高数据信息量，便于提高数据训练效率。在制造业的多维数据分析中，数据降维有助于提高模型的训练效率和降低过拟合的风险。常用的数据降维方法包括主成分分析（Principal Component Analysis，PCA）、线性判别分析（Linear Discriminant Analysis，LDA）、t-分布随机近邻嵌入（t-SNE）、自编码器、因子分析及随机投影等。

PCA是一种常用的数据降维方法，它通过线性变换将原始数据投影到一个新的低维空间。在制造业中，PCA可以帮助识别主要影响生产过程的特征。例如，可以使用PCA来降低传感器数据的维度，同时保留原始数据中的关键信息。这有助于简化数据分析任务，并降低计算成本。LDA是一种监督学习的降维方法，通常用于分类问题。它寻找将数据点投影到低维空间中的方向，以便在新的空间中最大限度地分离不同类别的数据。t-SNE是一种非线性的数据降维方法，它可以保持数据之间的相似性关系。在制造业中，t-SNE可以用于可视化多维数据，帮助发现数据中的模型和聚类，进而根据不同聚类进行降维。自编码器（见图5.4）是一种神经网络架构，可以用于非线性降维。它包括一个编码器和一个解码器，通过学习将数据压缩到低维表示。因子分析是一种模型化的降维方法，它假设数据由一组潜在因子和随机噪声组成，通过学习潜在因子，将原始变量转化为这些潜在因子的线性组合度。随机投影是一种快速的降维方法，它通过将数据投影到随机生成的低维子空间米减少维度。投影过程中可能会损失一些信息，但在大规模数据集上表现良好。图5.5所示为通过投影进行数据降维。

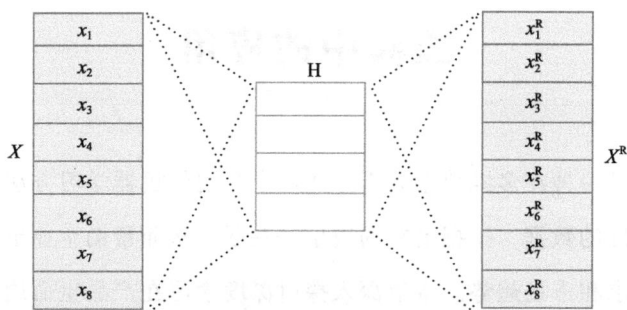

图 5.4　自编码器

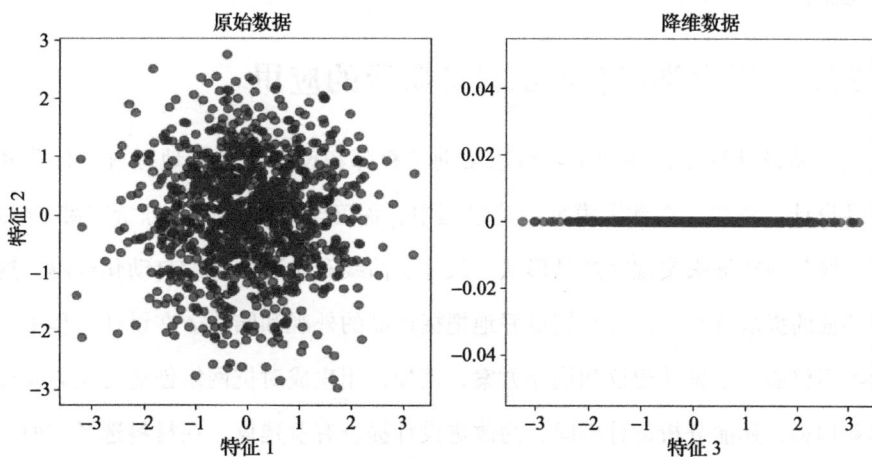

图 5.5　随机投影

5.1.4 小结

制造业的多维数据预处理是实现智能制造和提高生产效率的关键步骤。机器学习可以帮助清洗、转换和准备多维数据，以便后续的建模和分析。通过数据清洗、特征工程、异常数据检测、数据降维等方法，制造业企业可以更好地理解其数据，优化生产流程、提高产品质量，并实现智能制造的目标。可以预见的是，随着技术的进步和数据驱动决策的推动，机器学习在制造业中将会发挥越来越大的作用，为企业带来更大的价值和竞争优势。

5.2 深度学习在产品生命周期多维数据分析与建模中的应用

深度学习是一种在多维数据分析与建模中常用的机器学习方法。它能够处理大规模、高维度的数据，挖掘潜在的模型和关联，从而帮助企业更好地了解产品表现、用户需求和市场趋势。本节深入探讨深度学习在产品生命周期多维数据分析与建模中的应用，包括产品设计、生产制造、仓储管理运输、市场营销和售后服务等阶段。

5.2.1 深度学习在产品设计阶段的应用

在产品设计阶段，深度学习可以帮助工程师和设计师更好地理解、优化和创新产品设计。例如，在数字模型构建过程中，深度学习可以通过分析三维CAD模型并提取几何特征来实现对产品形状、尺寸、曲线和曲面信息的自动化理解。这些几何特征的提取有利于设计师们更好地把握产品的外观和结构。在设计过程中，深度学习不仅能生成设计建议和优化方案，例如使用生成对抗网络创造与现有设计不同的新构思，还能分析设计空间，为改进设计提供有益建议。在材料选择方面，深度学习通过分析材料性能数据，帮助选择最适合产品需求的材料，考虑因素包括强度、耐用性和成本等。此外，虚拟模型和模拟是深度学习的又一个应用领域，可通过模拟产品在实际使用中的性能（如结构力学行为）来预测产品的强度和稳定性。在人机界面设计方面，深度学习应用于用户行为和反馈的分析，以改进产品的用户体验，包括语音识别、图像处理和自然语言处理等技术的应用。深度学习还能实现自动化设计生成，例如生成工程图样、模具设计和电路布局，从而提高设计效率、减少重复劳动。在设计验证阶段，深度学习可用于验证设计与要求的一致性，及早发现并解决潜在问题。深度学习支持可持续性设计决策，通过提取产品的环境影响、节能潜力和可回收性等特征，为可持续性设计提供有力支持。在产品设计阶段，深度学习可以提供强大的工具和技术，以帮助设计师更好地理解和改进产品设计，加速创新，并在设计决策中提供有用的见解。随着深度学习的不断发展，它在产品设计领域的应用前景将继续扩展。

5.2.2　深度学习在生产制造阶段的应用

在生产制造阶段，深度学习可以用于质量控制和预测维护。通过监测传感器数据、设备运行状态和产品质量数据，深度学习模型可以实时检测生产中的异常情况，并预测设备的维护需求。例如，在制造业中，深度学习可以分析机器运行时的振动数据，识别潜在的故障迹象，并提前预警，以减少停机时间和维修成本。同时，深度学习还可以用于过程优化。深度学习模型可以通过分析生产线上的数据来发现生产中的优化机会，从而降低生产成本、提高生产效率。举例来说，在半导体制造领域，深度学习可以分析工艺参数、设备状态和产品质量数据，帮助优化生产流程，提高芯片的生产质量。例如，利用循环神经网络或卷积神经网络生成最佳的刀具路径，以最小化切割时间、降低能源消耗或减少刀具磨损。这些可以通过模型输出的序列来实现，每个序列代表一个切割操作的位置和顺序。工业机器人和自动化是现在很热门的发展方向，深度学习是一种可用于工业机器人的控制和视觉导航部分的技术。机器人可以使用深度学习模型来感知和理解环境，执行复杂的任务，例如装配、焊接、包装等。例如，使用 SLAM 技术结合深度强化学习（Deep-Reinforcement-Learning）方法[3,4]，为不同机器人指派不同的任务并规划路线，使其完成指定的任务。使用深度学习，可以监测设备传感器数据，以检测生产设备的异常行为和故障。这有助于实现预测性维护，提前发现设备故障并缩短停机时间。例如，可使用LSTM追踪监视设备运行的实时数据流，如果模型检测到与正常模式不匹配的数据模式，就触发异常检测警报；也可以通过构建图神经网络，分析异常数据产生源头，输出生产过程中不同的因果关系，追踪最根本的故障原因。使用深度学习，还可以通过建立模型来预测产品的质量和性能。这可以在生产过程中帮助制造商识别潜在的问题，采取措施以确保产品符合质量标准。例如，卷积神经网络模型可用于分析晶圆图像。模型的输入是图像数据，目标是检测和分类晶圆上的缺陷和质量问题。最后，在管理方面，深度学习可以用于生产计划和排程，根据需求、资源和生产能力来制订最佳的生产计划。这有助于降低生产成本并提高交货准时性。例如，循环神经网络或变换器（Transformer）网络可用于预测生产需求、生产能力和资源利用率之间的关系。模型的输入包括历史生产数据和相关因素，目标是生成最佳的生产计划。

5.2.3　深度学习在仓储管理运输阶段的应用

深度学习可以应用于库存管理，即通过分析历史销售数据和需求预测，优化原材料和成品的库存水平，从而降低库存成本和风险。例如，使用循环神经网络或LSTM网络处理时间序列数据，模型能根据历史销售数据和其他相关因素来预测未来的需求。在供应链中，深度学习可以帮助优化物流和运输计划，以提高交付准时性，降低库存水平。模型可以通过处理大量的运输和订单数据来做出更明智的决策。例如，使用卷积神经网络或Transformer来处理地理信息和交通数据，以寻找最佳的运输路线和交付计划[5]。在制造和仓储环节，深度学习可以用于产品追溯。通过分析产品和原材料的标识信息，模型可以追踪产品的生产历史和供应链路径，以确保产品的合规性和安全性。在能源管理方面，深度学习可以帮助企业优化能源消耗。通过分析设备的能源使用情况和效率数据，模型可以提供节能建议，降低能源成本。例如，可以通过摄像头等传感器，使用卷积神经网络对人体进行识别，识别是否有工作人员在当前工作环境中，若没有，则降低灯光亮度。

5.2.4 深度学习在市场营销阶段的应用

在市场营销阶段，深度学习可以用于用户画像建模。通过对用户的社交媒体活动、购买历史及搜索行为等多方面数据进行深入分析，深度学习模型能够自动构建出精细入微的用户画像，从而协助企业更全面地理解用户需求和兴趣。以电子商务为例，深度神经网络可以处理结构化数据，深入分析用户在电商平台上的浏览和购买行为，预测用户的购买意向，进而向他们推荐相关产品，提高销售转化率。在销售阶段，深度学习可以用于市场趋势分析。通过对大规模的市场数据、竞争对手信息和消费者反馈进行分析，深度学习模型能够识别市场趋势和潜在机会，为制订市场营销策略提供可靠的数据支持。例如，LSTM 网络可以更好地捕获复杂的时间序列模式，分析商品销售数据、季节性变化和促销效果，帮助商家优化库存管理和定价策略。针对客户，深度学习可用于构建个性化的产品推荐系统。模型可以分析用户的历史购买记录和兴趣，以推荐他们可能感兴趣的产品或服务，提高销售转化率。例如，通过使用深度自编码器（Deep Autoencoder）来扩展传统矩阵分解模型（Matrix Factorization），通过分解用户−物品评分矩阵来学习用户和物品的潜在特征向量表示[6]。此外，对于不同用户，深度学习可以帮助广告平台更精确地将广告投放给潜在客户。模型可以根据用户的兴趣和行为预测哪些广告更可能会引起他们的注意，并在合适的时间和地点展示广告。例如，基于深度兴趣网络（Deep Interest Network，DIN）的点击率预测模型可以利用用户的历史行为和候选广告的特征来学习用户的兴趣表示，并动态地调整兴趣与广告的匹配程度[7]。在社交媒体营销方面，深度学习可以用于社交媒体营销自动化。深度学习模型可以自动发布内容、回应用户评论。例如，通过内容生成（如 GAN）、内容调整（如强化学习方法）、内容评估（如 CNN）、内容反馈（如注意力网络）这 4 个部分使用不同的模型优化视频内容[8]。

5.2.5 深度学习在售后服务阶段的应用

在售后服务阶段，深度学习可以用于提供故障诊断与维修建议。通过分析设备传感器记录、用户反馈和维修记录等数据,深度学习模型可以推测设备故障原因,并提供维修建议,加速故障排除。深度学习还可以用于用户满意度分析,通过分析用户的投诉、建议和满意度调查数据来评估用户满意度水平,并识别需要改进的方面。在客户服务方面,深度学习可以分析客户的服务请求、响应时间和问题解决率,帮助企业提高客户满意度和忠诚度[9]。

5.2.6　深度学习的挑战与展望

在产品生命周期多维数据分析与建模中,深度学习在展现出巨大潜力的同时,也面临着许多挑战。以数据质量和隐私保护为例,首先,深度学习对数据的质量和数量要求较高,需要用大量的标记数据进行训练。同时,涉及用户隐私的数据分析需要谨慎处理,确保合规性和数据隐私保护。其次,虽然深度学习模型在处理大量数据时效果较一般模型更好,但模型可解释性方面有所欠缺。深度学习模型通常被认为是黑盒模型,难以解释其决策过程。在一些领域,特别是涉及安全和法规的领域,模型的可解释性仍然是一个巨大的挑战。最后,深度学习需要极高的计算资源和能耗,这限制了它在嵌入式系统和边缘设备等硬件条件不足的设备上的应用。

尽管存在诸多挑战,深度学习在产品生命周期多维数据分析与建模中仍然具有广阔的应用前景。随着硬件技术的发展和深度学习算法的进一步优化,深度学习必能帮助企业实现更智能、更高效和可持续的产品生命周期管理。

5.2.7　小结

深度学习已经成为产品生命周期多维数据分析与建模的强大工具,为产品设计、生产制造、市场营销和售后服务等产品生命周期的各个阶段提供了全新的数据分析方法。企业可以利用深度学习更好地理解产品表现、用户需求和市场趋势,从而优化决策、提高效率和降低风险。然而,深度学习也面临诸多挑战,需要继续研究和创新。在未来,深度学习将继续发挥重要作用,推动产品生命周期管理的发展和创新。

5.3 产品健康管控的实现

本节探讨数据分析与建模在产品健康管控中的关键步骤，以及如何利用这些步骤来实现高效的产品质量管理和监控。PDCA 循环是一种科学的质量管理方法，它分为 4 个阶段：计划（Plan）、执行（Do）、检查（Check）和处理（Action）[10]。PDCA 的目的是通过不断地发现问题、分析问题、解决问题和改进问题，提高工作的质量和效率。每个阶段的工作及要求如下。

计划阶段：确定时间、人员、资源，明确工作的目标和要求，分析现状和存在的问题，找出影响因素和主要原因，有针对性地制订解决方案和活动计划。

执行阶段：通过进行具体的操作，实现计划阶段所制订的内容。

检查阶段：对执行结果进行检查和评估，用数据和事实来评判是否达到了预期的目标和效果。同时，总结成功的经验和失败的教训。

处理阶段：根据检查结果进行相应的处理。如果成功，则总结经验，推广经验、标准化；如果失败，则总结教训并提出改进措施，避免问题重复发生。同时还要发现新的问题，并将其转入下一个 PDCA 循环中去解决。

PDCA 循环示意图如图 5.6 所示。

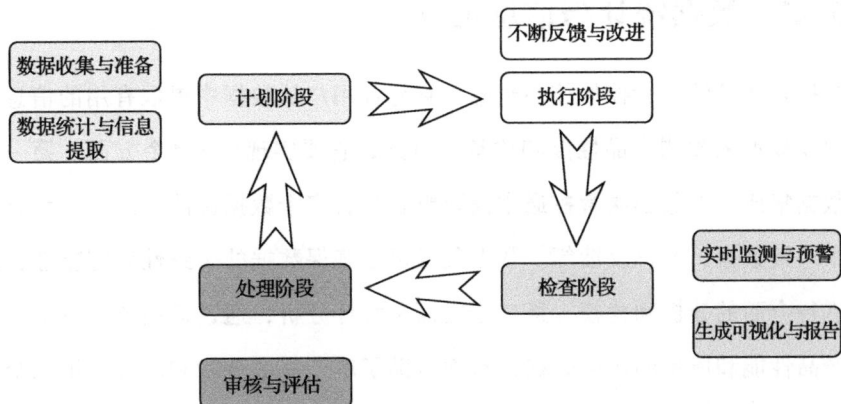

图 5.6 PDCA 循环示意图

5.3.1　数据收集与准备

数据收集是数据分析与建模的第一步，对产品健康管控尤为重要。在数据收集录入前，应当先进行数据源的识别，在产品健康管控中，数据可以来自多个源头，包括生产过程、供应链、用户反馈等。首先，需要明确地定义和识别这些数据源，根据数据源的不同，区分其可信度、数据质量，并根据不同来源将数据应用于不同的健康管控过程中。例如，传感器数据的实时性高、精度高、自动化过程的自动化程度高，但成本较高。传感器的可靠性和准确性强，生成数据量大，需要有效的数据处理和分析方法；人工检查和观察数据灵活性强，可以提供直观的视觉反馈，有助于识别问题，但受操作员主观判断的影响，可能存在误判，通常需要较长的时间，不能提供实时监测，人力成本较高；历史数据可以用来分析识别潜在的问题和趋势，不需要额外的传感器或人力投入，但无法实时监测，需要足够的历史数据才能进行可靠的分析，且不能应对新问题；用户反馈和投诉数据，一般提供了用户的直接反馈和意见，反映了产品在实际使用中的表现，但不全面，依赖用户自愿提供反馈，可能无法涵盖所有问题，通常在问题发生后才会出现，不适用于实时监测，反馈可能受用户主观感受的影响，不一定客观准确。

在数据收集后，仍要通过数据清洗（如去除异常值、处理缺失数据等方法）保证数据质量，以此确保后续分析的准确性。

5.3.2　数据统计与信息提取

数据是产品健康管控的核心步骤，它允许用户从数据中提取有用的信息，并通过建立模型来预测产品性能和质量。对此，它要实现以下4个方面。第一个方面是数据集成，产品健康管控通常需要整合来自多个数据源的信息，如传感器数据、供应链数据、客户反馈等。数据集成可以确保数据的一致性和完整性，以便后续进行全面的分析和建模。第二个方面是统计分析，通过运用统计分析方法来分析产品性能和质量的历史数据，从而帮助了解产品的现状和趋势。第三个方面是机器学习模型。机器学习模型的应用广泛且多样化，它们可以用于多种产品健康管控任务。以一些经典的机器学习模型为例：回归分析模型可以帮助预测产品性能，如基于使用情况和环境因素预测产品寿命的回归模型；分类模型可用于检测产品中的缺陷，如通过训练一个分类器来自动识别产品是否合格；聚类分析可用于发现潜在问题，如通过将产品分组成不同的簇来识别出表现相似的产品群组，这可能暗示了某些生产批次或供应链问题。第四个方面是深度学习模型。深度学习模型是机器学习的一个分支，它在处理复杂多维数据和图像识别等领域表现出色。在产品健康管控中，深度学习模型可以用于以下 3 个方面。

（1）图像识别。对于产品的外观质量检查，深度学习模型可以识别并分类产品表面的缺陷，如裂纹、划痕等。

（2）自然语言处理。对于从客户反馈中提取有关产品问题的信息，深度学习模型可以用于情感分析或主题建模，以更好地了解客户需求和问题。

（3）时间序列分析。对于产品性能随时间变化的情况，如设备状态监控，深度学习模型可以用于预测可能的故障或维护需求等。

5.3.3　不断反馈与改进

产品健康管控不仅是监测和报告问题，还需要将结果反馈到产品设计和生产过程中，以持续改进产品质量和性能。对此，要从以下 5 个方面着手。第一，在数据反馈到生产过程中，通过模型对数据进行分析，将数据分析结果反馈到生产过程，用于改进产品的制造和设计。第二，在模型的持续优化过程中，数据分析模型需要持续优化，以适应产品和市场的变化。通过历史模型训练效果，定期评估模型的性能，并根据需要进行更新和改进。第三，在智能反馈系统建立时，可以自动化和加速数据反馈到生产过程的过程。这包括实时监测产品性能和质量，并自动将反馈信息传递给生产团队。智能反馈系统可以基于数据模型的结果和临界值自动触发警报或改进建议，从而加快问题解决速度。第四，将产品健康管控与供应链管理相结合，以确保质量控制不仅限于生产环节，还包括供应链中的各个环节。通过与供应商合作并共享数据，可以更好地监督原材料和组件的质量，减少潜在问题的发生，并实现更高的产品一致性。第五，在产品发布后，积极收集和整合客户反馈，将客户的意见和需求纳入产品健康管控的决策流程中。这一步骤可以帮助识别产品的改进点，从而更好地满足市场需求。最后，在产品健康管控中也要考虑环境可持续性，包括提高资源利用效率和减少废弃物。通过数据分析和改进，可以降低资源浪费、减少能源消耗，从而推动可持续的生产和产品生命周期管理。

5.3.4　实时监测与预警

产品健康管控需要实时监测产品性能和质量，以便及时采取措施。为了实现这一目标，需要建立一个实时监测系统。该系统可以将数据分析模型应用于实际生产过程。这一过程通常会涉及传感器数据的实时采集，通过数据清洗等方式对数据进行处理，应用统计模型、机器学习模型（如深度学习模型）进行数据分析等步骤。

为了能够及时发现问题，实时监测系统需要实现预警机制。可以使用异常数据检测办法，即一旦发现异常或超出设定的阈值，预警机制应立即触发警报，以便及时采取纠正措施。此外，实时监测系统应该能够跨多个维度监测产品性能和质量，包括监测生产过程中的各种参数、原材料的特性、设备状态，以及产品的外观和功能。多维度监测有助于更全面地了解产品的状态。针对监测结果，实时监测系统可以与自动化决策支持系统集成，以便在检测到异常时立即采取纠正措施，如自动停机、调整生产参数、通知相关人员等。自动化决策支持有助于减少人为干预的延迟。除了监测产品质量，实时监测系统还可以进行预测性维护。通过监测设备状态和性能，可以预测设备可能的故障和维护需求，以减少生产中断和维修成本。实时监测数据可以以可视化的方式呈现结果，以便生产团队和管理层能够迅速理解当前状态。同时，生成定期报告和趋势分析，有助于长期改进和决策制定。针对数据安全性，实时监测应当采取适当的措施，如加密、访问控制和备份，以确保数据的机密性和可用性。

5.3.5　生成可视化与报告

通过数据可视化与报告，将分析结果传达给决策者和相关团队，可以帮助团队针对目前生产状况进行产品生产过程的优化与改进，保证产品健康生产。首先，通过使用数据可视化工具和仪表板，以直观的方式展示产品健康状况和趋势，有助于管理层更好地理解数据。其次，在分析可视化的数据后，对数据进行有效的报告和沟通，是确保利益相关方了解产品健康状况的关键。清晰的报告和沟通可以帮助团队制定决策和采取行动。在分析完数据后，仍需及时、持续地改进产品。产品管控是一个不断改进的过程，实施持续改进的方法才能保证产品保持在高质量、高可用的水平。

5.3.6　审核与评估

定期进行审核与评估是持续改进的关键。通过审查，可以发现潜在问题并制订改进计划。为此，可以考虑用如下方式进行审计。首先，企业应当建立专门的内部审核团队，由经验丰富的成员组成，负责定期审查产品健康管控系统的运作和流程。该团队将独立评估各个环节的有效性，确保系统正常运行。其次，针对产品管控，应当定时进行外部审计，定期邀请独立的外部审计团队对产品健康管控系统进行审计。外部审计能够提供客观的观点和建议，帮助企业发现潜在问题和风险，确保系统符合最高标准。企业可以基于审核和评估的结果来制订明确的改进计划。此外，进行数据分析审计时，不仅要对流程和程序进行审计，还要对数据分析和模型的审计。这有助于确保数据的准确性、完整性和可靠性，以及模型的有效性和适应性。最后，进行合规性审计，要审查产品健康管控是否符合相关法规和标准，以确保产品在市场上的合法性。这一系列审计措施将有助于建立健全的产品健康管控体系，提高企业对产品质量和合规性的把控能力。

5.3.7　小结

产品健康管控是保证产品质量、提高生产效率的重要部分。通过科学的数据分析与建模方法，可以提取数据中的有效信息及特征，以更直观的形式将分析结果反馈给企业内相关部门。企业可以通过这些分析结果更全面地了解产品的现状及发展趋势，并基于此对产品进行及时的反馈调整，不断优化现有的相关生产、销售过程。产品健康管控对产品生命周期有着重要的影响，随着数据分析与建模技术的不断改进，产品健康管控也需要不断地调整数据分析与建模方法，以实现更高效的管控。

参考文献

[1] GOODFELLOW, IAN J, et al. Generative adversarial networks: other title information[EB/OL]. (2014-6-10)[2023-12-12]. arXiv:1406.2661.

[2] SHI X J, et al. Convolutional LSTM network: a machine learning approach for precipitation nowcasting[EB/OL]. (2015-6-13)[2023-12-12]. arXiv:1506.04214.

[3] MIRHOSEINI A, et al. Chip placement with deep reinforcement learning[M]. (2020-4-22)[2023-12-12]. arXiv:2004.10746.

[4] HU S, ZHONG Y, et al. MARLlib: a scalable multi-agent reinforcement learning library[EB/OL]. (2022-10-11)[2023-12-12]. arXiv:2210.13708.

[5] YUSUF Z, BHATIA A, et al. Pairing blockchain with IoT to cut supply chain costs [EB/OL]. (2018-11-18)[2023-12-12].

[6] XUE H J, et al. Deep matrix factorization models for recommender systems [C]// The 26th International Joint Conference on Artificial Intelligence. CA: Morgan Kaufmann. 2017: 3203-3209.

[7] ZHOU G, et al. Deep interest network for click-through rate prediction[EB/OL]. (2018-9-13)[2023-12-12]. arXiv:1706.06978.

[8] BIAN Q. Social media marketing optimization method based on deep neural network and evolutionary algorithm[J]. Scientific Programming, 2021 (2021): 5626351.

[9] ALDUNATE Á, et al. Understanding customer satisfaction via deep learning and natural language processing[J]. Expert Systems with Applications, 2022(209): 118309.

[10] 黄亚萍. 基于 PDCA 循环提升校园应急演练水平[J]. 宿州教育学院学报, 2022, 25(6):107-110.

第3篇
产品故障溯源与生命周期价值链经济增值

第 6 章

复杂网络技术在产品知识图谱
分析中的应用

产品知识图谱是借助整合、有机化组织，并深入分析涉及产品的多维信息，从而形成的一种图形化、高度结构化的表达形式。产品知识图谱汇聚了关于产品的多种数据源和信息片段，通过精心设计的结构，使得产品的各个方面、特征以及它们之间的内在关联得以清晰呈现。这种图谱不仅是信息的简单呈现，更是对产品全貌及其组成要素之间纷繁复杂关系的一种直观展现，为深度理解和系统分析产品提供了坚实的基础。复杂网络技术则提供了一种有效的方法来处理和分析这些信息，以便更好地理解产品的特征、关系和特定领域的知识，它可以帮助建立产品知识图谱的结构，应用于产品知识图谱的分析和挖掘，识别出产品知识图谱中的重要节点和关键路径等。本章介绍复杂网络技术、产品知识图谱构建，并分析如何将二者进行结合。

6.1 复杂网络技术简介

复杂网络是由大量节点和节点之间复杂连接关系构成的网络结构，这些连接关系可能呈现出多样化的形式和模式。在复杂网络中，节点代表个体或实体，边则代表它们之间的关系或连接。这些网络具有自组织、自相似、小世界性和无标度等特征，因此涵盖了许多真实世界的复杂系统，如社交网络、生物网络和互联网等。社区发现是分析复杂网络中节点聚集形成的子结构或社区的过程。社区内部的节点联系紧密但是社区之间的节点联系相对稀疏。社区发现的目标是识别这些内部连接紧密、外部连接稀疏的节点集合，以揭示网络内部的模式和结构。常见的社区发现方法包括基于节点相似性、连接模式、模块性等的算法，例如模块度优化算法、谱聚类算法、Louvain算法等。本节详细介绍复杂网络的现有技术以及它们的特征。

6.1.1 复杂网络的基本信息

现实之中存在着各种不同的事物，例如人、机械、产品等，并且这些事物之间存在着一定的关系或联系。为了更好地表征事物以及事物之间的关系，通常会将这一部分事物抽象为节点，将事物之间的联系抽象为边，将由节点及边所构成的表征整体的互联关系的图称为网络。在实际的应用场景中，数据规模通常更加庞大，且节点之间通常存在更加密切的联系。例如，这些场景包括微博用户的关注关系、城市道路网络、全球互联网及特定个体之间的关系网络，这些网络结构对节点数量较少的简单图结构而言更加复杂，因此被称为复杂网络。复杂性主要体现在以下4点[1]。首先，复杂网络存在小世界现象，又称六度空间理论。在这一假设下，尽管复杂网络中每一个节点的连接度对其他节点来说并不高，但是绝大部分节点之间存在一条长度较短的路径连接。其次，节点之间往往存在较强的集群关系，即高度集群性，节点的邻居节点之间可能也互为邻居，从而形成局部的、联系紧密的子图，也可以称之为社区。再次，复杂网络中的节点和边并不是固定的，它们随着时间不断演化并且会相互影响，从而更好地表征一个整体的性质[2]。最后，复杂网络存在异构性，其中的节点可以代表任何事物，包括表示不同类别的事物之间的不同关联。复杂网络存在较多的应用方向，其中包括节点重要性分析[3-6]、链路预测[7,8]等。本章主要介绍与产品知识图谱构建及故障溯源分析中关系较密切的常见社区发现算法[9-11]。这些算法用于在现有的复杂网络之中识别并且提取出具有相似的特征及联系的节点的子集，即符合复杂网络的高度集群性的子网络。每一个社区代表网络中的一个密集子图，或者是一系列节点的集合。在同一个子集的内部，节点之间存在更多的连接，而不同的子集之间节点的连接较稀疏。社区发现有助于了解整体的复杂网络结构，识别其中的社区集合，并且发现节点之间隐含的关联关系，从而更好地实现在不同的领域中的预测及优化。

在现实中存在许多更加复杂的状况。以生产关系供应链复杂网络为例，一个零件既可以属于同一批生产的零件所构成的社区，也可以属于其在生产线中上游以及下游工序共同组成的社区。为了更好地表达这一部分节点的特征，社区发现算法引入了重叠社区这一概念。如图6.1所示，重叠社区允许节点同时属于多个不同的社区，从而反映了现实中节点归属的复杂性。由于节点能够属于多个社区，因此在划分过程中不必强硬地将相关性较高的节点分离，从而实现网络的精细划分及建模。但是相对地，非重叠社区会更加简洁、直观，因此在面对不需要考虑多重归属特性的网络时，采用非重叠社区效果更佳，而采用重叠社区对更好地理解网络结构和功能、个性化推荐、社交网络分析和信息传播研究等应用非常有用，应该依据具体的应用场景和网络特性来决定是否使用重叠社区。

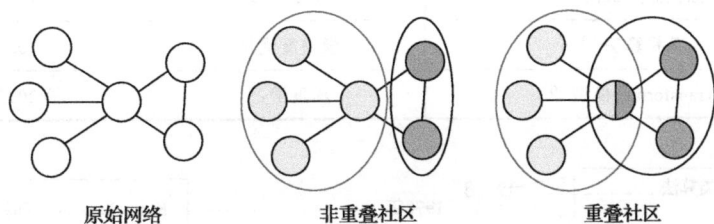

原始网络　　　　　　非重叠社区　　　　　　重叠社区

图6.1 重叠社区和非重叠社区的区别

6.1.2 复杂网络算法模型

依据工作原理，本小节将社区发现算法分为5个主要类型：图分割、图聚类、标签传播、模块度优化，以及深度学习[12]。表6.1列举了各类型下更加具体的算法名称以及对应的类型。图6.2展示了社区发现的研究逐渐地从借用其他方向的图分割，图聚类结合复杂网络，进步到拥有了更加适合自己的指标模块度，从而真正形成了一个独立的方向，再到结合人工智能、深度学习技术紧跟时代的潮流的过程。

表6.1 社区发现算法汇总

算法名称	算法类型	提出时间/年
K-means聚类算法[13]	图聚类	1967
Kernighan-Lin二部算法[14]	图分割	1970
谱二分算法[15]	图分割	1982
基于密度的聚类（DBSCAN）算法[16]	图聚类	1996
格文纽曼算法[17]	模块度优化	2002
快速纽曼算法[18]	模块度优化	2004
标签传播算法[19]	标签传播	2007
鲁汶算法[20]	模块度优化	2008
谱聚类算法[21]	图聚类	2013
卷积神经网络[22]	深度学习	2017
图卷积神经网络[23]	深度学习	2018
生成对抗网络[24]	深度学习	2020
图注意力机制[25]	深度学习	2020
莱顿算法[26]	模块度优化	2020
Transformer模型[27]	深度学习	2022

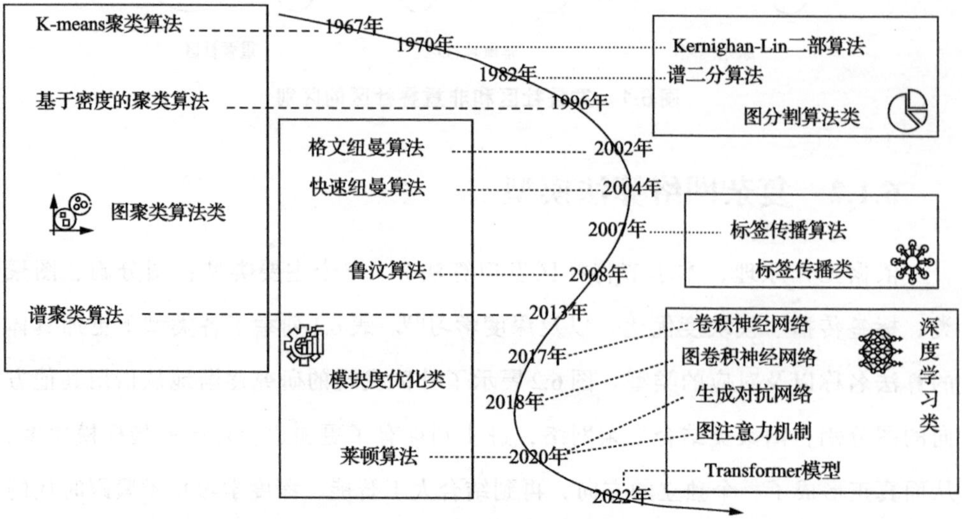

图6.2 社区发现算法发展历程

6.1.3 传统的社区发现算法

图6.3所示为图聚类与图分割算法的基本原理。在图分割算法中，复杂网络初始被视为在同一个社区。之后的每一次操作，每一个社区都会考虑如何更好地分裂成为两个新的社区，并且新生成的社区在下一次操作中将进行进一步的迭代划分，直到最终得到指定数量的社区[28-30]。其中的代表性算法有Kernighan-Lin二部算法[14,31,32]和谱二分算法[15,33]。

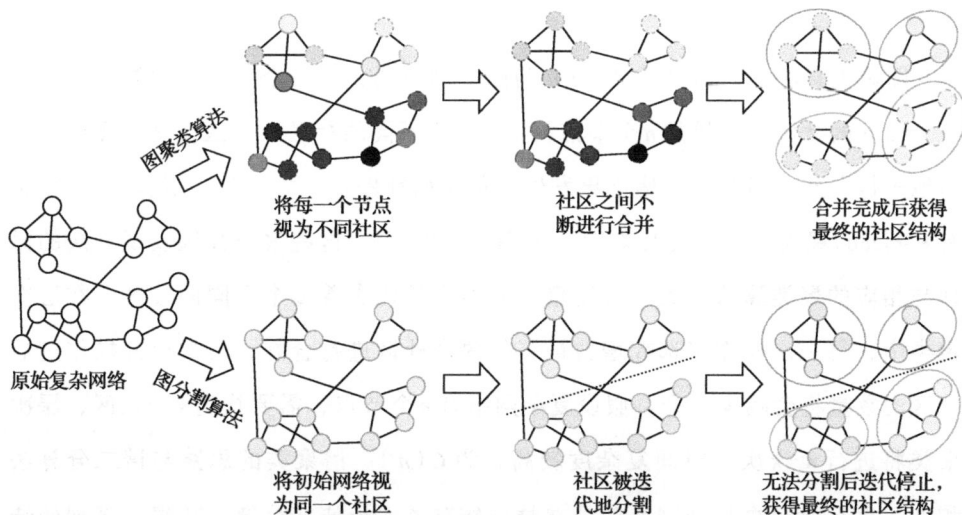

图6.3 图聚类与图分割社区发现算法的基本原理(原图见彩插页图6.3)

Kernighan-Lin二部算法是一种基于贪心算法的算法。首先，初始的社区被随机地分成了两个新的社区，然后不断地尝试交换两个社区之间的节点，并且记录社区内的边的最大权重和。这种尝试性的交换将随机地重复多次，直至交换次数达到阈值，随后对新生成的社区重复进行这个二分操作。谱二分算法对当前复杂网络所计算出来的拉普拉斯矩阵进行特征分解，如式（6.1）所示，其中D是由复杂网络的n个节点的度组成的对角线矩阵，如式（6.2）所示；W是由复杂网络的n个节点的相似度构成的对称矩阵，两个节点v_i和v_j的相似度w_{ij}可以由式（6.3）求得。对拉普拉斯矩阵L进行特征分解，能够获得一系列特征向量$Q=[q_1,q_2,\cdots,q_n]$，对应每一个节点在矩阵中的特征。在一次操作中，全部含有正向特征的节点将被划分至同一个社区，而其他节点被划分到另一个社区，从而完成了将一个社区分割成两个社区的过程。迭代这一操作过程，即可完成社区发现。

$$L = D - W \tag{6.1}$$

$$D = \begin{bmatrix} d_1 & 0 & 0 & \cdots & 0 \\ 0 & d_2 & 0 & \cdots & 0 \\ 0 & 0 & d_3 & \cdots & 0 \\ \vdots & \vdots & \vdots & & \vdots \\ 0 & 0 & 0 & \cdots & d_n \end{bmatrix} \tag{6.2}$$

$$w_{ij} = w_{ji} = e^{-\frac{1}{2}\left[(v_i - v_j)^{\mathrm{T}} \Sigma^{-1} (v_i - v_j)\right]} \tag{6.3}$$

图聚类算法的思路（见图6.3）与图分割不同，每一个节点通常被视为属于一个独立的社区，初始的n个节点构成了n个不同的社区，社区在多轮操作中不断地进行合并，当社区结构不再发生变化时循环停止[34-36]。其中，代表性的算法有K-means聚类[13]、层次聚类[37,38]、谱聚类[16,39-41]等。这些聚类社区发现算法的原理与相应的聚类算法一致，最终聚成的多个类代表着多个不同的社区。在层次聚类中，每一次操作将选择增益最高的两个社区进行合并，每次合并操作过后社区的数量将会减少一个。假设复杂网络有n个节点，需要找出k个社区，层次聚类将进行$n-k$次，时间复杂度较高，为$O(n^3)$。谱聚类的思路与谱二分算法相似，也是对源自复杂网络的拉普拉斯矩阵L进行特征分解，获得一系列的特征向量Q。与谱二分算法不同的地方是，谱聚类不会单纯地将向量分为正、负两类，而是在这个基础上对特征向量进行K-means或是其他聚类操作，从特征上区分不同的节点，并将聚类的结果作为社区划分的结果。通常，聚类算法的时间复杂度都较高，并且在这一阶段社区发现与聚类的差距并不大，还是倾向寻找相似的节点，形成一个聚类簇或者社区，因此不能很好地体现节点之间的连接关系。

标签传播类算法初始与图聚类算法相似，通常会认为相似的节点应当拥有同样的社区标签，相连的节点相关性较高。其中，常见的算法包括标签传播算法[42,43]、演讲者-听众标签传播算法[44]及快速社区适应算法[45]。在标签传播算法中，初始状态的每一个节点有一个属于自己的标签，随后依据随机的顺序，将每一个节点的标签更新为邻居标签数占比最高的标签，重复这一过程直至迭代次数达到阈值或社区结构不再发生变化。演讲者-听众标签传播算法进一步地记录了每一个节点的标签的出现情况，并且认为标签重复出现的频率越高，这个节点属于这个社区的可能性越大。在每一轮标签更新的过程中，每一个待更新的节点将会作为听众接收邻居演讲者传递来的标签，并将出现次数最多的标签添加到自己的标签记录，演讲者则依据标签记录的统计情况，随机地抽取其中的一个标签作为信息传递。在快速社区适应算法中，社区结构是借助待划分社区的节点的邻居节点之间的边的权重进行投票而确定的。更具体地，式（6.4）中定义了节点 v_i 所直接连接的所有节点之中，属于社区 C_k 的节点的边权之和的占节点 v_i 的度的总比例 $\mathrm{Pro}(v_i, C_k)$。adjoint(v_i) 代表与节点 v_i 直接相连的节点的集合，W 依旧代表复杂网络的边权重矩阵。显然，每一个节点在动态更新的过程中都有属于自己的社区（包括在最开始将每一个节点单独划分为一个社区）。那么，节点如果想从原本的社区 C_j 转移到新的社区 C_k 中，需要满足 $\mathrm{Pro}(v_i, C_k) - \mathrm{Pro}(v_i, C_j) > \sigma$，即新的社区 C_k 对于节点 v_i 的连接度远大于原本的社区 C_j，其中 σ 是一个阈值参数，用来保证在连接度差距不大时算法不更新社区的划分。标签传播类算法有着非常明显的优缺点。由于每一轮社区标签的更新仅与邻居节点相关，因此社区的更新速度较快。但是，无论是哪一种社区更新方式都存在较高的随机性，因此算法整体的鲁棒性不足，适用于需要快速运算且结构较稳定的复杂网络。

$$\mathrm{Pro}(v_i, C_k) = \frac{\left| \{ W_{v_i, v_j} | v_j \in \mathrm{adjoint}(v_i), v_j \in C_k \} \right|}{\left| \mathrm{adjoint}(v_i) \right|} \tag{6.4}$$

在纽曼提出模块度的概念之前[18]，社区发现这一问题缺乏一个较好的评价指标，常见的评价指标（如准确率、精确率、F1分数、欧几里得距离等）都不能很好地突出社区代表节点之间的联系更加密切这一概念。在完成了社区发现算法之后，所有的节点将被划分至不同的社区，但是复杂网络中的总度数显然是不变的，想要实现不同社区之间联系程度越低，相同社区内部联系程度越高，评价的标准不应该为节点被划分至哪一个社区，而应该为社区与社区之间的联系是否足

够低。因此，纽曼构建了一个矩阵来存储社区之间的联系，如式（6.5）所示，其中，n_x 代表节点，W 代表复杂网络边的权重矩阵，$e_{i,j}$ 代表社区 C_i 和社区 C_j 的节点之间边的权重之和占复杂网络中所有边的边权总和的比例。当 $i=j$ 时，$e_{i,i}$ 代表社区 C_i 的内置边的权重之和，因此社区内部的边被遍历了两次；当 $i \neq j$ 时，对权重矩阵求和将导致无向边被统计两次，但是分子部分并没有像同一社区内的边一样被遍历两次，因此需要通过乘以 2 来抵消重复统计的边带来的影响。一个社区涉及的全部的边的总度数占比可以对联系矩阵 e 求和获得，即 $a_i = \sum_j e_{i,j}$。如果每一个社区中的节点与全部的社区连接程度相近，那么将有 $e_{i,j} = a_i a_j$，社区 C_i 内的点之间的联系期望为 a_i^2。但是，本节更加希望节点与不同社区的连接程度存在更多的差异，社区内的联系应该更紧密，因此 $e_{i,i}$ 相对 a_i^2 更大。通过统计实际的社区内部的联系关系与理论上的联系期望的差值，可以了解社区内部节点联系的紧密程度，因此模块度 Q 的定义如式（6.6）所示。模块度越大，说明社区内部的联系越大，社区外部的联系越小。其中，$\mathrm{tr}(e)$ 代表联系矩阵 e 的迹，$\| e^2 \|$ 代表矩阵 e 中全部元素的总和。

$$
e_{i,j} = \begin{cases} \dfrac{2 \sum\limits_{n_x \in i} \sum\limits_{n_y \in j} W_{n_x, n_y}}{\sum\limits_{n_x} \sum\limits_{n_y} W_{n_x, n_y}}, i \neq j \\[4mm] \dfrac{\sum\limits_{n_x \in i} \sum\limits_{n_y \in j} W_{n_x, n_y}}{\sum\limits_{n_x} \sum\limits_{n_y} W_{n_x, n_y}}, i = j \end{cases} \tag{6.5}
$$

$$
Q = \sum_i \left(e_{i,i} - a_i^2 \right) = \sum_i e_{i,i} - \sum_i a_i^2 = \mathrm{tr}(e) - \| e^2 \| \tag{6.6}
$$

式（6.6）中存在许多矩阵的求和操作，并不利于面对大规模的复杂网络进行快速求和，从而约束了模块度的泛用性。因此在后续的研究中，纽曼引入了 δ_{n_x, n_y} 来表征两个节点是否属于同一个社区，当 n_x、n_y 属于同一个社区时，$\delta_{n_x, n_y} = 1$，反之 $\delta_{n_x, n_y} = 0$。并且引入了 $k_{n_x} = \sum\limits_{n_y} W_{n_x, n_y}$ 代表节点 n_x 的总度数，令 $m = \dfrac{1}{2} \sum\limits_{n_x, n_y} W_{n_x, n_y}$ 为复杂网络的全部边的权重之和，那么节点 n_x 连接上节点 n_y 的期望概率为 $k_{n_x}\dfrac{k_{n_y}}{2m}$。因此，社区之间的关系被转化为节点的边的权重关系与 δ 的关系，如式（6.7）所示，经过转化后的公式与式（6.6）的主要区别在于需要求和的矩阵不再是新生成的，而是对权重矩阵进行预处理后获得的，随后乘以一个表示社区关系的 01 矩阵 δ，进而减少了大量的矩阵求和运算。

$$Q = \frac{1}{2m}\sum_{n_x,n_y}\left(W_{n_x,n_y} - \frac{k_{n_x}k_{n_y}}{2m}\right)\delta_{n_x,n_y} \tag{6.7}$$

在完成模块度的定义后，模块度优化类算法是一种采用不同的方法将模块度最大化的算法。以最常见的鲁汶算法为例[20]，如图 6.4 所示，与图聚类相似，初始状态下每一个节点被划分至单独的社区结构之中，在一次迭代的过程中算法不断地尝试将节点的社区标签改变为邻居节点的标签，如果节点与新的社区内其他节点的联系高于整体平均值，那么模块度 Q 将会增大，模块度的变化情况仅与该节点及其前

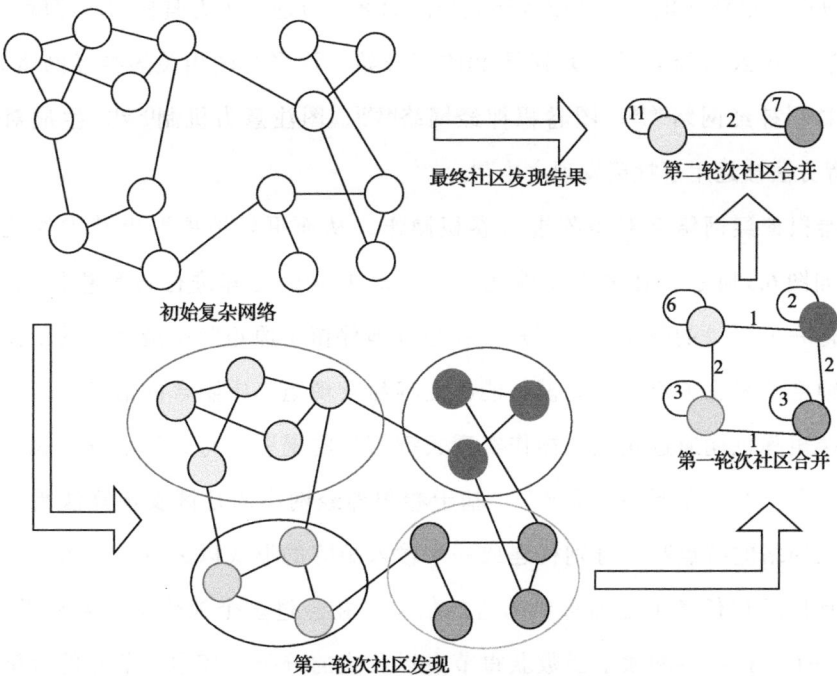

图 6.4　鲁汶算法图例

后所属的两个社区相关。采用贪婪算法的思路，当模块度增大时视为可行的操作并且执行。对于每一个节点，仅需要计算其与两个社区内的节点的连接状况。借助增值的比较能够进一步地优化算法所需要的时间。每一轮次的迭代将重复多次，直至社区结构不再发生变化。最后，用统计出来的社区作为新的复杂网络的节点，将社区之间的总边权作为新的连接两个社区节点的边，从而构建出一个新的复杂网络，并且对新的复杂网络重新进行一次迭代的过程，直至社区结构不再发生变化。尽管模块度优化类算法的思路与图聚类相似，但是模块度的定义使得最终的社区结构更加接近挖掘复杂网络中节点之间的关系这一目的，并且由于采用了大量的时间复杂度优化手段，鲁汶算法的时间复杂度仅为 $O(n\log n)$。

6.1.4　基于神经网络的社区发现算法

在大数据时代，基于神经网络的社区发现算法在处理大规模的复杂网络数据、提供更加精细的社区划分方面具有更大的潜力，并且借助大量的带有社区标签的复杂网络数据集，监督或者半监督的深度学习远优于无监督的非深度学习传统算法。在 2014 年之后，尤其是 2017 年开始，许多与图相关的神经网络算法，例如卷积神经网络[46-48]、图卷积神经网络[49-51]、图注意力机制[52,53]、生成对抗网络[24]等方法被运用于社区发现之中[54]。

卷积神经网络会对矩阵进行卷积操作，从而更好地提取出其中的关键信息。如图 6.5 所示，在最大化池化层下，对 4×4 的矩阵进行转置卷积操作后，将获得一个 2×2 的新矩阵，新矩阵在很好地保留了原矩阵中最大值的信息的同时大幅度地减少了矩阵的规模，能够更容易发现矩阵中隐含的信息。复杂网络的邻接矩阵也能通过相似的操作实现关键信息的提取。与其他依据卷积神经网络进行节点分类的情况不同[55,56]，基于卷积神经网络的社区发现算法需要首先将复杂网络的节点和边分别构建成一个输入矩阵的形式以进行图嵌入，防止丢失在社区发现任务中更加重要的边的信息。在经过多个池化层的卷积操作后，通过一个全连接层和激活函数获得节点以及边的分类。其中，节点的分类将作为社区的最终结构进行输出，而边的分类会结合其他的评价指标（如模块度等）作为损失函数逐步调优整体的模型，并且不断修改节点的训练结果。

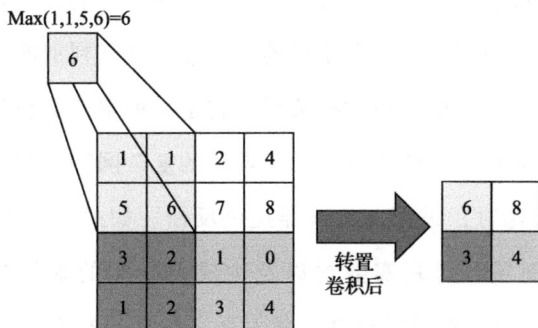

图6.5 最大化池化层卷积示例

与卷积神经网络相比，图卷积神经网络无疑是更加适合复杂网络社区发现的算法。这是一种结合了图与卷积的算法，借助图上的两个傅里叶变换来实现卷积操作[57]，主要作用是挖掘图中的节点在高纬度空间下的更深层的特征，这与社区发现的目的高度重合。在图卷积神经网络中，图上的傅里叶变换可以转化为一个近似的卷积公式，如式（6.8）所示。其中，每一层神经网络的输入包含了上一层的节点特征 H^l，并且输出经过一层神经网络模型后获得的变化后的新节点特征 H^{l+1}；为了防止在卷积的过程中丢失节点特征，每一个节点增加了自环，因此新的边的权重矩阵 $\hat{A}=A+I$，其中 I 为单位矩阵；$\hat{D}$ 代表增加了自环后的节点的度，$\hat{D}^{-\frac{1}{2}}\hat{A}\hat{D}^{-\frac{1}{2}}$ 代表对矩阵 $\hat{A}$ 进行的正则化操作；W^l 是当前层训练的神经网络权重。首先，借助图卷积神经网络完成节点隐含特征的提取，随后依据隐含特征的相似性对节点进行分类、聚类等操作，最终依据复杂网络数据集中的标签，借助反向传播算法训练每一层的神经网络权重 W^l，联合优化聚类的结果达成社区发现的目的。

$$H^{l+1}=\sigma\left(\hat{D}^{-\frac{1}{2}}\hat{A}\hat{D}^{-\frac{1}{2}}H^lW^l\right) \quad (6.8)$$

对抗生成网络是深度学习中的另一种思路，它训练了两个互相对抗的模型：生成器与判别器。生成器是一种生成虚假数据的网络，它假设节点存在潜在的特征，依据每一个节点的特征可以获得该节点与其他节点的联系情况。在社区发现算法中，联系情况通常指多个节点是否形成更加紧密的团结构，即多个节点之间是否两两相连。生成器的目的在于寻找最接近潜在特征的分布向量的表征，从而生成以假乱真的虚假数据，而它所获得的反馈往往仅有判别器的输出，并不包含真实的标签。判别器与生成器呈对抗关系，它是一种用于识别输入的数据是否为真实数据的网络，往往是有监督的。对于输入的复杂网络，判别器用从数据中提取的潜在特征进行比对，进而向生成器提供反馈。如式（6.9）所示，网络结构首先会最大化判别器 D 对真实数据以及生成器生成的虚假数据的判别能力，$D(x)$ 代表输入的数据 x 被判别器 D 识别为真实数据的概率，随后生成器 G 在判别器 D 反馈的基础上进行优化，$D(G(z))$ 代表生成器 G 在随机噪声 z 下生成的虚假数据 $G(z)$ 被判别器 D 判定的结果。生成器想尽可能地减少 $\log\big(1-D(G(z))\big)$ 的值，从而使得判别器完全无法判断生成器的效果，在社区发现中就是降低虚假样本被判定为非社区或者非团的概率；而判别器希望尽可能地增大 $\log D(x)$ 以及 $\log\big(1-D(G(z))\big)$ 的值，以增加真实社区的识别度。因此，整体的对抗生成网络能够交替地最小化和最大化整体的损失函数 $V(G,D)$。而在最后，判别器可以实现对于新数据的社区发现。

$$\min_{G}\max_{D}V(G,D)=\mathbb{E}_x\big[\log D(x)\big]+\mathbb{E}_z\big[\log\big(1-D(G(z))\big)\big] \qquad (6.9)$$

对于大规模复杂网络不同输入，常规的图卷积神经网络对所有输入的节点赋予相同的关注度，然而在实际场景中，并不是一个节点的不同邻居节点都能发挥相同的作用。图注意力机制可以通过自注意力机制来为不同的邻居进行自适应的权重分配，使得神经元更加专注于对当前节点影响更大的邻居节点，减少对当前节点影响较小的节点的考虑，从而提升训练的速度和精确率。一个节点的特征源自其自身的特征，以及与之相连的其他节点的装填，如式（6.10）所示。其中，h_i 代表节点 i 本身的特征，h_j 代表节点 j 本身的特征，W 代表注意力机制的权重，a^{T} 是注意力机制输入层向隐藏层传输的参数，$\dfrac{\exp(\ )}{\sum\exp(\ )}$ 是对全连接进行归一化操作，最后由激活函数 σ 进行加权，从而获得当前节点的节点特征[58,59]。

$$h_i = \sigma\left(\sum_j Wh_j \frac{\exp(a^{\mathrm{T}}[Wh_i \| Wh_j])}{\sum_k \exp(a^{\mathrm{T}}[Wh_i \| Wh_k])}\right) \tag{6.10}$$

基于神经网络的社区发现算法作为一种能够适应大规模带标签的复杂网络数据的算法,具备着很明显的优点以及局限性。首先,基于神经网络的社区发现算法能够更好地适配数百万甚至上亿节点的大型复杂网络,与传统算法相比能够更好地处理大规模的数据集。其次,基于神经网络的社区发现算法能够考虑更多层面上的信息,例如时序信息、关系强弱、节点的多个属性等。在多种信息的配合下,基于神经网络的社区发现算法可能能够探索出传统制造业经验中不存在的联系。此外,基于神经网络的社区发现算法能够更好地探索重叠社区、多模态社区等更具有现实意义的社区结构,并且识别与发掘其中更加微小、具有更多细致特征的子群体。但是与传统算法相比,基于神经网络的社区发现算法也有明显的局限性。首先是深度学习的可解释性问题,在深度学习的实际应用中,可解释性是一个比较困难的问题,近似黑盒模型的深度学习使得内部的工作原理难以解释,这使得社区的划分结果的验证更加困难,直接将深度学习模型投入产线中,可能会造成巨大的损失。其次是基于神经网络的社区发现算法的性能依赖部分参数,并且较容易产生过拟合数据集的问题,这可能导致该算法在实际的应用场景中性能较差,并且当数据缺少足够数量的标签时,大部分深度学习的方法难以训练一个准确率较高的模型。最后,由于基于神经网络的社区发现算法的复杂性,它需要大量的计算资源及时间,因此应用范围存在一定的限制。

6.2 产品知识图谱的构建方法

6.1节介绍了如何从一个复杂网络中提取节点的相互联系,但是在现实中,人们能够接触到的数据集并非是一个复杂网络,而是更加复杂的、未经过预处理的原始数据。以产品生产数据为例,其中可能包含的数据有:原材料的采购数据,原材料在产线上的流向数据（产线数据），产线工作人员或自动化的加工器械的加工数据（工位记录数据），产品的销售信息（销售数据）。这些格式不同、存储内容不同的数据并不能直接作为复杂网络使用，为了解决这一问题，如图6.6所示，需要将原始的数据构建为知识图谱。知识图谱是一种用实体、关系和属性来描述现实世界中复杂信息的一种图结构。它将现实世界中的事物抽象成实体（如一个人、一个产品等）以及实体之间的关系（人对原材料进行加工就是一种关系），并且每一个实体还能拥有独立的属性（材料的具体信息等）。由实体-关系-实体所组成的信息被称为三元组（近似于主语-谓语-宾语所形成的句子），每一个三元组表现出了两个实体之间的关联，映射到复杂网络中便代表了两个不同的节点之间存在的边[60]。将原始的数据结构转化为知识图谱有着许多的应用价值，首先是完成了对分散的、无结构的原始数据的结构化和组织化，并且能够明确地从原始的数据集中提取出实体、关系及属性，提供了对数据的精准描述，并且建立起了实体之间的关系，更进一步地方便了复杂网络的构建。此外，构建知识图谱能够对不同数据源中的数据进行整合，提高了数据的质量。

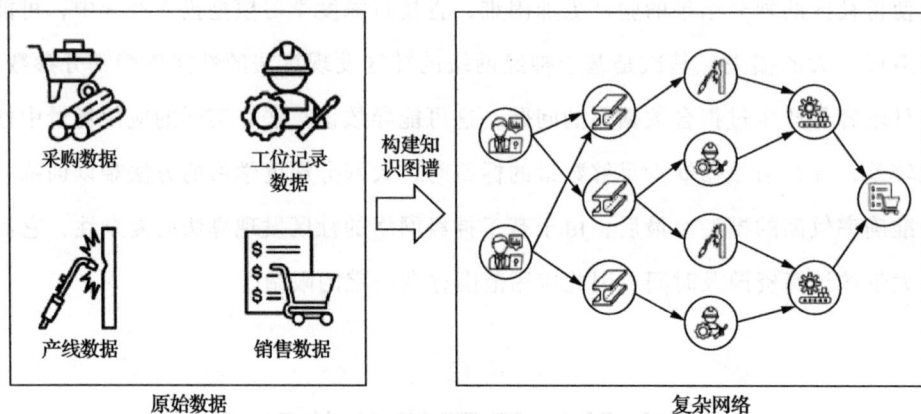

图6.6　原始数据集通过构建知识图谱的方式形成复杂网络

6.2.1　知识图谱的构建算法

如图6.7所示，知识图谱的构建算法可以分为三大类：自底向上的知识图谱构建[61,62]、自顶向下的知识图谱构建[63,64]，以及二者的混合构建算法。它们代表了三种不同的构建顺序及策略。下面分别说明这三种算法的区别及优劣。

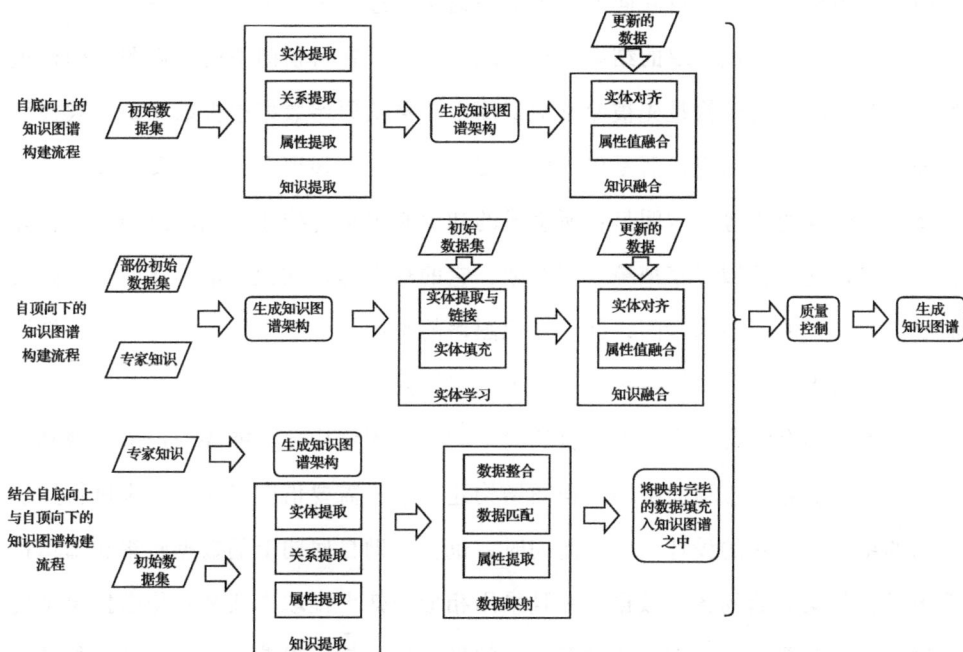

图6.7 原始数据集通过构建知识图谱的方式形成复杂网络

自底向上的知识图谱构建依赖从现有无结构的原始数据中自动地提取出其中的知识，其中包括实体提取、关系提取及属性提取，依据原始数据可以完成基础的知识图谱构建。针对后续更新的数据，能够借助实体对齐以及属性值补充来完成知识的融合，从而保证知识图谱的自动更新。最终，知识图谱需要定期的质量控制，对其中的知识进行评估和验证，并且可能需要采用额外的操作来修复其中的错误。自底向上的知识图谱构建最大的优势在于能够自动地处理大规模的数据以及不同类型的数据源，并且能够自动地提取其中的知识用于扩充知识图谱的范围。但是，自动化也是自底向上的知识图谱构建的一大缺点：由于缺乏一个明确的结构，自动提取的知识可能并不能满足最开始的需求。

自顶向下的知识图谱构建顺序与自底向上的相反。首先，借助相关领域的专家知识，针对现有的需求进行分析，依据数据源的结构设计好知识图谱的实体、关系、属性及模式等。随后，选择特定的数据集，从数据中提取出专家知识预设好的实体、关系、属性，并且依据数据的状况组成知识图谱。最后，进行知识图谱的定期质量控制。在自底向上的知识图谱构建过程中，最终知识图谱的结构是未知的，会依据知识提取的结果自动生成。反之，在自顶向下的知识图谱构建过程中，知识图谱的结构是先被专家知识固定，再从原始数据中提取知识。被提取的知识并不是全部知识，而是仅提取被固定了结构的知识图谱所需要的知识。这个特性所带来的优势非常明显：所生成的知识必定符合构建知识图谱的需求，并且能够严格地被领域专家把控。相对地，它的缺点是在知识图谱构建的初期阶段需要消耗大量的资源和时间，并且知识图谱的整体效果受限于专家的知识，知识图谱的模式更新受限，往往只能适用于小型的数据集。

此外，还有结合自底向上与自顶向下的知识图谱构建，能够一定限度地利用二者的优点。它与自顶向下的知识图谱构建一致，需要借助专家知识来进行知识图谱的结构、模式的设计。但与此同时，也会借助自底向上的数据收集和知识提取模式，收集原始的各类数据，并且采用相似的知识提取方式来获得数据集中的实体、关系及属性。在完成了这两部分的操作后，就可以获得一个设计好的知识图谱模型以及一系列从数据中提取出的知识。与前两种知识图谱构建不同的是，模型将采取数据映射的方式将模型与知识联系在一起，而不再是知识决定生成的模型或是模型决定提取的知识。在数据映射前，需要清晰地定义知识图谱模型中的实体、关系和属性，随后将自底向上抽取的实体、关系和属性与知识图谱模型的实体、关系和属性进行匹配，依据特定的映射规则和逻辑来保障映射前后数据的正确性与一致性。在完成数据的整合后，将数据填充到知识图谱之中。尽管结合了二者的方法能够在借助专家知识图谱模型的基础上快速地获取大量数据中的全部知识，但是混合的模型也带来许多不便之处。首先是构建的复杂性，除了需要专家知识完成知识图谱模型的构建，还需要管理自底向上所提取的大量知识，并且完善数据整合和映射的规则构建。其次，数据的一致性也一直是一个挑战，而在知识图谱未来的更新过程中，这种构建方式构建的知识图谱的维护也更加困难，因为需要同时考虑自顶向下和自底向上的变化，因此带来了巨大的维护成本，在通常的使用中往往不考虑采用这一做法。

6.2.2 知识图谱的部分功能

除了构建方式，实体识别[65]、关系抽取[66]、实体消歧[67]及知识推理[68]等子部分也是重要的研究方向。它们共同推动了知识图谱技术的不断发展和应用扩展。这些方向之间存在相互依赖性，共同促进了知识图谱构建技术的进步。

（1）实体识别是构建知识图谱中重要的一环，作为自然语言处理中的关键任务之一，它旨在从文本之中标记提取出特定的命名实体，例如较关键的人名、地名、时间等。实体识别在自底向上的知识图谱构建中发挥着巨大的作用，对于结构并不清晰的新数据，自动的实体识别能够帮助知识图谱更好地理解文本中的信息。实体识别算法的演化能够追溯到几十年前，最初，实体识别是依据人工指定的规则进行的，研究人员首先会定义一个实体应当符合哪些规则[69]，例如当一个词由常见的姓连接常见的名，那么它很可能代表了一个人名；一个词以市结尾，它很可能代表一个地理上的城市。正则表达式是一种常见的规则，定义好"..市"这一规则后（在正则表达式中"."能够匹配任意的字符），"北京市""上海市"等实体都将被匹配到这一规则中，从而被识别成地名。在制订完成想要识别的实体规则后，研究人员会对文本进行扫描，标记出符合规则的实体。基于规则的实体识别更加接近自顶向下的知识图谱构建思路，即仅能识别出具有专家知识设计的规则的对应实体，因此它的缺陷与自顶向下的知识图谱相似，需要投入更多的时间及专家知识来构建所需要的规则，并且灵活性较差，无法应对指定规则时不存在的数据。相对地，借助规则的实体识别由于不需要经过模型训练，其执行速度较快，并且可解释性很强。为了实现实体识别的自动化，下一个阶段的实体识别开始借助统计学的方法，其中最具影响力的是隐马尔可夫模型[70]。在隐马尔可夫模型中，文本存在着观测结果序列及隐藏状态序列。以"广东省"为例，这是一个地点的标签，在观测结果序列中，模型能够观测到这是由"广 | 东 | 省"三个汉字所组成的一个集合，而在隐藏状态序列中，"广东省"所隐藏的状态为"B-地点 | I-地点 | I-地点"。其中，"B-地点"对应"广"字，代表这是一个位置的词的开端，两个"I-地点"分别对应"东"与"省"字，代表这两个字在当前语境下属于一个表示位置的词，并且不是

这个词的开端。在隐马尔可夫模型开始实体标记之前，需要确定被标记的实体总类，生成对应的状态标签。每一种状态标签都分为代表开始的"B"类标签与代表后续的"I"类标签。如果一个字并不属于任何指定的实体总类，那么将被标记为代表其他的"O"类标签。因此在训练集中，中文语句能够转化为一种机器能够自动识别的状态序列，例如"我住在广东省"可以转化为"B-人物 | O | O | B-地点 | I-地点 | I-地点"。在中文中，每一个汉字的含义显然不止一种，例如"广"字能够以"广泛"作为一个非实体的词出现在语料中，但是文字所对应的语意与前后文是高度相关的。如图6.8所示，在隐马尔可夫过程之中存在着双重的随机过程，其中包括隐状态序列的随机变化，以及不同的隐状态下可观测到的事件的随机变化，因此在隐马尔可夫过程之中存在以下3种决定模型的要素。第一，确定一条隐序列的初始状态的概率序列 $\boldsymbol{\pi}=(\pi_1, \pi_2, \cdots, \pi_n)$，代表了 n 种不同的状态作为初始状态的概率。第二，隐序列中不同状态之间的转移概率矩阵 $\boldsymbol{A}=[a_{ij}]$，即图6.8中的 $P(O|B\text{-地点})$ 便是状态"B-地点"转移至状态"O"的概率。第三，在状态固定时观测到的值的出现概率 $\boldsymbol{B}=[b_{ij}]$，每一个隐状态都存在一系列可能的观测状态，状态 i 时观测到 j 的概率为 $b_{ij}=P(j|i)$。然而在实际状况下，隐状态是无法被观测到的，能够观测的仅有观察输出序列中一系列的值。依据大数据统计的概率，求解隐状态的变化可以理解为：寻找最有可能的隐状态序列，使其能够最好地解释观察序列出现的原因。在存在标签的情况下，可以利用极大似然估计寻找最有可能的隐马尔可夫模型参数[71]。

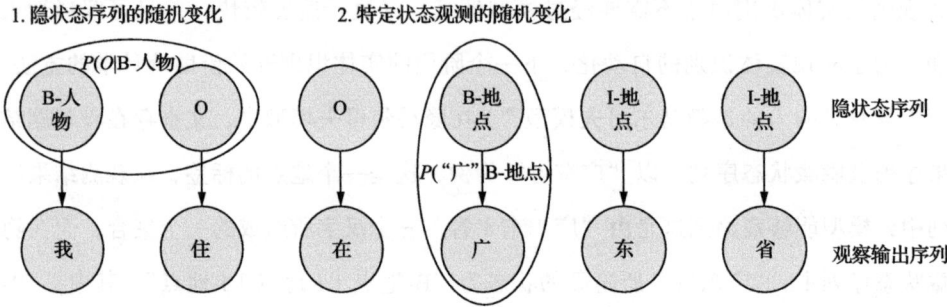

图6.8　隐马尔可夫模型状态变化展示，观察输出序列是由隐状态所决定的序列

（2）在实现了实体识别后，确定实体之间的关联关系的部分为关系提取，包

括基于规则的关系提取[72]、基于模板的关系提取[73]、监督学习方法的关系提取[74]、半监督学习方法的关系提取[75]。基于规则的关系提取依旧是首先借助专家知识提前定义好两种特定的实体之间的关系，随后对语料中出现的相邻的实体进行关系的配对。基于模板的关系提取比基于规则的关系提取更灵活一点，依据提前设置好的触发词和句法，提取固定位置的实体作为参与关系的实体。这两种方法的准确率较高，可以借助专家经验定制所需要的关系，在小型数据集上表现良好。但是，它们难以维护，且难以迁移到其他应用场景中。在监督学习中，存在两种关系提取的方向。第一种是将实体识别与关系提取作为两个完全独立的过程，将提取出的实体、关系的描述作为模型的输入，训练一个基于深度学习或机器学习的分类器模型来确定二者的关系。第二种是在构建一个联合模型的同时进行关系与实体的提取。这一类算法通常会先构建两个二分类层，尝试识别语料中的关系的头尾位置，随后遍历每一种被识别出的关系，构建另一个二分类层网络去进行实体位置的预测。半监督学习是先在仅有少量实体标签的基础之上，引入句子相似度的特性，不断地筛选相似的句子，从中找到新的可信实体及相应的关系，随后依据新发现的实体及相似的其他句式不断地迭代重复，从而自动地扩充实体与关系的队列。

（3）实体消歧同样也是知识图谱构建之中重要的一环，它的主要目的是解决从文本中发掘出的实体含有歧义的引用问题，其中包括多个同名实体代表不同含义所造成的歧义，多个不同名实体却代表相同的含义所造成的歧义，以及语料中的代词指代消歧。在同名实体代表不同含义的情况下，例如"华盛顿"这一名词，既可以指代美国的首任总统的名字，也可以指代现美国的首都城市的名字，这两种实体所表达的含义区别巨大，在识别过程中如果将二者混为一谈，将会提取出一个地区当选了总统的错误信息。为了解决这一类歧义，通常有两种不同的消歧手段。第一种是基于聚类[76]和相似度[77]的实体消歧，尽管不同含义的实体采用的是相同的词，但是它在整个语境中的位置具有较大的区别。依旧以"华盛顿"为例，当表示一个人名时（如"华盛顿|当选|美国总统"），它在当前语料之中与其他实体的关系更加接近其他的人类实体与相似的其他实体的关系（如"奥

巴马|就任|总统"），而非地名实体常见的关系（如"华盛顿|位于|美国"）。这二者之间的关系能够通过将包含了上下文的词向量投影到高维的空间中，并且判断含有歧义的语句更加贴近哪一类的其他不含歧义的语句，通过将实体在语料中的位置在高维空间中的特征相似度进行聚类，从而判定每一个歧义实体所属的类别。第二种手段则是借助一个统计或给定的知识库完成实体的定位。在知识图谱的构建中，最常见的是将常见的实体与维基百科、百度百科等网络中的大型知识库关联，不同的实体将被定义到不同的链接中，而链接能够作为实体的一项属性完成实体的区分。多种不同的实体指代相同的含义在数据映射及知识融合功能中比较常见，主要包含两种不同的情况：①不同的资料中对事物的记录有着不同的规则；②同一个实体存在多种不同的称呼。

针对情况①，在进行实体的提取时应当确立一个知识图谱实体命名规则。例如，对于地名的记录，"广东省深圳市"与"深圳"均指代同一实体，但是如果确立一个规则：全部的地名需要以"国家-省-市"的格式存储，并且调整不符合格式的实体，即将实体形态标准化，就能够消除部分重复实体。

针对情况②，"出租车""的士"等称呼均指代一个实体，这一类情况需要依据该实体与其他实体关系的相似度自动地进行判定。例如，当语中同时存在"乘坐出租车""搭乘的士"，可以发现二者所指代的关系是一致的，依旧是采用词嵌入的方式将语料映射至高维空间，寻找关系相似度更高的实体，并且完成实体的合并[78]。指代消歧对应的是在语料中大量出现的代词[79]。例如，"他们"这个词在不同的语境中含义完全不同，因此实体的提取过程中保留代词将会造成后续的指代歧义。解决方法是直接对指代进行消解。其中，最泛用的方法是构建二分类的深度学习模型，输入包含了整体的语料信息，其中包含指代以及其中存在的实体，并且返回每一个指代与每一个实体是否相关。例如，在语料"深圳是中国的一座城市，它是中国改革开放的前沿地带之一"中，能够直接提取的前文的实体有"深圳""城市"，而其中包含的指代有"它"，模型将训练"它"是否指代"深圳"，是否指代"城市"，并且返回对应的标签。依据真实标签完成了负反馈调节的模型能够判断每一个指代具体代表的实体，从而将语料中的指代部分消除，将成为"深圳是中国的一座城市，深圳是中国改革开放的前沿地带之一"。

6.2.3 知识推理算法分析

知识推理并非知识图谱构建所需要的功能，而是在完成了知识图谱的构建后，为了保证知识图谱的智能化，知识图谱理应具备的功能之一。它是指基于已知的知识及信息，知识图谱自动地完成一定限度的逻辑推理，并且从中产生一部分新的知识的过程。知识推理能力代表了知识图谱对现实世界的理解能力，以及知识图谱的智能化程度。知识推理可以分为以下6个类别。

（1）基于规则的知识推理[80]。这种知识推理基本思想是利用预设的简单规则及统计的特征完成推理。其中，包括人工设置的规则，例如：在"每一个国家的首都都是一个城市"的规则下，针对"北京是中国的首都"这一知识，依据规则可以推断出"北京是一个城市"这一条新的知识。此外，还有将人工定义的简单规则与统计概率图结合的规则推理，其中最常见的是混合了马尔可夫逻辑链的规则推理，借助马尔可夫逻辑链对状态的转移概率进行统计，可以实现对未出现过的规律的捕捉。

（2）基于逻辑的知识推理[81]。这是一种依据语料及形式化的逻辑规则进行推理的方式，其中的一阶谓语逻辑词包含了"是""否""等于""大于""且""或""对所有""存在"等常用的逻辑符号，而推理过程会将现有的知识转化为由这些逻辑符号所构成的逻辑表达式，如"每一个国家的首都都是一个城市"将转化为"$\forall x\big(是国家(x) \rightarrow \exists y(首都(y,x))\big)$"，其中"是国家$(x)$"代表$x$是一个国家，"首都$(y,x)$"代表$x$是$y$的首都。借助逻辑规则表达式化，并与现有的知识相结合，可以实现对复杂关系和结构的推理。这种算法具有较强的推理能力，都是由于推理依赖对规则的穷举，因此难以处理过于庞大的数据。

（3）基于随机游走的知识推理[82]。随机游走算法是模拟多个点在一个固定的空间或图上依据一定的概率分布随机地进行移动，从而实现各种随机过程的探索。在基于随机游走的知识推理中，代表随机游走的节点将依据预设的策略在现有的知识图谱之中选择一个初始的节点及随机游走的步数，从初始节点开始，每一步都依据一定的概率分布（均匀分布、高斯分布或依据边的权重分布）随机地选择下一步所移动到达的邻居节点。这个过程中，随机次数由最初选定的随机游走步数决定。在游走的过程中，可以获得一系列节点的集合，这部分节点存在不同尺度下的联系，与逻辑推理一致。随机游走算法也是一定意义上的穷举算法，在放弃了将全部的知识进行穷举，而改用了随机的策略后，随机游走算法既能够保证较快的运算速度，也能够完成特定的图中的大部分知识的推理。

（4）基于表示学习的知识推理[83]。在表示学习的概念中，实体及关系都应该能够很好地投影在一个低维的稠密空间中，并且在这个空间中实体与实体之间的关系可以通过向量加法的形式表征。以(实体1,关系,实体2)的一个三元组为例，在低维空间中，实体1、关系、实体2被映射为3个向量 h、r、t，此时有 $h+r=t$。它的训练过程是寻找一个能够最小化全部实体向量的关系位置的空间，在选定的最好的空间中，如果有另外两个实体所映射的向量满足 $h_1+r=t_1$，尽管在语料知识中并不包含 h_1 与 t_1 的关系，但是依据空间距离能够实现未知关系的推理，并且表示学习模型较简单，训练所需要的资源较少。但是，它的缺点在于只适合处理两个实体之间的关系，难以表征多个实体之间的联系。

（5）基于深度学习的知识推理[84]。深度学习模型在知识推理上的表现依旧优秀，与其他传统的思路不同，深度学习更多的是提取知识图谱中实体种类及不同关系的表示特征，并且对其他未知的知识进行分类。它的具体操作通常分为两种。一种操作是将实体映射到词向量空间之中，构建一个对于 h、r、t 的二分类模型，即判断实体 h 与 t 是否存在 r 关系的模型，返回存在这一关系的可能性的分数，分数大于一定的阈值则存在该关系。这类算法需要大量密集的三元组的信息，通常难以处理大规模的稀疏知识图谱。另一种操作是对实体之间是否存在链接进行预测，训练的过程通常会随机地隐藏部分输入的链接，并且让模型尝试进行补全。

（6）强化学习（Reinforcement Learning，RL）类推理[85]。强化学习将知识推理抽象为在图上寻路的过程，针对现有知识图谱的多跳推理，与采用黑盒特性的深度学习相比，强化学习能够更加具备可解释性，并且实际测试的效果比随机游走算法及表示学习更好。强化学习的模型可以划分为两部分，第一部分是符合马尔可夫过程的外部环境，环境由一个能够连续变化的状态空间、一系列可选择的操作、一个状态与操作的概率转移矩阵，以及一个奖励函数构成。现有的状态在执行了特定的操作后，将依据概率转移矩阵对应的概率转变成其他状态，并且对每一个行动进行打分，用于判定其优劣。第二部分则是智能体，智能体将会先不断地随机在不同状态下尝试各种不同的动作，从而获取初始的经验，随后依据每一种动作在环境中的反馈不断地优化自己的动作选择策略。在知识推理过程中，由于实体与关系初始是离散状态，因此强化学习中先采用表示学习的方法完成对实体和关系的词向量建模，随后将问答系统的问题（如查询两种实体的关系，或者查询单一实体的概念）抽象为在空间中寻找从起点到终点的路径。接着，智能体从起点实体开始不断地选择动作，从而抵达下一个实体。与随机游走算法相比，强化学习算法中的智能体的移动更加具有目的性，采用有监督的策略网络训练压缩可选的动作空间，能够更加快速地实现知识的推理。

制造业产品知识图谱的构建具有重要的意义，它能够将制造业生产过程中的大量产品信息、技术规范、供应链情况等离散的无结构化数据整合为一个结构化的知识库，有助于人们更好地理解、管理及运用知识。它的作用包括但不限于构建一个便于计算机系统识别及理解的复杂网络，总结过去产品的成功经验，学习产品的组成及各个供应环节的关联关系，追踪产品制造全过程，提前发现并修改其潜在的问题，高效整合供应链环节，优化供应管理，提高供应链的透明度，以及参与物联网设备的继承，实时管控生产过程，提高制造业的智能化与自动化。制造业产品知识图谱的构建有助于提高生产效率、产品质量、供应链管理和创新能力。它为企业提供了很好的知识管理和决策支持工具，有助于应对竞争激烈的市场环境，实现可持续发展。

6.3　高效故障溯源分析示例

本节借助故障溯源这一经典制造业任务演示从产品知识图谱中提取出的复杂

网络如何参与到制造业的智能化之中。故障是在制造业和其他领域中难以避免的现象。无论多么严格的质量控制和预防措施都无法完全消除故障的发生。然而，尽管故障不可避免，及时进行故障溯源和处理可以大大减少损失并最小化潜在风险。故障溯源是一项关键工作，它允许企业快速识别、定位和解决问题的根本原因。这种能力的重要性在于，它可以避免问题的恶化和扩大。当故障发生时，如果没有及时地溯源和处理，问题可能会渐渐恶化，导致更严重的损失和风险。通过及时的故障溯源，企业可以迅速采取适当的措施，避免生产中断、减少维修成本、保持产品质量、满足客户需求，甚至在某些情况下，避免潜在的安全风险。此外，故障溯源生成的数据和经验还可以用于长期的质量改进和决策制定，帮助企业更好地适应市场变化和提高竞争力。

但是，故障溯源在现代的制造业中依旧是一大难题，制造业的全球化导致一个产品制造过程中可能涉及多家不同的厂商或者是同一个厂商的不同加工区域。这直接导致了数据的多样性，难以全面搜集的数据以及参差不齐的数据质量使得故障溯源难度增加。与此同时，故障可能是多个原因交互产生的，并非单一原因引发的，因此在溯源过程中需要对多种互相作用的因素进行逐一排查。此外，故障溯源需要有一定的实时性，不及时的故障溯源不仅增加维修的成本，延长产线停机的时间，如果产品流入市场后还将造成安全隐患，影响客户的满意度。当今故障溯源技术在面对大规模、复杂、多因素的数据和问题时仍然具有挑战性。

面对当前故障溯源领域的三大难点，基于社区发现的全业务知识图谱构建分析方法展示出潜力，可以在一定程度上解决这些难题。它的优势在于能够将不同领域和业务的知识集成到一个统一的知识图谱中，帮助人们理解和分析复杂的系统行为。这种方法可以应用于制造业、物联网、供应链管理、电力系统管理等多个领域，为故障溯源提供了一种强大的工具。而社区发现能将知识图谱所构造的复杂网络快速地划分为多个小型的社区，进一步地压缩故障溯源所需要检测的节点，从而减少故障溯源过程所带来的损失，提高故障溯源的效率，具体流程如图6.9所示。

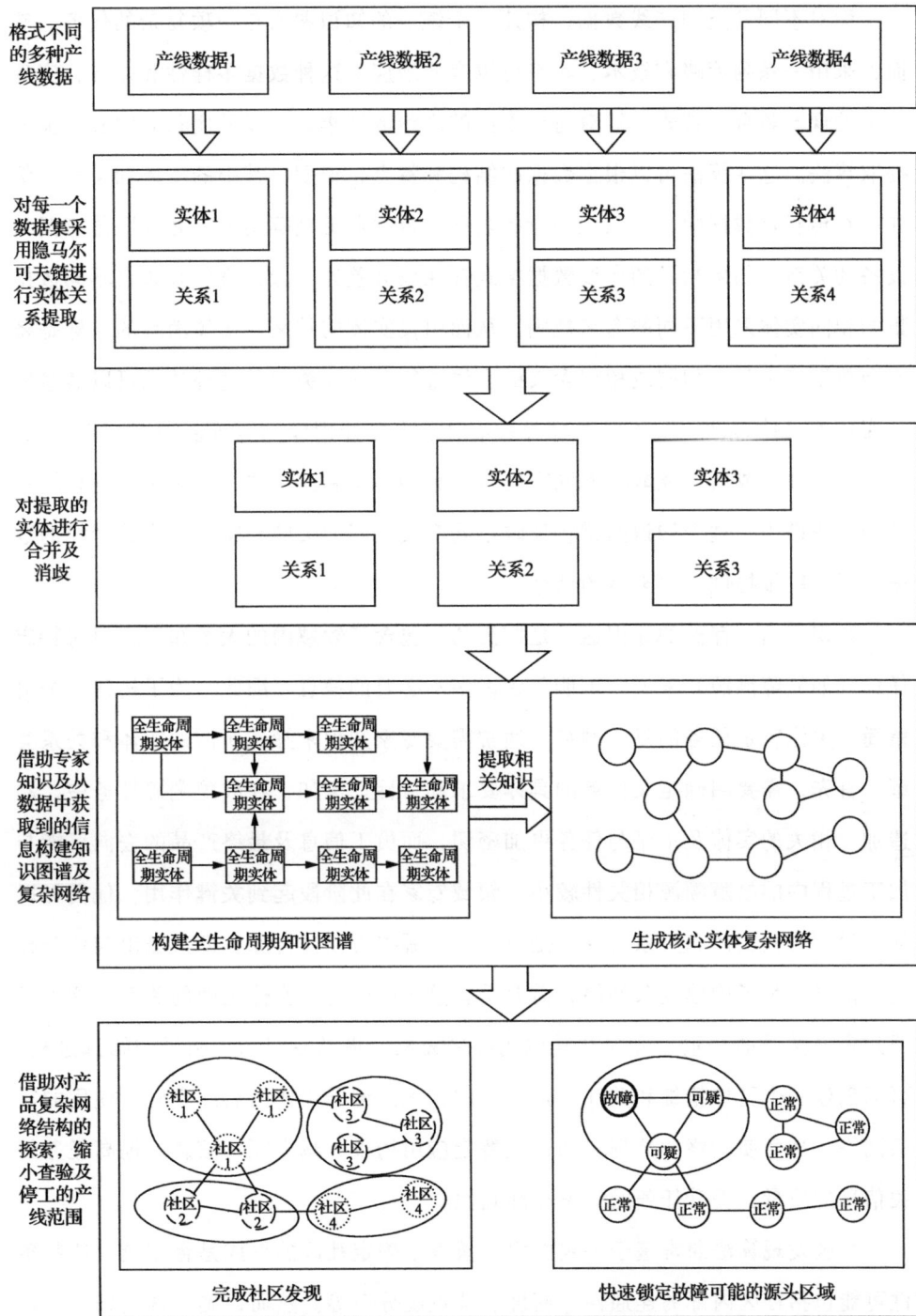

图6.9 以制造业产线数据为例实现高效故障溯源的流程

面对不同种类的产线数据，构建一个统一的知识图谱是一项复杂的任务。然而，采用一系列策略和技术，本节可以有效地应对这种数据多样性和差异，实现数据的规范整合。首先，针对每个不同的产线数据集，可以采用独立的实体关系提取算法。这些算法可以根据数据的结构和特点，识别出其中的实体和关系。例如，在传感器数据中，可以识别设备名称、传感器类型等实体，并提取传感器与设备的关系。如果初始的产线数据格式存在较大差异，那么将导致源自不同数据集的相同实体采用不同的命名规则，从而引发实体的歧义。实体消歧的目标是将不同数据集中具有相同或相似含义的实体进行匹配和关联，这种技术可以通过借助实体的具体属性、实体的关联关系信息、专家知识库参考等多种方法来实现。在实体消歧完成后，就能将不同产线数据集的实体和关系整合到一个完整且统一的知识图谱中。这个知识图谱将反映不同产线之间的关联和交互，为跨产线的数据分析和决策提供了更丰富的信息。

知识图谱中存储的知识通常是广泛的，包含了领域内的大量知识，但对特定任务（如故障溯源）来说，可能包含许多不必要的信息。因此，为了构建一个更精简、关注特定任务的复杂网络，通常需要专家知识来筛选所需的实体和关系类型。首先，需要明确定义任务的具体要求和目标。例如，在故障溯源任务中，制造加工相关的实体及工序与任务更加密切，而员工信息及最终产品的去向可能与加工过程中的故障溯源相关性较小。领域专家在此阶段起到关键作用，他们可以帮助识别哪些实体和关系对任务是重要的，哪些可以被排除，即过滤出与任务相关的信息。为了构建复杂网络，需要重新整合已筛选的实体之间的关系，这可以通过定义关系的权重、方向和其他属性来完成。借助专家知识引导的筛选过程，可以创建一个更加精细和关注特定任务的知识图谱子集作为后续实验所使用的复杂网络，从而使最终的数据更加适应特定应用场景，减少冗余信息，提高任务相关信息的质量，提升任务的效率和准确性。

社区发现算法通常基于一定的停止条件来确定社区的形成是否完成。这些条件可能包括社区内部的连通性、密度、节点度分布等。然而，确定这些条件的具体值通常是具有挑战性的，因为它们可能在不同的数据集和应用中变化巨大。为了更好地确定终止条件，可以回顾已知的故障案例，分析故障事件对社区的影响范围。这些案例可以提供宝贵的见解，帮助用户理解在实际情况下社区应该包含多少节点才能更好地捕获潜在的故障传播路径，这可能涉及重新定义社区的大小、密度或其他拓扑特征，以更好地匹配实际故障传播的情况。在完成社区的属性选择，并且结束社区发现后，就获得了实体之间的关联状态。当实际发生故障时，借助已建立的社区结构，可以迅速确定受影响的社区（这可以通过识别受影响实体所属的社区来实现），从而帮助快速采取措施来隔离和解决故障，最小化潜在的影响。

在实际应用中，知识图谱和相应的复杂网络处于不断更新的状态，因为领域知识和数据会随着时间和生产活动的变化而演化。为了实现实时的局部更新，标签传播社区发现算法成为一种有力的工具，能够灵活地应对这种动态性和变化。

接下来，本节以汽车制造行业的真实数据为例，演示故障溯源的大致流程，并展示如何利用数据分析技术追踪和分析汽车制造过程中的故障，以及如何采取措施来解决这些问题。在汽车制造行业的产线数据中，数据的多样性和复杂性是显著的。这些数据通常源自汽车制造生产线上的传感器，包含了丰富的信息，包括汽车的 ID、类型、生产时间、加工信息、各个零件的信息、各个零件的功能、各个功能在不同产线位置上的测试时间、测试工位、具体的测试信息、测试的值、故障码、故障部位、故障文本、故障检测条件等多种不同的数据。在这些数据中，对于故障溯源任务，车型信息、检测相关数据及故障相关信息被视为更加重要的部分。因此，在构建复杂网络时，通常会从知识图谱中提取这部分知识，以支持故障溯源分析。

图 6.10 展示了从知识图谱中提取的部分产线数据所组成的复杂网络社区发现的效果。图中的节点代表不同的故障，以及故障之间共同出现的状况。图 6.11 的左图中每一个节点都代表知识图谱中的一种实体，两个节点之间的连线代表实体之间的关联关系。在经过社区发现算法后，图 6.10 的右图明显地将联系紧密的节点归为同一个社区。此时，故障溯源的目的是在发生故障后快速锁定其他可能存在的故障节点，并且对这一部分的节点进行有针对性

的检测。图6.10中，每一个社区结构都仅是整体节点的一小部分，因此大幅度地减少了故障溯源的成本。

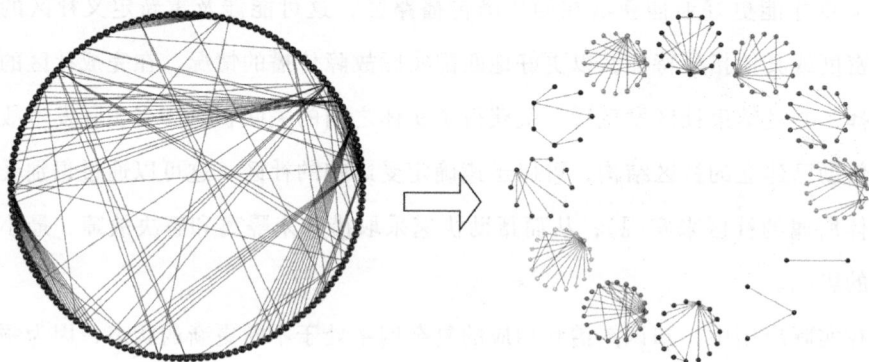

图6.10　产线数据社区发现效果示例(原图见彩插页图6.10)

参考文献

[1] 安沈昊, 于荣欢. 复杂网络理论研究综述[J]. 计算机系统应用, 2001, 29(9): 26-31.

[2] FENG H, BAI F, XU Y. Identification of critical roads in urban transportation network based on GPS trajectory data[J]. Physica A: Statistical Mechanics and its Applications, 2019, 535: 122337.

[3] 陈静, 孙林夫. 复杂网络中节点重要度评估[J]. 西南交通大学学报, 2009, 44(3): 426-429.

[4] 刘建国, 任卓明, 郭强, 等. 复杂网络中节点重要性排序的研究进展[J]. 物理学报, 2013, 62(17): 178901.

[5] 郭程远, 陈鸿昶, 王庚润, 等. 复杂网络节点重要性排序算法及应用综述[J]. 信息工程大学学报, 2021, 22(3): 313-320.

[6] 刘雁, 饶元. 基于多领域复杂网络拓扑结构的节点重要度评价方法[J]. 中国科学技术大学学报, 2019, 49(7): 533-543.

[7] 顾秋阳, 吴宝, 池仁勇. 基于高阶路径相似度的复杂网络链路预测方法[J]. 通信学报, 2021, 42(7): 61-69.

[8] 白桦, 马云龙, 毕玉, 等. 一种基于节点局部相似性的复杂网络链路预测算法[J]. 计算机应用与软件, 2020, 37(5): 298-301.

[9] BERAHMAND K, MOHAMMADI M, SABERI-MOVAHED F, et al. Graph regularized nonnegative matrix factorization for community detection in attributed networks[J]. IEEE Transactions on Network Science and Engineering, 2022, 10(1): 372-385.

[10] NI Q, GUO J, WU W, et al. Influence-based community partition with sandwich method for social networks[J]. IEEE Transactions on Computational Social Sys-

tems, 2022, 10(2): 819-830.

[11] BERAHMAND K, HAGHANI S, ROSTAMI M, et al. A new attributed graph clustering by using label propagation in complex networks[J]. Journal of King Saud University-Computer and Information Sciences, 2022, 34(5): 1869-1883.

[12] KHAN B S, NIAZI M A. Network community detection: a review and visual survey[EB/OL]. (2017-8-3)[2023-12-12]. arXiv:1708.00977.

[13] MACQUEEN J. Some methods for classification and analysis of multivariate observations[C]//The Fifth Berkeley Symposium on Mathematical Statistics and Probability. [S.l.]: [S.n.], 1967, 1(14): 281-297.

[14] KERNIGHAN B W, LIN S. An efficient heuristic procedure for partitioning graphs[J]. The Bell System Technical Journal, 1970, 49(2): 291-307.

[15] BARNES E R. An algorithm for partitioning the nodes of a graph[J]. SIAM Journal on Algebraic Discrete Methods, 1982, 3(4): 541-550.

[16] ESTER M, KRIEGEL H P, SANDER J, et al. A density-based algorithm for discovering clusters in large spatial databases with noise[C]// The Second International Conference on Knowledge Discovery and Data Mining. NY: ACM, 1996: 226-231.

[17] GIRVAN M, NEWMAN M E J. Community structure in social and biological networks[J]. Proceedings of The National Academy of Sciences, 2002, 99(12): 7821-7826.

[18] NEWMAN M E J. Fast algorithm for detecting community structure in networks [J]. Physical Review E, 2004, 69(6): 066133.

[19] RAGHAVAN U N, ALBERT R, KUMARA S. Near linear time algorithm to detect community structures in large-scale networks[J]. Physical Review E, 2007, 76 (3): 036106.

[20] BLONDEL V D, GUILLAUME J L, LAMBIOTTE R, et al. Fast unfolding of communities in large networks[J]. Journal of Statistical Mechanics: Theory and

Experiment, 2008(10): P10008.

[21] AMINI A A, CHEN A, BICKEL P J, et al. Pseudo-likelihood methods for community detection in large sparse networks[EB/OL]. (2013-11-5)[2023-12-12]. arXiv: 1207.2340.

[22] PASSOS JUNIOR L A. On the training algorithms for restricted boltzmann machine-based models[D]. São Paulo: São Paulo State University, 2019.

[23] BRUNA J, LI X. Community detection with graph neural networks[J]. STAT, 2017, 1050: 27.

[24] JIA Y, ZHANG Q, ZHANG W, et al. Communitygan: community detection with generative adversarial nets[C]//The World Wide Web Conference. [S.1.]: [S.n.], 2019: 784-794.

[25] PARK C, KIM D, HAN J, et al. Unsupervised attributed multiplex network embedding[C]//The AAAI Conference on Artificial Intelligence. CA: AAAI, 2020, 34(4): 5371-5378.

[26] TRAAG V A, WALTMAN L, VAN ECK N J. From Louvain to Leiden: guaranteeing well-connected communities[J]. Scientific Reports, 2019, 9(1): 5233.

[27] CHANDRIKA G N, ALNOWIBET K, KAUTISH K S, et al. Graph transformer for communities detection in social networks[J]. Computers, Materials & Continua, 2022, 70(3).

[28] LIU J, AGGARWAL C, HAN J. On integrating network and community discovery[C]//The Eighth ACM International Conference on Web Search and Data Mining. NY: ACM, 2015: 117-126.

[29] XIE Y, GONG M, WANG S, et al. Community discovery in networks with deep sparse filtering[J]. Pattern Recognition, 2018, 81: 50-59.

[30] ZHANG H, WU Y. Optimization and application of clustering algorithm in community discovery[J]. Wireless Personal Communications, 2018, 102: 2443-2454.

[31] KIRUTHIKA R, VIJAYA M S. Community detection using girvan-newman and

kernighan-lin bipartition algorithms[M]//Data Intelligence and Cognitive Informatics: Proceedings of ICDICI 2021. Singapore: Springer Nature Singapore, 2022: 217-231.

[32] MOOSA J, AWAD W, KALGANOVA T. Intelligent community detection: comparative study (COVID19 Dataset)[C]//European, Asian, Middle Eastern, North African Conference on Management & Information Systems. Cham: Springer International Publishing, 2021: 189-196.

[33] YAN J, XU Y, ZHANG J. Overlapping community detection based on contribution value improved SLPA[C]//The 6th International Conference on Information Technology: IoT and Smart City. [S.l.]: [S.n.], 2018: 272-277.

[34] LIU R, FENG S, SHI R, et al. Weighted graph clustering for community detection of large social networks[J]. Procedia Computer Science, 2014, 31: 85-94.

[35] ZHOU H F, LI J, LI J H, et al. A graph clustering method for community detection in complex networks[J]. Physica A: Statistical Mechanics and Its Applications, 2017, 469: 551-562.

[36] CHUNAEV P. Community detection in node-attributed social networks: a survey [J]. Computer Science Review, 2020, 37: 100286.

[37] BELLO-ORGAZ G, SALCEDO-SANZ S, CAMACHO D. A multi-objective genetic algorithm for overlapping community detection based on edge encoding[J]. Information Sciences, 2018, 462: 290-314.

[38] LI C, BAI J, WENJUN Z, et al. Community detection using hierarchical clustering based on edge-weighted similarity in cloud environment[J]. Information Processing & Management, 2019, 56(1): 91-109.

[39] ZHOU Z, AMINI A A. Analysis of spectral clustering algorithms for community detection: the general bipartite setting[J]. The Journal of Machine Learning Research, 2019, 20(1): 1774-1820.

[40] LI Y, HE K, KLOSTER K, et al. Local spectral clustering for overlapping commu-

nity detection[J]. ACM Transactions on Knowledge Discovery from Data (TKDD), 2018, 12(2): 1-27.

[41] CHIEN I, LIN C Y, WANG I H. Community detection in hypergraphs: optimal statistical limit and efficient algorithms[C]//International Conference on Artificial Intelligence and Statistics. [S.l.]: PMLR, 2018: 871-879.

[42] GARZA S E, SCHAEFFER S E. Community detection with the label propagation algorithm: a survey[J]. Physica A: Statistical Mechanics and Its Applications, 2019, 534: 122058.

[43] GREGORY S. Finding overlapping communities in networks by label propagation [J]. New Journal of Physics, 2010, 12(10): 103018.

[44] QIAO Y, WANG H, WANG D. Parallelizing and optimizing overlapping community detection with speaker-listener label propagation algorithm on multi-core architecture[C]//2017 IEEE 2nd International Conference on Cloud Computing and Big Data Analysis (ICCCBDA). NJ: IEEE, 2017: 439-443.

[45] NGUYEN N P, DINH T N, XUAN Y, et al. Adaptive algorithms for detecting community structure in dynamic social networks[C]//2011 IEEE INFOCOM. NJ: IEEE, 2011: 2282-2290.

[46] XIN X, WANG C, YING X, et al. Deep community detection in topologically incomplete networks[J]. Physica A: Statistical Mechanics and Its Applications, 2017, 469: 342-352.

[47] SPERLÍ G. A deep learning based community detection approach[C]//The 34th ACM/SIGAPP symposium on applied computing. NY: ACM, 2019: 1107-1110.

[48] CAI B, WANG Y, ZENG L, et al. Edge classification based on convolutional neural networks for community detection in complex network[J]. Physica A: Statistical Mechanics and Its Applications, 2020, 556: 124826.

[49] JIN D, LIU Z, LI W, et al. Graph convolutional networks meet markov random fields: semi-supervised community detection in attribute networks[C]//The AAAI

Conference on Artificial Intelligence. CA: AAAI, 2019, 33(1): 152-159.

[50] HU R, PAN S, LONG G, et al. Going deep: graph convolutional ladder-shape networks[C]//The AAAI Conference on Artificial Intelligence. CA: AAAI, 2020, 34 (3): 2838-2845.

[51] CUI G, ZHOU J, YANG C, et al. Adaptive graph encoder for attributed graph embedding[C]//The 26th ACM SIGKDD International Conference on Knowledge Discovery & Data Mining. NY: ACM, 2020: 976-985.

[52] LUO L, FANG Y, CAO X, et al. Detecting communities from heterogeneous graphs: a context path-based graph neural network model[C]//The 30th ACM International Conference on Information & Knowledge Management. NY: ACM, 2021: 1170-1180.

[53] JING B, PARK C, TONG H. Hdmi: high-order deep multiplex infomax[C]//The Web Conference 2021. [S.l.]: [S.n.], 2021: 2414-2424.

[54] XING S, SHAN X, FANZHEN L, et al. A comprehensive survey on community detection with deep learning[J]. IEEE Trans. Neural Netw. Learn. Syst, 2022.

[55] WU J. Introduction to convolutional neural networks[D]. Nanjing: Nanjing University, 2017.

[56] GU J, WANG Z, KUEN J, et al. Recent advances in convolutional neural networks[J]. Pattern Recognition, 2018, 77: 354-377.

[57] POPE P E, KOLOURI S, ROSTAMI M, et al. Explainability methods for graph convolutional neural networks[C]//The IEEE/CVF Conference on Computer Vision and Pattern Recognition. NJ: IEEE, 2019: 10772-10781.

[58] FUKUI H, HIRAKAWA T, YAMASHITA T, et al. Attention branch network: learning of attention mechanism for visual explanation[C]//The IEEE/CVF Conference on Computer Vision and Pattern Recognition. NJ: IEEE, 2019: 10705-10714.

[59] NIU Z, ZHONG G, YU H. A review on the attention mechanism of deep learning

[J]. Neurocomputing, 2021, 452: 48-62.

[60] 刘峤, 李杨, 段宏, 等. 知识图谱构建技术综述[J]. 计算机研究与发展, 2016, 53 (3): 582-600.

[61] LIANG Z, YANG J, LIU H, et al. HRER: a new bottom-up rule learning for knowledge graph completion[J]. Electronics, 2022, 11(6): 908.

[62] LI F, XIE W, WANG X, et al. Research on optimization of knowledge graph construction flow chart[C]//2020 IEEE 9th Joint International Information Technology and Artificial Intelligence Conference (ITAIC). NJ: IEEE, 2020, 9: 1386-1390.

[63] LIANG H, PENG X, ZHAO N, et al. An approach of top-down electric generation knowledge graph construction[C]//IOP Conference Series: Earth and Environmental Science. [S.l.]: IOP Publishing, 2021, 661(1): 012021.

[64] LI J, LIU S, LIU A, et al. Knowledge graph construction for SOFL formal specifications[J]. International Journal of Software Engineering and Knowledge Engineering, 2022, 32(4): 605-644.

[65] D'SOUZA J, AUER S. Computer science named entity recognition in the open research knowledge graph[C]//International Conference on Asian Digital Libraries. Cham: Springer International Publishing, 2022: 35-45.

[66] BASTOS A, NADGERI A, SINGH K, et al. RECON: relation extraction using knowledge graph context in a graph neural network[C]//The Web Conference 2021. [S.l.]: [S.n.], 2021: 1673-1685.

[67] MULANG'I O, SINGH K, PRABHU C, et al. Evaluating the impact of knowledge graph context on entity disambiguation models[C]//The 29th ACM International Conference on Information & Knowledge Management. NY: ACM, 2020: 2157-2160.

[68] CHEN X, JIA S, XIANG Y. A review: knowledge reasoning over knowledge graph[J]. Expert Systems with Applications, 2020, 141: 112948.

[69] WANG X, NADY S, ZHANG Z, et al. Knowledge graph of urban firefighting with rule-based entity extraction[C]//International Conference on Engineering Applications of Neural Networks. Cham: Springer Nature Switzerland, 2023: 168-177.

[70] LI Y, SONG L, ZHANG C. Sparse conditional hidden Markov model for weakly supervised named entity recognition[C]//The 28th ACM SIGKDD Conference on Knowledge Discovery and Data Mining. NY: ACM, 2022: 978-988.

[71] LEROUX B G. Maximum-likelihood estimation for hidden Markov models[J]. Stochastic Processes and Their Applications, 1992, 40(1): 127-143.

[72] NEBHI K. A Rule-based relation extraction system using DBpedia and syntactic parsing[C]//NLP-DBPEDIA@ ISWC. [S.l.]: [S.n.], 2013.

[73] CHAMBERS N, JURAFSKY D. Template-based information extraction without the templates[C]//The 49th Annual Meeting of the Association for Computational Linguistics: Human Language Technologies. [S.l.]: [S.n.], 2011: 976-986.

[74] SUN H, GRISHMAN R. Lexicalized dependency paths based supervised learning for relation extraction[J]. Computer Systems Science & Engineering, 2022, 43(3).

[75] CARLSON A, BETTERIDGE J, WANG R C, et al. Coupled semi-supervised learning for information extraction[C]//The Third ACM International Conference on Web Search and Data Mining. NY: ACM, 2010: 101-110.

[76] CEN L, DRAGUT E C, SI L, et al. Author disambiguation by hierarchical agglomerative clustering with adaptive stopping criterion[C]//The 36th International ACM SIGIR Conference on Research and Development in Information Retrieval. NY: ACM, 2013: 741-744.

[77] ZHU G, IGLESIAS C A. Exploiting semantic similarity for named entity disambiguation in knowledge graphs[J]. Expert Systems with Applications, 2018, 101: 8-24.

[78] GIUNCHIGLIA F, FUMAGALLI M. Entity type recognition—dealing with the

diversity of knowledge[C]//The International Conference on Principles of Knowledge Representation and Reasoning. [S.l.]: [S.n.], 2020, 17(1): 414-423.

[79] KALASHNIKOVA M, MATTOCK K, MONAGHAN P. Disambiguation of novel labels and referential facts: a developmental perspective[J]. First Language, 2014, 34(2): 125-135.

[80] CHEN X, JIA S, XIANG Y. A review: knowledge reasoning over knowledge graph[J]. Expert Systems with Applications, 2020, 141: 112948.

[81] CHEN Y, LI H, LI H, et al. An overview of knowledge graph reasoning: key technologies and applications[J]. Journal of Sensor and Actuator Networks, 2022, 11 (4): 78.

[82] LIU Q, JIANG L, HAN M, et al. Hierarchical random walk inference in knowledge graphs[C]//The 39th International ACM SIGIR Conference on Research and Development in Information Retrieval. NY: ACM, 2016: 445-454.

[83] LI Z, JIN X, LI W, et al. Temporal knowledge graph reasoning based on evolutional representation learning[C]//The 44th International ACM SIGIR Conference on Research and Development in Information Retrieval. NY: ACM, 2021: 408-417.

[84] HELWE C, CLAVEL C, SUCHANEK F. Reasoning with transformer-based models: deep learning, but shallow reasoning[C]//International Conference on Automated Knowledge Base Construction (AKBC). [S.l.]: [S.n.], 2021.

[85] EGHBAL-ZADEH H, HENKEL F, WIDMER G. Learning to infer unseen contexts in causal contextual reinforcement learning[J]. Proceedings of the Self-Supervision for Reinforcement Learning, 2021.

第 7 章

产品生命周期价值链经济增值

本章系统地阐述价值链（Value Chain）相关定义和理论，重点介绍相关智能化管理关键技术，深入探讨价值链智能化增值架构体系和构建路径，同时详细地描述产品研制周期缩短与质量提升技术，提出产品生命周期价值链智能化服务管理方法。最后，提出降低产品不良率与助力产品协同研发方法，该方法可以有效助力企业实现产品价值链协同生产和产品质量协同高效管控。

7.1　价值链理论与制造业智能化

价值链概念的提出，旨在帮助理解企业内部活动如何形成独特的竞争优势。而通过价值链分析，能够比较有效地掌握企业各种活动之间的相互依赖关系，以及各项活动对企业整体价值创造的贡献。同时，加强产品价值链的智能化管理，可以有效地优化生产流程、降低管理成本、增强市场竞争力，帮助企业更好地应对市场变化和实现定制化生产。

7.1.1　价值链概述

价值链是企业成功实现竞争优势的关键概念，它强调了内部活动的重要性，为企业提供了一种系统性理解和优化产品价值创造过程的途径，进而实现产品价值的提升。

1. 价值链的定义

价值链又名价值链分析、价值链模型等，由迈克尔·波特在 1985 年于《竞争优势》一书中提出。波特指出，企业要发展独特的竞争优势，就要为其商品及服务创造更高的附加价值，用商业策略保证企业的经营模式（流程），成为一系列的增值过程，而这一连串的增值流程，就是价值链。产品价值链分析管理是智能制造领域的关键一环，能够有效实现产品价值的提升[1]。

2. 价值链的特点

产品价值链通常具有以价值为基础的管理、多样化的价值活动、反映价值形成过程、整体性的视角这几个重要特点[2]。以价值为基础的管理这一特点体现了价值链管理的核心是价值，即消费者愿意为产品支付的价格。企业的目标是追求最大收入和最低成本，从而实现盈利最大化。价值链管理是一种以价值为基础的综合管理模式，旨在优化整个价值链的各个环节。多样化的价值活动则体现了价值链由各种不同的价值活动组成，这些活动是企业在物质和技术层面上进行的不同操作。这些操作构成了制造有价值产品的基础。从主次关系的角度来看，价值活动可以分为基本活动和辅助活动两大类。基本活动包括产品创造、销售、交付给客户及售后服务等。辅助活动则提供采购、技术开发、人力资源等支持。其中，采购、技术开发和人力资源这三种辅助活动不仅支持整个价值链活动，还直接与每项基本活动相关。

价值链能够清晰地反映价值形成过程，展示了产品或服务的总价值是如何形成的，包括价值活动和利润。利润是总价值与各项价值活动的总成本之间的差额。当企业创造的价值超过成本时，就会实现盈利；如果这个差额超过竞争对手，企业就会具有更大的竞争优势。从整体性的视角看，价值链具有整体性，反映了企业内外部之间的关系，包括行业内的价值链。这包括上游供应链的价值链、下游渠道和买方的价值链，展示了上下游企业之间的价值连接。供应商提供采购输入的价值链被视为上游价值链，而企业的产品通过渠道分销最终成为买方价值链的一部分。这些价值链之间的互动会影响企业的整体价值链，因此，为了获取和保持竞争优势，企业需要了解自身的价值链，同时也需要深入了解所处的价值系统。这有助于更好地理解和优化整个供应链和价值网络。

3. 价值链面临的挑战

由于制造业生产环节复杂、产品类型众多、关联因素多变，产品价值链在实践中往往会面临标准化、数据安全和扩展性等方面的挑战。对于标准化方面，考虑到价值链涉及多个环节的协同合作，不同环节采用的技术标准可能不同，这会导致数据的格式不一致，进而会影响整个价值链的顺利运作和信息的流通。例如，智能制造平台涉及生产计划、设备控制、质量检测等多个环节，不同环节可能使用不同的数据格式和通信协议，这要求各个环节之间进行数据转换和接口适配，增加了系统集成的复杂度和成本。同时，数据格式的不一致也会影响数据的准确性和一致性，进而影响决策和协同合作的效果。对于数据安全方面，价值链技术需要大量的数据进行分析和处理，其中包含了大量的敏感信息，如用户的个人信息、企业的商业机密等。例如，未经授权的访问者可能会试图获取敏感信息，或者进行数据篡改和破坏。因此，智能制造平台需要采取安全措施，如身份认证、访问控制、数据加密和安全传输等，以确保数据的安全性和可信度。扩展性挑战指的是价值链技术在实际应用中需要具备足够的扩展性，以应对不断增长的数据和交易量。它需要支持水平扩展、弹性扩展、数据分片和分布式存储等能力。以智能制造平台中的生产场景为例，随着生产数据和设备连接的增加，平台需要能够承载更多的数据流量和处理能力。同时，平台还需要支持分布式存储和计算，以实现数据的高效管理和分析。扩展性的设计和实施可以确保智能制造平台在面对不断增长的需求时保持高性能和系统的健壮。

7.1.2　智能化关键技术

针对上述挑战，在数据驱动的方式下，通过利用机器学习和人工智能技术可以有效分析企业整个产品价值链的生产规律和运作机理，能够极大地提升企业管理的科学水平。为了实现产品价值链的智能化管理，可以采用图像识别、图神经网络、强化学习、时序预测和知识图谱等关键技术。

1．图像识别

图像识别技术的核心在于辨识和解析图像中的关键区域，即那些蕴含大量关于图像或物体信息的部分。此技术通过筛选图像中信息密度最高的片段或特征并进行精确定位，同时淡化背景中可能的无关特征，达成这一目的。该流程依赖图像识别算法（又称图像分类器），该算法以图像为输入、输出识别结果，即图像所表现的内容。为了训练算法准确识别内容，它需通过学习不同类别间的细微差异而获得训练。

图像识别任务通常涉及构建一个神经网络来分析图像的每个像素点，为了使网络能够辨认类似图像，将向其输入尽可能多的已标记图像进行训练。这一过程可分解为数个步骤。首先，需要一个含有图像及其对应标签的数据集，图像会被标记为能够识别的标签。然后，这些图像被输入神经网络中，以训练该网络。对于图像相关的任务，通常采用CNN。这类网络不仅包含多层感知器（Multilayer Perceptron，MLP），还引入了卷积层和池化层。最后，将非训练集中的图像输入网络，以获得其预测结果。图像识别技术可以实现立体视觉分析、物体运动分析、数据融合等功能，在智能制造领域有以下3个方面的应用。

（1）供应链管理。图像识别技术可以用于物流和库存管理，在供应链中具有重要作用。它可以帮助追踪和识别货物，自动检测货物瑕疵和损坏，优化货物仓储和摆放，提高物流的效率和准确率，从而帮助企业更有效地管理他们的库存，进而有利于更好地满足客户的需求。

（2）生产过程控制。图像识别技术可以用于产品质量控制。自动化算法分析可以检测产品表面的瑕疵和缺陷、及时识别并排除不合格品，从而提高产品质量和批量生产效率。因此，能够使企业更有效地控制产品质量，降低因为产品缺陷导致的损失。

（3）安全和风险管理。图像识别技术在安防方面有广泛应用，可以识别盗窃行为、异常行为和人脸识别等，并向相关人员发出警报，帮助企业维护生产安全，并且能够有效地管理产品风险。因而，这对制造业企业维护生产安全和产品风险管理至关重要。

2. 图神经网络

由技术本身的局限性，传统深度学习方法在处理非欧几里得空间数据时有一定的瑕疵，图神经网络则非常擅长处理这类数据。图神经网络（Graph Neural Network）是使用神经网络来学习图结构数据的算法的总称。它们通过在节点和边上应用一系列的邻接矩阵乘法，来对整个图结构进行有效的信息传播和分析。图神经网络可以划分为图卷积神经网络（Graph Convolutional Neural Network）、图注意力网络（Graph Attention Network）、图自编码器（Graph Autoencoder）、图生成网络（Graph Generative Network）和图时空网络（Graph Spatial-temporal Network）五大类别。

图神经网络在智能制造中的应用涵盖供应链管理、生产优化、品质管理和销售营销等方面，可以为企业提供多方面的优势，包括提高效率、降低成本、提高产品质量和市场竞争力。

（1）供应链管理。通过分析供应链中各环节的数据和关系，图神经网络可以识别关键节点和瓶颈，并支持优化决策。例如，它可以预测供应商的可靠性，从而优化供应商选择策略。同时，它还可以通过分析销售和市场数据来优化库存管理和需求预测，以减少库存成本和提高供应链的灵活性。

（2）生产优化。通过构建生产线上各个节点之间的关系图，揭示了不同节点之间的相互影响。这有助于优化生产计划、调整设备运行模式及改进生产流程，从而提高生产效率和降低成本。此外，它还可以用于设备故障诊断和预测，缩短停机时间和降低维修成本。

（3）品质管理。利用图神经网络，能够更方便地构建产品质量与生产环节之间的关系图，进而了解不同环节对产品品质的影响。它能够实时监测和分析各环节的数据，实现品质预测和提前预警，及时发现生产过程中的问题和异常。同时，通过分析原材料供应商的数据和质量指标，可以优化供应链管理，确保原材料的质量稳定。

3. 强化学习

强化学习探讨如何使智能体（Agent）在复杂且不确定的环境（Environment）中最大化获得的奖励。它通过感知环境的状态（State）对动作（Action）的反馈（Reward）来指导更好的行动，并从中获取最大的回报（Return），这种学习方式又被称为交互式学习[3]。

在强化学习的框架内，代理在离散的时间步内与环境进行交互，在每个时间点 t 接受环境的观测 o_t，这包含了与之相关的奖励 r_t，代理根据这一观测从可选的动作集合中做出选择，并执行动作 a_t。这一行为促使环境转移到新的状态 s_{t+1}，同时环境根据状态转换 (s_t, a_t, s_{t+1}) 确定下一时间步的奖励 r_{t+1}。代理的终极目标是最大化获得的总奖励，而决策过程不仅反映了过往的行为模式，还可能包括随机性，以便更全面地探索环境。

强化学习主要侧重智能体与环境的交互，这带来了一个独特的挑战——需要在探索和利用之间进行权衡。智能体为了未来能够做出更好的行动选择，必须在利用已有经验获得回报的同时进行探索，从错误中学习，以扩大行动选择的空间。强化学习具有以下3个主要特点。

（1）长期决策。强化学习注重长期决策，通过不断的试错和反馈来寻求最优的决策策略，这与价值链中的战略决策和长期规划相契合。

（2）自适应能力。强化学习具有自适应能力，能够根据环境变化及时调整策略和行动，适应不同的市场需求和竞争态势。

（3）连续更新。强化学习在不断学习和积累经验的过程中，不断更新和改进决策策略，以获取更高的回报，这与价值链中的持续改进和创新相吻合。

在智能制造的应用方面，以供应链为例，强化学习可以应用于优化采购决策。智能体可以根据历史数据和环境信息，学习在不同的时间点和不同的市场需求下，何时采购以及采购多少原材料。这样可以确保有足够的原材料供应，同时避免库存积压和过度采购所带来的成本。在生产环节，强化学习可以帮助企业优化生产调度和资源分配。智能体可以学习在不同的订单需求和资源约束下，如何合理安排生产线的运行，并决定哪些产品优先生产。这样可以最大化生产效率，减少生产时间和浪费，同时满足客户需求。

4. 时序预测

时序预测作为一种统计学与机器学习交叉领域的先进技术，主要致力于对历史数据中蕴含的时间序列规律性进行深入挖掘，以便对未来某一时刻或一段时间内的数据趋势、周期性及潜在的非线性关系进行预测与推断。

在数据预处理阶段，一系列精细化操作将被施加于原始时序数据之上，旨在剔除异常值、填补缺失值、实现数据标准化或归一化，以及进行时间序列的平滑处理，这一过程对提高模型预测精度至关重要，因为时序数据的质量直接影响后续模型的学习效果。随后，在特征提取阶段，通过对时间序列的统计学分析，诸如计算自相关性、偏自相关性、趋势分量与季节分量等，从而能够从中抽取出有助于预测的关键特征，这些特征能够为模型捕捉到时间序列的内在动态提供丰富的信息。而模型训练与验证是一个迭代优化的过程，涉及参数的调优、交叉验证等技术，以确保模型不仅在历史数据上表现优异，还能够对未知数据具有良好的泛化能力，避免过拟合或欠拟合的问题。目前主流的解决方法大致可以分为以下4种。

（1）统计学模型。包括经典的自回归（Autoregressive，AR）、移动平均（Moving Average，MA）、自回归移动平均（Autoregressive Moving Average，ARMA）和ARIMA等模型。此外，脸书（Facebook）推出的Prophet模型也是一种统计学模型，进一步考虑了节假日、时序拐点等因素，以期提供更精准的时序规律描述。

（2）机器学习模型。在有监督机器学习中，回归问题主要解决基于一系列特征来预测某个目标值的问题。当将历史数据作为特征时，时序预测问题可以抽象为回归问题。从这个角度来看，所有回归模型都可以用于时序预测。

（3）深度学习模型。深度学习主要应用于计算机视觉和自然语言处理等领域。后者专门用于建模序列问题，而时间序列是序列数据的一种特殊形式。因此，可以使用循环神经网络来建模时序预测。

（4）隐马尔可夫模型。马尔可夫模型用于描述相邻状态转换的经典抽象。隐马尔可夫模型在此基础上增加了隐藏状态，以丰富模型的表示能力。然而，该模型的一个假设条件是未来状态仅与当前状态有关，不利于利用多个历史状态共同参与预测。天气预报是该模型的一个常用示例。

在智能制造领域中，时序预测能够实时监控和预测生产过程，帮助及时发现异常和问题，以优化生产流程和调整计划，提高生产效率和产品质量。此外，时序预测在能源管理方面也发挥着关键作用。它可用于预测能源消耗，实现合理的能源分配和调度，从而削减成本和排放，提高能源利用效率。

5. 知识图谱

知识图谱是一种重要的人工智能技术，由谷歌（Google）于2012年提出[4]。它是一个结构化的语义知识库，用符号方式描述物理世界中的概念和它们之间的关系。知识图谱以"实体—关系—实体"三元组和"实体属性—值对"为基本单位，将实体通过关系相互连接，构建成网状的知识结构[5]。

知识图谱涉及诸多关键技术。对于知识抽取，这一过程作为构建知识图谱的基石，旨在从纷繁复杂的异构数据源中，通过自动化手段，提炼出结构化的信息单元，如实体、关系及其属性，这些单元构成了知识图谱的基本组成部分。在实体抽取领域，亦称命名实体识别（Named Entity Recongnition，NER），本节通过算法自动识别源数据中的命名实体，这一步骤是信息提取的基础且至关重要，因为其准确性和完整性直接影响后续知识提取的效率及质量。而关系提取技术则在实体被识别之后，进一步从文本中挖掘出实体之间的相互关系，这一步骤对构建出具有网状结构的知识体系至关重要，因为它赋予了知识库以丰富的语义信息。而属性提取则关注从多源信息中搜集特定实体的属性信息。在知识提取之后，为了提升所得知识的质量和逻辑性，进行知识融合是必不可少的步骤，它通过消除歧义、剔除错误和冗余信息，来精练和优化提取出的知识。知识融合主要分为实体链接和知识合并两大环节，前者将文本中标识的实体与知识库中的正确实体链接起来，后者则是整合第三方知识库或现有数据，以丰富知识库的内容。最后，知识加工将提取和融合后的知识进一步结构化、网络化。它包括本体构建、知识推理和质量评估。本体构建为概念之间的关系提供了形式化的定义，知识推理是在现有知识的基础上推导出新的知识关联，而质量评估则是确保知识网络的准确性和可靠性。知识图谱具有以下3个主要功能。

（1）搜索。知识图谱和语义技术使得搜索引擎能够直接搜索事物，而不仅依赖网页之间的超链接。这意味着可以直接搜索人、物、机构、地点等各种事物，这些事物可以来自文本、图片、视频、音频、物联网设备等多种信息来源。知识图谱提供了对这些事物的分类、属性和关系描述，使搜索更准确和精确。

（2）问答。人机问答交互是人工智能的标志之一，知识图谱广泛用于人机问答交互中。结合自然语言处理和知识图谱技术，如基于语义解析、图匹配、模式学习、表示学习和深度学习的知识图谱模型等，可以实现智能问答和对话系统。

（3）辅助大数据分析。知识图谱可以辅助数据分析和决策。通过知识融合，将不同来源的知识集成起来，利用知识图谱和语义技术增强数据之间的关联性，用户可以更直观地对数据进行分析。此外，知识图谱还广泛用于从文本中抽取实体和关系作为先验知识，并辅助实现文本中的实体消歧和指代消解等任务。

知识图谱可用于制造领域的产品故障溯源，将故障相关的知识以知识图谱的形式表达，包括故障类型、故障现象、故障原因、解决方法等，方便机器处理和推理。通过分析知识图谱中各个节点之间的关系，可以发现故障与其他因素之间的关联，如设备、环境、操作等，有助于快速定位故障原因。

7.1.3 价值链智能化增值体系

1. 价值链智能化架构体系

为了实现产品价值链的智能化管理，可以根据企业的需求构建人工智能驱动的产品生命周期价值链智能化管理系统架构。该架构包含设备层、数据层、算法层和应用层，具体如图7.1所示，能够在设计、生产、仓储、服务等整个产品生命周期管理环节中实现生产设备连接、产品数据感知、数据挖掘和价值分析，从而为产品生命周期价值链的管理应用提供智能化和科学化的赋能支撑。

2. 价值链增值

构建人工智能驱动的产品生命周期价值链智能化管理系统架构，能够为制造业企业实现以下3点赋能和增值。

（1）可以实现自动化、数字化和智能化的产品生命周期价值链管理功能，帮助企业缩短产品生产周期、减少生产成本和提升产品质量。

（2）可以实现跨链和多链高效协同生产，建立价值交互和流转增值的有效机制，帮助企业提升生产效率和产品价值。

（3）可以有效提升整个产品价值链的服务质量和创新水平，帮助企业提高产品的用户体验和企业的市场竞争力，实现高质量可持续发展。

应用层	产品设计	订单预测	智能排产	工艺优化	质量检测	异常报警	仓储管理	物流配送	售后服务	绿色生产

算法层

数据挖掘	图像识别	时序预测	知识图谱	决策优化	自然语言处理
理论算法	监督学习	无监督学习	半监督学习	强化学习	

数据层

数据挖掘	噪声过滤	数据补全	特征提取	特征分析	特征选择
数据平台	分布式存储系统	离线计算组件	流计算组件	图计算组件	
	结构化数据	非结构化数据	半结构化数据		
数据接入	订单信息、产品数据	车间视频、音频	日志文件、XML数据		

设备层	机床	机器人	摄像头	生产线	辅助设备	……

图 7.1　人工智能驱动的产品生命周期价值链智能化管理系统架构[6]

7.2　产品研制周期缩短与质量提升

在产品生命周期价值链管理中，如何缩短产品研制周期和提升产品质量是实现企业经济增值的重要一环。通过采用人工智能技术实现产品生命周期价值链的智能化服务管理、分布式智能产品生产模式和规模定制化产品智能生产服务，可以有效加快产品生产速度，减少生产成本和提高企业利润。

7.2.1　实现方案概述

1. 产品研制周期缩短与质量提升技术发展状况

产品生命周期管理是制造业企业日常管理中非常重要的任务，往往会影响产品的研制周期和质量，也决定了企业产品的核心竞争力。随着经济迅速发展和人们生活水平提高，人们对产品多样性和个性化的需求日益增长，对产品的质量、服务和使用体验也提出了更高的要求。如何在竞争如此激烈的市场环境中通过缩短产品研制周期和提升产品质量来满足人们的需求，是目前大多数制造业企业面临的一个亟待解决的课题。

针对上述问题，当前制造业企业也面临着不少困难和挑战。首先，缩短产品研制周期和提升产品质量往往是相互制衡、相互约束的关系。其次，如何做到复杂产品的个性化定制生产服务和快速交付。此外，如何从局部到全局的角度来优化各个生产环节和整个生产链条也是其中一个需要关注的方面。最后，企业该如何将绿色环保技术融入产品研发和生产过程中，尽可能降低产品对环境的影响，实现可持续发展。

2. 数据驱动的管理方案

为了有效解决上述问题，可以采取数据驱动的产品生命周期价值链优化管理方案，具体如图7.2所示。在方案的构建过程中，企业通过收集产品设计数据、订单需求数据、设备运行数据等海量多维异构的产品生命周期价值链数据，采用机器学习算法实现数据的集成融合和特征分析，同时进一步采用图神经网络、强化学习和知识图谱等人工智能领域关键技术对产品多维数据进行场景应用的分析服务，实现整个产品价值链的智能化管控，具体包含了智能化产品设计服务、智能化需求预测服务、智能化产品制造服务、智能化质量检测服务、智能化产品仓储服务、智能化产品供应链服务、智能化产品售后服务等。持续加强和优化企业的产品生命周期价值链的智能化管理，能够有效支撑企业的分布式智能产品生产模式和规模定制化产品智能生产服务，可以实现企业的柔性生产和智能化服务，最终能够帮助企业缩短产品的研制周期，快速提升产品质量，提高决策效率，降低生产成本和改善产品服务体验。

3. 方案赋能增值作用

构建上述数据驱动的产品生命周期价值链管理优化方案，能够为制造业企业实现以下5点赋能和增值。

（1）通过产品海量数据驱动的决策模型，可以快速分析市场趋势和准确识别客户潜在需求，能够有效提高决策效率，缩短产品研制周期。

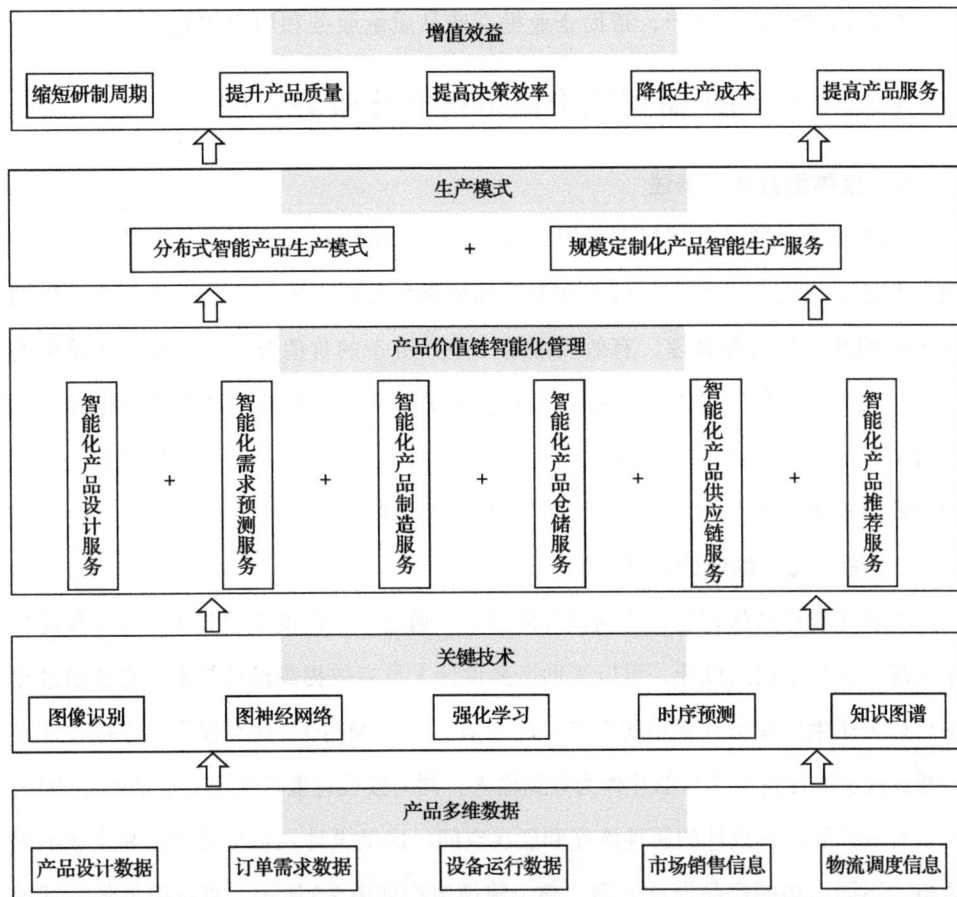

图 7.2 数据驱动的产品生命周期价值链优化管理方案

（2）借助产品数据的实时事件监控和在线异常分析，能够第一时间发现产品制造过程中潜在的瓶颈和问题，并采取相应的优化措施，可以进一步提高产品的生产效率和质量。

（3）通过利用人工智能算法来预测分析潜在生产问题和产品需求变化，可以辅助企业管理者提前制订相应的生产计划，从而能够有效缩短研制周期和降低生产成本。

（4）通过数据驱动的方式可以从全局和长远的角度分析整个价值链的生产调度管理方案，可以实现企业资源的合理分配和对产品风险的高效管控。

（5）通过分析大量用户和整个市场的产品反馈数据，可以针对性地快速迭代和优化产品的设计和生产，帮助企业提高产品质量服务和用户体验。

7.2.2 产品生命周期价值链智能化服务管理

1. 整体服务体系概述

制造业企业通过采用机器学习和人工智能等前沿科学技术对产品的设计、研发、制造、质检、仓储、销售等环节完成智能化分析，能够实现对产品生命周期价值链的智能化服务管理，有效梳理整个生产链条的价值分析，剔除毫无价值的环节，完善价值低下的节点，强化高价值的关键点，疏通价值链的流转路径，优化价值链的交互结构，在完善各个节点的同时优化整个链条，可以从根本上有效地提高企业的生产效率，缩短产品的研制周期和提升产品的生产质量。

2. 智能化产品设计服务

围绕企业产品快速迭代更新设计的需求，通过采用深度学习算法等人工智能技术实现产品的生成式设计，可以帮助产品设计人员有效提高设计效率。在建模过程中可以采用生成模型（常用的有 GAN、VAE、DDPM 等），这类模型能够接收纯文本描述或文本描述加产品图片作为数据输入，同时按设计要求输出对应的产品图片，可以有效扩展产品设计的属性维度和层次空间，协助设计人员自动调整和生成不同风格、不同结构的产品设计方案。整个建模流程如图 7.3 所示，算法模型的测试指标可以采用 IS（Inception Score）和 FID（Fréchet Inception Distance）来进行评价，分别见式（7.1）和式（7.2）。

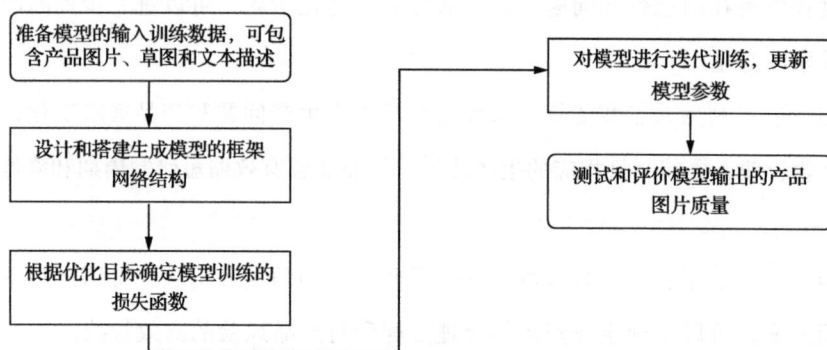

图 7.3 数据驱动的产品生命周期价值链优化管理方案[6]

$$\text{IS}(\boldsymbol{G}) = \exp\big(\mathrm{E}_{x \sim p_g} D_{\mathrm{KL}}\big(\,p\,(\,\boldsymbol{y}|\boldsymbol{x}\,)\,\|p\,(\,\boldsymbol{y}\,)\,\big)\big) \tag{7.1}$$

式中：

$\boldsymbol{x} \sim p_g$——生成的图片；

$p\,(\,\boldsymbol{y}|\boldsymbol{x}\,)$——将图片 $\boldsymbol{x}$ 输入 Inception V3 模型中，模型会输出一个 1000 维的向量 $\boldsymbol{y}$，该输出向量 $\boldsymbol{y}$ 表示图片 $\boldsymbol{x}$ 属于每个类别的概率分布；

$p\,(\,\boldsymbol{y}\,)$——N 个生成图片的概率分布的期望，具体见式（7.2）。

$$p\,(\,\boldsymbol{y}\,) = \frac{1}{N}\sum_{i=1}^{N} p\,(\,\boldsymbol{y}|\boldsymbol{x}^{(i)}\,) \tag{7.2}$$

$$d\,(\,\boldsymbol{X},\boldsymbol{Y}\,) = \sqrt{\left|\,u_x - u_y\,\right|^2 + \mathrm{tr}\left[\sum{}_x + \sum{}_y - 2\big(\sum{}_x \sum{}_y\big)^{1/2}\right]} \tag{7.3}$$

式中：

$\boldsymbol{X}$——生成的图片；

$\boldsymbol{Y}$——真实的图片；

u_x——生成图片的特征向量的均值；

u_y——真实图片的特征向量的均值；

tr——矩阵的迹；

$\sum{}_x$——生成图片的特征向量的均值和协方差；

$\sum{}_y$——真实图片的特征向量的均值和协方差。

3. 智能化产品需求预测服务

为了快速响应市场动态变化带来的影响，企业可以通过采用机器学习算法在历史销售数据的基础上进行未来一段时间内的产品需求预测，帮助企业提前制订生产计划和配置产品资源，有效提高企业的生产效率和降低企业的经营风险。如图 7.4 所示，在模型构建过程中，通过输入产品历史订单信息、产品类型数据、天气数据、节假日信息、区域信息、顾客偏好等相关数据，采用 Transformer、LSTM 等深度学习时序预测算法对产品订单需求进行预测，支持不同周期、不同销售区域和不同产品组合的订单数量预测。算法模型的测试指标可以采用 MSE、MAE 和 RMSE 来进行评价，分别见式（7.4）～式（7.6）。

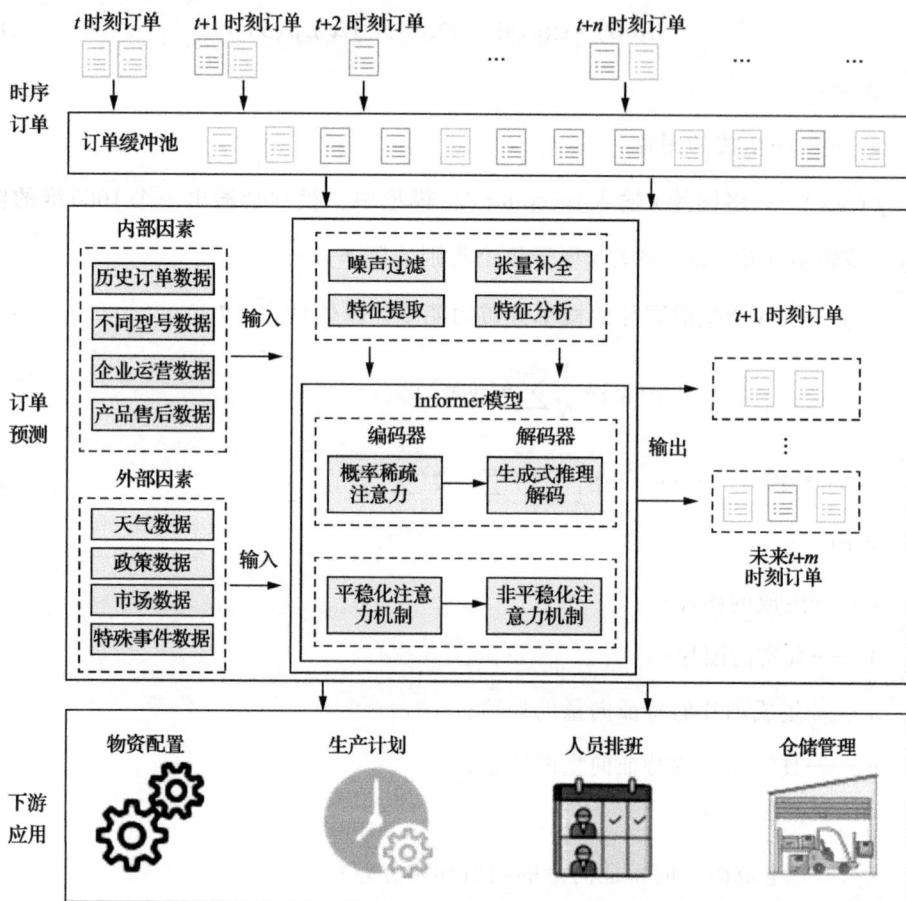

图7.4 智能化产品需求预测服务建模方案(原图见彩插页图7.4)

$$MSE = \frac{1}{N}\sum_{i=1}^{N}(y_i - \hat{y}_i)^2 \tag{7.4}$$

$$MAE = \frac{1}{N}\sum_{i=1}^{N}|y_i - \hat{y}_i| \tag{7.5}$$

$$RMSE = \sqrt{\frac{1}{N}\sum_{i=1}^{N}(y_i - \hat{y}_i)^2} \tag{7.6}$$

式中:

N——样本总数;

y_i——预测值;

$\hat{y}_i$——真实值。

4. 智能化产品制造服务

为了达到柔性制造的效果，企业可以通过采用人工智能技术针对不同场景需求从全局和长远的视野制定出灵活合适的制造方案，帮助企业实现智能排产，提前制订生产计划和安排生产资源，有效提高企业的生产效率。在模型构建过程中，针对企业的订单需求、人员信息、设备闲忙数据、仓库容量等产品生产相关数据，采用启发式算法和强化学习算法计算出一套包含人员排班、设备运行时长、生产线排程等信息的最优制造方案，同时能够动态地调整排产计划，以应对紧急订单等特殊情况。算法模型的测试指标可以采用调度评分（Scheduling Score）来进行评价，具体见式（7.7）。

$$S_{\text{sch}} = \sum_{i=0}^{m} w_i C_{Oi} + \sum_{j=0}^{n} w_j C_{Ej} \tag{7.7}$$

$$C_O = C_T + C_R \tag{7.8}$$

$$C_E = \frac{\mu}{E} + C_T + C_R \tag{7.9}$$

$$C_T = \frac{\eta}{T} \tag{7.10}$$

$$C_R = \frac{\omega}{R} \tag{7.11}$$

式中：

m——一般情况下的测试样例数；

n——特殊情况下的测试样例数；

w_i——测试样例的权重；

C_O——一般情况下的成本评分；

C_E——特殊情况下的成本评分；

E——特殊情况的处理时间；

μ——处理时间的成本评分转化系数；

C_T——时间成本评分；

C_R——资源消耗成本评分；

T——排产计划所消耗的时间成本；

η——时间成本评分转化系数；

R——排产计划所消耗的资源成本；

ω——时间成本评分转化系数。

5. 智能化产品仓储服务

围绕企业大型仓储智能管理的需求，可以采用深度学习算法构建智能仓储调度模型，帮助企业仓库实现智能分拣、搬运和贮存，有效提高仓库的管理效率。在模型构建中，如图7.5所示，针对订单信息、货物属性、货物位置信息、流动记录及仓库负责人员信息等数据，可以通过强化学习和图神经网络算法计算出订单分配任务和搬运路线规划方案。算法模型的测试指标可以采用仓储准确率和平均调度时间来进行评价，分别见式（7.12）和式（7.13）。

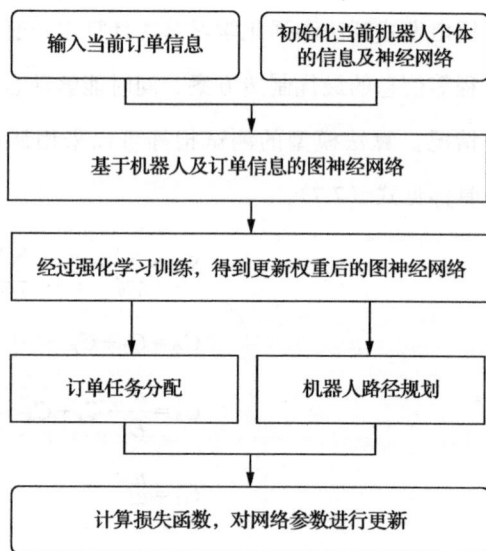

图7.5　智能化产品仓储服务建模方案[7]

$$R_{acc} = \frac{O_{acc}}{O_{total}} \qquad (7.12)$$

式中：

O_{acc}——正确完成出入仓而没有出现数量、种类等错误问题的订单数；

O_{total}——总订单数。

$$T_{avg} = \frac{1}{M} \sum_{i=1}^{N} T_i \qquad (7.13)$$

式中：

M——总订单数；

N——运输车数；

T_i——第i个运输车的作业时间。

6．智能化产品供应链服务

为了有效提高企业的供应链管理效率，可以采用强化学习算法实现高效智能的产品配送调度，帮助企业减少产品管理和运输成本，同时提高产品服务的效率。在模型构建过程中，针对产品订单信息、配送地址信息、车辆装载剩余容量等信息，可以采用DQN、DDPG和PPO等算法，为企业实时计算出一套最优的产品物流配送方案，在满足预期配送时间和低运输成本的约束下，完成对配送车辆的路径规划和对卸货方案的设计，同时能够基于整体的约束条件实现大规模产品订单在下一个配送环节的分单功能。算法模型的测试指标可以采用配送及时率来进行评价，具体见式（7.14）。

$$R_{time} = \frac{O_{time}}{O_{total}} \tag{7.14}$$

式中：

O_{time}——及时完成配送的订单数；

O_{total}——总订单数。

7．智能化产品推荐服务

围绕提高企业产品服务质量的需求，可以采用基于人工智能技术的客群画像分析功能，帮助企业精确分析和了解客户群体，从而为客户提供更加体贴的产品服务。在模型构建过程中，如图7.6所示，针对客户的基本信息和行为数据，获取到用户的个人基础特征，同时在做好客户的隐私数据保护工作的基础上，通过利用无监督学习算法将不同客户的数据进行客户群体的兴趣标签分类，构建相似客户群体的画像，进一步选取PNN、DIN等适合的推荐算法针对每个客户的偏好完成个性化的产品和服务推荐。算法模型的测试指标可以采用Top-k准确率和召回率@k来进行评价，分别见式（7.15）和式（7.16）。

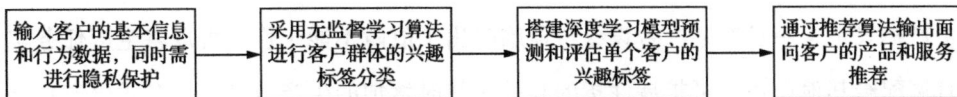

| 输入客户的基本信息和行为数据，同时需进行隐私保护 | → | 采用无监督学习算法进行客户群体的兴趣标签分类 | → | 搭建深度学习模型预测和评估单个客户的兴趣标签 | → | 通过推荐算法输出面向客户的产品和服务推荐 |

图7.6 智能化产品推荐服务建模方案[6]

$$Precision@k = \frac{TP@k}{TP@k + FP@k} \tag{7.15}$$

式中：

$TP@k$——前 k 个推荐结果中的真正类的数量；

$FP@k$——前 k 个推荐结果中的假正类的数量。

$$Recall@k = \frac{TP@k}{TP@k + FN@k} \tag{7.16}$$

式中：

$TP@k$——前 k 个推荐结果中的真正类的数量；

$FN@k$——前 k 个推荐结果中的真负类的数量。

7.2.3 分布式智能产品生产模式

1. 分布式智能产品生产模式的特点

分布式智能产品生产模式是一种基于分布式生产方式，以多点协同生产的方式来完成制造过程的智能制造模式，将分布式的控制方法、产品结构和组织管理模式与智能制造结合[8]，融合了分布式系统、人工智能、物联网、大数据分析和自动化技术，旨在提高制造业的生产效率、质量和灵活性。分布式智能产品生产模式主要有高度集成、数据共享、生产透明、高可靠性和高可扩展性等特点。高度集成旨在通过分布式系统的方式，将产品生命周期价值链的各个环节进行集成融合，可以实现不同工厂、不同环节设备和系统进行协同工作。在数据共享上，通过分布式的连接方式，可以实现制造过程各节点的数据实时采集和共享，能够有效构建智能制造的数据底座。为了实现生产透明，在分布式的生产系统中，生产过程中各部门及各环节的生产状态、产品数据和资源信息都是透明的，企业可以根据需要实时调整生产计划和合理调度生产资源。在高可靠性方面，在分布式生产模式中，一旦有某一台设备机器临时出了故障不能工作，可以将生产任务实时调配给其他设备。可扩展性指的是针对临时增加的生产需求，分布式生产系统可以非常方便地扩增更多资源或节点，以快速适应不断变化的需求市场。

2．分布式智能产品生产模式的实现路径

制造业企业在构建分布式智能产品生产模式过程中，首先需要采用物联网技术实现整个制造系统中所有设备的互联互通，同时搭建面向制造业多维数据的云平台数据空间服务底座，可以有效实现产品生命周期价值链全部数据的共享和融合。其次，针对不同的场景需求，基于机器学习和人工智能技术构建相关的算法模型，实现数据的高效分析和知识服务。此外，需要进一步设计整个分布式系统的资源调度和节点备份机制，同时配置系统安全防护的功能。在应用层，可以以子模块或子系统的方式构建分布式智能产品设计系统、分布式智能产品生产系统、分布式智能设备系统、分布式智能质量检测系统、分布式仓储管理系统和分布式售后服务系统。

3．分布式智能产品生产模式的发展趋势

随着市场对分布式智能产品生产模式的需求增加以及相关技术的成熟，分布式智能产品生产模式将呈现高度协同生产、智能化生产和可持续生产这 3 个发展趋势。高度协同生产指的是下一阶段的分布式生产系统可以通过实现整个产品生命周期价值链的高效协同，各个生产环节无缝衔接，生产效率和产品质量可以大幅度提升。智能化生产则预示未来的分布式生产系统可以进一步提高整个生产体系的自动化、数字化和智能化水平，到达高度智能生产的效果。可持续生产旨在让未来的分布式生产系统可以有效采用更加绿色环保的生产方式，大大减少资源浪费和气体污染。

7.2.4　规模定制化产品智能生产服务

1．规模定制化产品智能生产服务模式的特点

规模定制化产品智能生产服务是一种可以根据市场需求变化快速调整生产，满足大规模和个性化定制的生产模式。使用自动化控制、物联网和人工智能等技术实现柔性生产，具备高度的灵活性和高效的生产效率，往往具有数据驱动、快速响应、高度自动化等模式特点。在数据驱动方面，分析整个产品生命周期价值的多维数据可以有效计算不同生产场景下的生产方案和调度机制。为了实现快速响应，采用智能灵活的生产控制方法可以快速更换生产计划和调度方案，能够根据市场的需求迅速生产不同规格、不同型号和不同品牌的产品。高度自动化指的是具备自主决策的能力，能够根据不同的生产方案从全局的角度自动控制整个生产线的设备，可以实现自动协同联动生产。

2. 规模定制化产品智能生产服务模式的实现路径

制造业企业在实现规模定制化产品智能生产服务的过程中，首先需要实现设备联动和数据共享，同时将所有相关设备和系统进行集成，形成一个统一、协调的柔性制造系统，实现生产过程的自动化、连续化和精准控制。其次，根据不同的生产需求，构建数据驱动的人工智能分析模型，模型可以动态地针对不同的生产场景制订相应的生产方案和生产计划。此外，需要持续迭代优化系统，以适应市场的需求变化。最后，系统需要具备预测和精确分析下一阶段市场需求的能力，以便可以提前争取更多用来变更生产方案的改造时间。

3. 规模定制化产品智能生产服务模式的发展趋势

在未来趋势上，规模定制化产品智能生产服务将会向深度柔性、数字孪生和高度扩展这3个方向发展。深度柔性指的是不仅在产品设计、研发、生产、销售等产品生命周期价值链各个环节实现柔性生产，还要在设备、工艺、维护、环保等维度上实现规模定制化智能生产。数字孪生旨在通过采用数字孪生技术提前模拟和优化柔性生产过程，预测和计算生产方案的相关参数，进一步提高生产的灵活性。在高度扩展的方向上，通过利用垂直领域大模型等人工智能技术，可以实现整个大规模定制化产品智能生产服务的高度可扩展性和可靠性。

7.3 降低产品不良率与助力产品研发协同

引入产品价值链协同生产和产品质量协同高效管控技术是企业实现产品生产智能化管理的有效途径，能够帮助企业降低产品不良率和助力产品协同研发，达到降本增效的目的。

7.3.1 实现方案概述

1. 降低产品不良率与质量管控发展状况

保障产品质量和降低产品不良率是制造业企业的立身之本，也是产品生命周期价值链管理中重要的课题之一。产品的品质在生产过程中往往会受到众多环节中诸多因素影响，特别是对于复杂产品，如何在整个生产链条中联动和统筹不同企业、不同部门、不同环节、不同人员和不同设备进行高效协同生产，是目前大多制造业企业亟待解决的一个难题。

针对上述问题，当前制造业企业面临着不少困难和挑战。首先是数据交互壁垒[8]，整个链条中不同环节、不同系统和不同设备尚未实现互联互通，数据难以共享共用。其次是互信机制尚未健全，供应链上不同企业缺乏可靠的互信机制，无法实现数据高效交互，容易形成数据孤岛。最后是价值瓶颈，不少节点无法创造价值，造成价值链路中断，部分链路中价值流转速度过低，无法提高整个价值网络的效率。

2. 智能驱动的协同生产方案

为了有效解决上述问题，可以构建智能驱动的价值链高效协同生产方案，具体如图 7.7 所示。整个方案由设备层、数据层、技术层、模型层和应用层这 5 层构成。在设备层和数据层，通过物联网技术连接生产过程中的机床、机器人、生产线等所有相关设备，可以将实时的生产数据、设备运行状态和质检信息等产品生命周期价值链相关数据进行采集和共享。在技术层，利用区块链技术构建可信共享的产品多维数据空间，同时采用图神经网络、强化学习、联邦学习等人工智能算法实现对价值链各环节数据的数据分析和知识服务。在模型层，根据企业具体场景需求通过构建单链、跨链和多链产品价值链协同控制方法，能够有效实现生产协同管理、质量协同管理、溯源协同管理和质量因果分析等产品质量高效协同优化管理的功能。

3. 方案赋能增值作用

智能驱动的价值链高效协同生产方案可以通过构建基于区块链的产品多维数据空间模型，为价值网中不同企业构建一个可信的数据交互机制，实现产品数据的流通和增值。同时，可以通过构建多链高效协同生产的价值链网络，为企业搭建起产品价值流通的"高速公路"，实现产品价值的提升效率。此外，整个方案可以通过实现企业产品质量价值链的高效协同生产演化机制，有效降低产品不良率和提高产品质量服务。

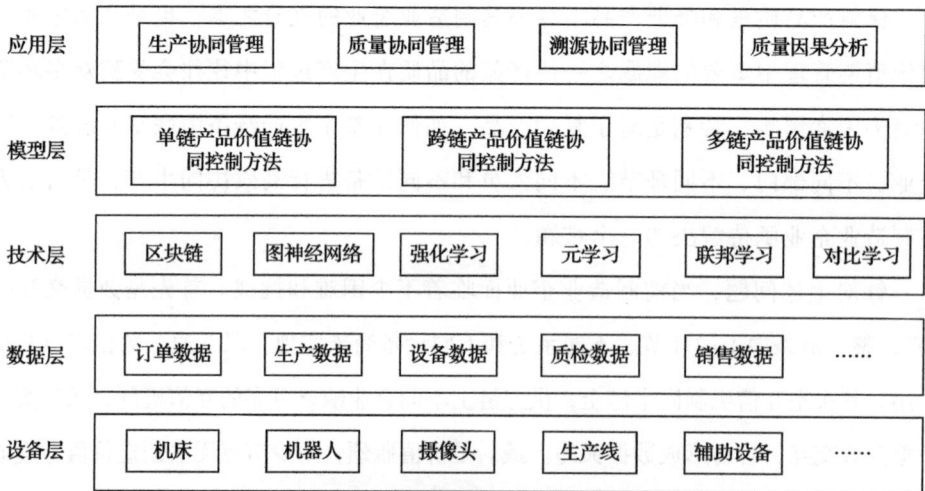

应用层	生产协同管理	质量协同管理	溯源协同管理	质量因果分析		

模型层	单链产品价值链协同控制方法	跨链产品价值链协同控制方法	多链产品价值链协同控制方法

技术层	区块链	图神经网络	强化学习	元学习	联邦学习	对比学习

数据层	订单数据	生产数据	设备数据	质检数据	销售数据	......

设备层	机床	机器人	摄像头	生产线	辅助设备	......

图7.7　智能驱动的价值链高效协同生产方案

7.3.2　产品价值链协同生产

1. 产品价值链协同生产模式的实现路径

制造业企业在实现产品价值链协同生产的过程中，可以针对企业内部的单个价值链管理，采用强化学习算法从全局和长远规划的角度输出整个生产链条的最优管理方案，这能够帮助企业有效应对动态变化的市场环境和不确定性的风险。针对不同企业的跨链、多链协同生产管理需求，采用知识图谱、图神经网络和强化学习构建产品价值网络模型，可以精确分析价值流转路径、价值瓶颈节点、关系拓扑结构、信息交互机制和协同演进机理，这能够以点到线和以线到面的方式全方位有效提升制造业企业产品价值链的协同生产效率。

2. 产品价值链协同生产模式的发展趋势

产品价值链协同生产模式的发展趋势主要有决策大模型、因果推断、深度可信、高度智能和强泛化性这5个方面。关于决策大模型，针对高端制造大规模复杂产品生产过程中涉及众多企业、众多部门、众多环节、众多材料和众多因素的场景，可以通过构建价值链决策大模型来提高协同生产管理的效率。在因果推断方面，模型在可以输出产品价值链协同生产管理方案的同时，还应能够给出方案中每一步决策的合理原因和可信理由。深度可信旨在进一步加强和改进整个产品价值链网络的隐私保护机制，扩大价值链数据的共享范围，拓展价值链业务合作的深度。高度智能指的是未来产品价值链协同生产模型将会具备高度智能化的决策水平，极大地降低人工参与管理的成本。在强泛化性方面上，制造业涉及成千上万种产品的不同生产场景，未来的模型应能够具备适用不同场景的普适性及迁移能力。

7.3.3　产品质量协同高效管控

1. 产品质量协同高效管控的实现路径

企业在产品质量协同管控过程中，需要从整个产品生命周期价值链的角度构建一个全局统筹和环节联动的管控方案，制订整个生产链条各环节的质量要求。首先，在产品设计阶段，可以根据产品功能参数要求采用强化学习进行设计参数的优化，以确保产品满足后续阶段的生产条件。其次，在原材料采购阶段，可以采用区块链技术进行材料信息的上链，以便假设未来原材料出现问题可以进行追溯。最后，在生产过程中，可以通过采用深度学习算法对设备加工运行参数进行异常监控，确保生产的顺利进行。另外，质量检测环节可以采用图像识别技术智能识别产品缺陷问题。最后，在产品质量出现问题时，可以采用图神经网络算法进行故障溯源和原因分析。

2. 产品质量协同高效管控的发展趋势

未来，产品质量协同高效管控主要会往标准化、因果分析、可信机制这3个方向发展。标准化指的是除产品自身的功能参数外，工艺、原材料、设备运行状态、物流配送信息、质检数据等各环节的质量要求均需要标准化，实现深度协同管控。因果分析指的是在整个生产链条上进行质量问题的追溯，精确推断出产品缺陷的根本原因，并进一步深入分析各个环节互相影响的因素。可信机制旨在推动未来所有环节的相关质量数据均在区块链上进行存储和管理，实现产品质量数据的协同管控，达到质量数据透明可信和质量溯源有据可依的效果。

参考文献

[1] 程秋琳. 基于价值链的风力发电企业成本分析研究[D]. 北京: 华北电力大学, 2014.

[2] 张立群. 价值链重建与成本管理的研究[D]. 北京: 对外经济贸易大学, 2004.

[3] 崔校瑞. 基于多代理技术的电动出租车综合仿真研究[D]. 广州: 华南理工大学, 2019.

[4] SINGHAL A. Introducing the knowledgegraph: things, not strings[EB/OL]. (2012-5-16)[2023-12-12].

[5] 王硕烁, 马玉慧. 国外典型自适应学习平台的基本框架及其关键技术分析[J]. 开放学习研究, 2018, 23(1): 48-54.

[6] 宋轩, 谢洪彬, 张家祺, 等. 人工智能驱动的制造业产品生命周期价值链管理优化技术规范: T/CI 153—2023[S/OL]. [2023-12-12].

[7] 宋轩, 宋歌, 张浩然, 等. 一种多智能体路径规划方法及终端: CN116187611B[P/OL]. (2023-7-25)[2023-9-6].

[8] 顾新建, 顾复, 代风, 等. 分布式智能制造[M]. 武汉: 华中科技大学出版社, 2020.

第4篇
案例分析与应用

第8章

制造业多维数据空间服务理论示例

多维数据空间是面向全对象、全生命周期的数据存储技术框架，企业制造业多维数据空间服务理论代表对制造业企业的全生命周期数据的整合、管理，并以服务的形式向相关利益相关者开放。制造业多维数据空间服务的关键在于整合各种来源的数据，包括但不限于生产、供应链、设备运行等数据，并提供标准化、安全性和可靠性的数据服务。

8.1 企业案例

制造业多维数据空间服务理论提供了一种面向制造业的数据整合和服务模式，通过有效地管理和利用制造业数据，为企业决策、创新和增值提供了新的机遇和可能性，因此已有许多企业进行了相应的研究[1-2]。

8.1.1 海尔集团的案例

海尔集团作为中国家电产业的领军企业，自2009年起始实施网络化战略，以抢占全球大型家电市场份额。在这一战略转型的过程中，海尔集团着眼于工业互联网的智能制造，并通过建设海尔COSMO平台（Cloud of Smart Manufacture Operation Plat）展开了积极而深入的探索与实践。这一平台以互联工厂模式为核心，旨在将数字化、网络化、智能化制造引入企业生产制造流程，以促进企业整体转型升级，同时为利益相关者和其他相关行业的发展提供引领。平台架构包括以互联工厂模式为核心的业务模式层，利用云端数据和智能制造方案为产品全生命周期提供全流程解决方案的应用层，集成了物联网、互联网、大数据等技术的平台层，以及整合了全部软硬件资源的基础层。海尔COSMO平台的运行机制核心在于以用户为中心，实现用户在生产全流程、全周期参与的体验迭代。这种理念与国外工业互联网平台的关键差异在于其专注于用户价值的持续交互，以确保用户的终身价值。而这种运行机制的成功落地，不仅为海尔集团自身的智能制造提供了引领力，还为中国其他制造业的智能化转型提供了关键的参考模式。海尔集团在业务架构和运行机制方面的成功实践为中国制造业提供了重要的管理启示，包括政策引导与支持、智能制造标准体系建设和技术自主研发、企业级平台的治理模式等方面的建议，为整个产业的智能化转型升级提供了可借鉴的经验和指导。

8.1.2 华为公司智能汽车业务探索性案例

在智能制造领域，华为等核心企业领导的智能汽车创新联合体展现出了显著的增长动能。自2013年华为进入车联网业务领域以来，借助鸿蒙操作系统、智能驾驶计算平台MDC810、自动驾驶开放平台"华为八爪鱼"、智能管理系统等，一直在助力传统汽车制造行业向智能化方向发展。从数据出发，数据赋能体系使得现有的数据资产发挥出全新的作用，其中包括数据化虚拟集聚、动态匹配、决策支持及标准体系等。在此基础上，华为牵头的跨界网络协同更是整合了多方的资源，并且依据跨界智能合约实现了跨界供应链及价值链的重构。依据最新的深度学习等前沿的模型，华为进一步牵头提高协同演化动态能力，其中包括协同演化学习能力、管控能力、识别能力及运营能力，将整体系统统一部署在云端，与长安、广汽、北汽等传统汽车制造业大厂一起构建新型的智能汽车开放式创新网络，为汽车产品全生命流程制定一个标准化的解决方案，加快数字创新的进程。项目的最终目的是达成智能汽车创新联合体的颠覆式创新，包括但不限于产品功能、生产制造、商业模式等。华为为数字创新和价值共创理论提供了新的见解，描绘了颠覆性创新理论的新特征，为传统产学研合作创新联盟的数字化转型提供了理论指导。

8.2 应用示例

本节对制造业的多维数据空间服务理论进行探索，并对华为和海尔这两家企业在多维数据空间服务方面的实践案例进行详细介绍。

8.2.1 企业背景与问题分析

制造业产品的全生命周期包括从原材料采购、零件加工、最终产品组装到最终销售的整个过程。在今天的全球化环境中，供应链变得更加复杂，涉及的供应商数量增加，一个产品可能由多个不同的供应商提供组件，这给制造业管理带来了挑战。在一个产品的整个生命周期中，通常需要涉及多个工厂和多个生产流程，从原材料开始逐步加工并最终组装成成品。然而，不同的工厂和流程带来的差异，会导致涉及的数据结构多种多样，同时受到数据的保密性和可靠性的约束，这就导致了传统制造业中普遍存在的一系列挑战。第一，不同工厂和生产流程通常采用不同的数据格式和标准，这使得数据在各个环节之间传递和解释变得复杂。这种数据格式的不同导致了数据混乱和不一致性，使得难以进行有效的数据分析和集成。第二，由于制造业的产品和工艺往往涉及商业机密和知识产权，因此数据的保密性成为一个严重的问题。工厂之间需要共享关键数据，但同时需要确保敏感信息不被泄露。第三，由于数据的多样性和保密性，生产过程缺乏透明度，这使得生产管理人员难以获得实时洞察，以监控生产流程的运行情况，及时发现问题并进行干预。最后，由于数据共享的困难和生产过程的不透明性，故障溯源变得更加复杂。当问题出现时，追踪问题的根本原因变得困难，这可能会导致长时间的停机和生产损失。所有这些问题综合起来，既降低了整体生产流程的效率，也减少了优化和简化生产流程的潜力。为了应对这些挑战，制造业需要借助多维数据空间服务理论，采用现代化的数据管理和集成解决方案，以确保数据的一致性、安全性和可用性，从而提高生产效率、故障溯源和产品全生命周期管理的能力，这将有助于制造业在竞争激烈的市场中保持竞争力并实现可持续增长。

为了解决前述问题，确实需要构建一种统一的数据存储结构，以实现生产数据的集成、加密上传和不可篡改性。作为一种多企业共享数据存储结构，这种数据的存储结构需要具有统一性、加密性、保密性、不可篡改性、鲁棒性等特性。数据的统一性代表制定通用的数据格式和标准，以确保各个工厂和生产流程的数据可以一致地上传到数据存储结构中，这有助于消除数据混乱和不一致性。加密性则是在数据的传输过程中使用安全的通信协议和加密技术，确保数据在上传到存储结构时是安全的，这有助于保护敏感信息免受未经授权的访问。数据的保密性和不可篡改性代表数据只能被获得授权的人或实体访问和查看，不允许被未经授权的人或实体访问、泄露或披露，并且数据一旦被创建或存储，就不能被未经授权的人或实体修改、删除或篡改状态。这意味着数据在被创建后应该始终保持原样，而不受不可信任的第三方或恶意行为的干扰，从而保障数据的真实性。数据的鲁棒性对应数据存储结构具有高可用性和故障容忍性，以防止数据丢失或不可用。

除了数据的存储，如何更智能化地利用制造业数据是未来的一个重要的挑战和机遇。智能制造[3]代表了未来制造业的主旋律，旨在通过有效地利用工业大数据和先进的技术来实现生产的自动化、优化和智能化。在面对更加智能化的需求时，制造业多维数据空间服务需要做到的是通过充分利用现有的工业大数据，使得制造业企业实现更高效、更灵活和更有竞争力的生产和运营，同时满足不断变化的市场需求。这有助于提高制造业企业的竞争力，并推动智能制造的发展。

8.2.2　多维数据空间模型构建与实施

如图8.1所示，多维数据空间模型分为数据采集、数据整合、数据存储、数据建模、数据学习、数据服务这六大模块。

数据采集模块是整个多维数据空间模型的起点。在这一阶段，数据从各种来源被采集和捕获，其中数据的主要来源是依据物联网技术设置在产线上的传感器，这些传感器将自动采集数据。此外，数据也可能来自设备记录、应用程序日志、外部数据库和互联网等多种数据源。多样性的数据来源提供了广泛的信息，涵盖了生产过程中的各个方面，从而为综合分析和决策提供了更全面的基础信息。这些数据采集方法的综合应用使得制造业能够更好地监测、控制和优化生产过程。

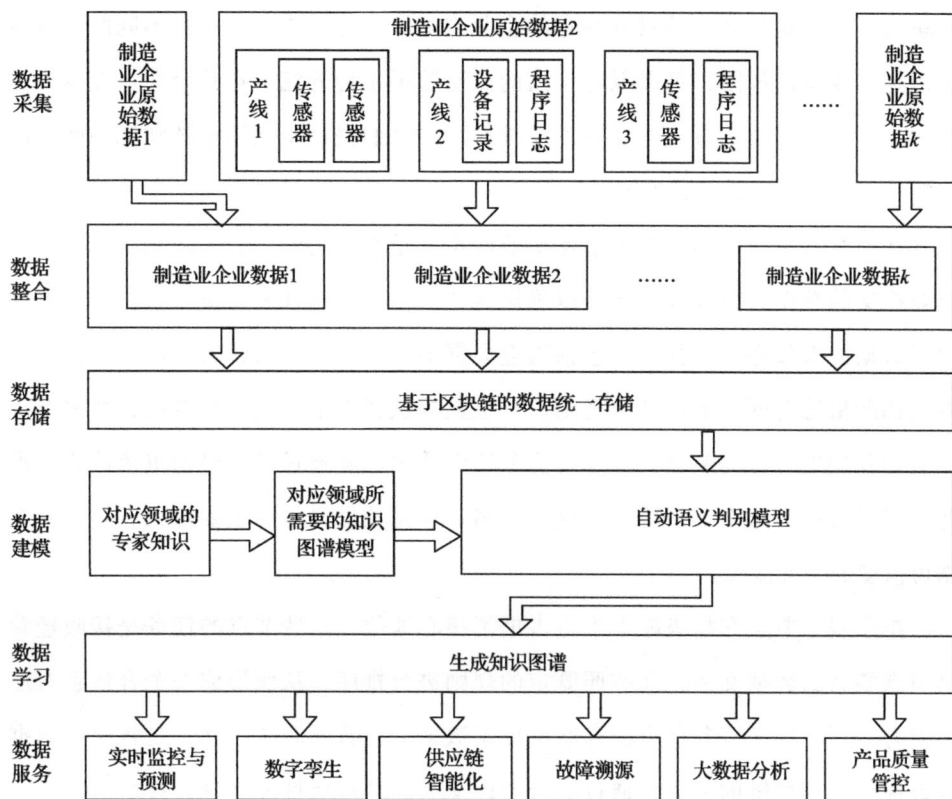

图8.1 多维数据空间模型

各个制造业企业在完成数据的采集后，通常会将数据集中上传并存储到一个统一的数据存储结构中，以便为后续的数据分析、挖掘和利用提供便利。统一数据存储结构的目的是实现数据的统一共享和集中管理，以促进跨工厂和生产环节的协作，并提高产品生命周期的透明度。存储结构需要具备不可篡改的性质，以确保各个工厂所提供的数据具备完整性、可信性及安全性。这种特性对保护敏感数据、遵守法规和合规性要求非常重要。目前，有许多技术可以满足数据不可篡改性的要求，如数据库加密[4]、添加数据签名[5]、采用区块链技术[6]等，这些技术可以根据不同的需求和场景选择使用。下面以基于超级账本[7]的联盟链技术为例，详细阐述数据存储部分的功能。

基于超级账本的联盟链技术是一种特定的区块链技术，适用于需要确保数据不可篡改性和访问控制的场景，尤其适用于制造业中的数据管理和共享。与公共区块链不同，这种区块链只有特定的企业或组织才能够参与，并且不同的企业或组织拥有相应的权限，可以保障自己的保密数据不会外流给竞品企业。在这个过程中，可信任的第三方机构发挥了关键作用，他们提供了数据审核和维护账本的重要功能，即背书节点和排序服务节点。

在超级账本技术中，背书节点扮演着至关重要的角色，它们的主要职责是对企业提交的数据进行仔细审核，以确保这些数据的合法性和完整性。这个过程涉及对数据的有效性进行验证，包括检查数据的格式、签名及相关属性，确保所有数据都严格符合既定的标准和规则。一旦数据被背书节点确认为合法，背书节点便会为其加上自己的签名，这一行为象征着数据已经通过了严格的审核流程，即背书节点选择为这个节点背书。这个签名不仅是数据身份的重要标识，更是对数据可信度的一种保障。

排序服务节点在超级账本中也占据了核心地位，这些节点的任务是接收经背书节点签名的数据交易，并按照既定的规则进行排序，从而形成一个合法且有序的交易序列。排序服务节点的存在确保了数据的一致性和顺序性，是将交易数据有效地写入区块链的关键。通过综合考虑交易的各种属性和规则，排序服务节点能够将这些区块链数据上的交易有效地组织起来，构建出新的区块，为区块链的健康运行提供支撑。

由于制造业中的数据通常很庞大，为了提高存储效率，只有关键的数据及必要的元数据被保存在区块链上，而大量的其余数据则保存在外部存储中。这样可以降低区块链的存储成本，同时确保了关键数据的不可篡改性。主节点用于维护有关存储位置的信息，它是联盟链中的中心节点，负责接收排序服务节点生成的区块，并将这些区块广播给所有的节点。这确保了所有参与者都能够得知区块链的更新状况，并且数据的一致性在整个网络中得以维持。

通过以上的流程，制造业的数据被有效地管理、审核和存储。可信任的第三方机构的介入确保了数据的可信度和不可篡改性，同时通过外部存储优化，降低了数据存储的成本。这种高效的数据管理和存储方式有助于制造业企业更好地管理其生产数据，支持各种关键应用，如供应链追溯、质量控制和智能制造。

数据学习模块可分为从数据之中提取出知识的自动语义判别模块，以及将离散化的知识整合的知识图谱生成模块。制造业涉及大量的敏感数据，包括产品设计数据、工艺参数、供应链信息等。这些数据可能属于商业机密，受到知识产权的保护和法规限制的约束。因此，任何数据的提取和使用都需要经过严格的申请认证流程，以确保操作的合法性和合规性。数据提取过程需要经过第三方机构的认证，以确保操作的合法性和授权性。这包括获取数据的许可、数据的安全传输和存储，以及数据使用的合规性。专家知识可以帮助确定数据提取的合法性，并确保只有相关任务所需的数据被提取。这有助于降低不相关数据被泄露的风险，同时保护敏感信息的安全性。同时，与自顶向下的知识图谱构建流程相似，专家知识使得知识图谱的构建更具有针对性和任务特定性。对于故障检测任务，知识图谱需要包含产品生产过程中的各个细节，包括生产流程、工艺参数、测试参数，以及可能的异常情况记录。这可以帮助识别在生产过程中可能出现的故障根本原因。知识图谱可以包括"生产流程""工艺参数""测试参数"等节点。对于故障溯源任务，知识图谱需要记录产品在不同生产流程之间的变化情况，例如从原材料的来源开始，记录不同原材料的生产环节，加工工艺参数的变化等，并且将上述的知识抽象为"原材料来源""生产环节""工艺参数"等不同类别的节点，以及这些节点之间时间关系、因果关系等不同属性的边。对于生产线结构优化任务，知识图谱需要包含不同厂商提供的原材料数量、工厂加工效率等数据。这有助于分析生产线的效率和瓶颈，并进行优化。此时，知识图谱可以包括"原材料供应商""加工工厂""生产效率指标"等节点。

数据采集自不同工厂和加工工序的结构及描述的偏差是制造业数据管理中的常见问题，不同工厂和加工工序可能使用不同的描述和术语来记录相同的生产流程或事件。例如，蚀刻这一工序还可能被记录为光化学蚀刻（蚀刻的别称）以及更加详细的干湿蚀刻（蚀刻的子分类），但是它们应当表达的是同样的流程。这种差异导致了数据的结构和描述的不一致性，使知识图谱的构建变得复杂且可读性较差。为解决这一问题，在知识学习过程中引入语义判别模型以实现数据的整合是一种有效的方法。这是一种机器学习模型，可以自动识别和提取文本或数据中的语义信息和标签。在制造业数据管理中，可以使用语义判别模型来识别和统一不同工厂和工序记录的数据，尤其是具有相似含义的术语和描述，可以自动识别和提取特定标签的数据，从而增强数据的一致性和可读性。此外，训练好的语义判别模型也有助于自动化数据处理过程，减轻了人工调整数据结构的负担，这在制造业中处理大量数据时尤为重要。下面以双向长短时记忆条件随机场模型为例，详细阐述语义判别模型部分的功能。

双向长短时记忆条件随机场模型可以分为数据预处理阶段（从产线数据到实体划分）、词嵌入阶段、模型构建阶段（神经网络模块和条件随机场层）、模型训练阶段（计算损失函数）和模型评估阶段，如图8.2所示。在数据预处理阶段中，借助专家知识提出的节点的类型可以作为实体识别的标签，这一过程涉及将每个标签分为开始（O）、中间（I）和结束（E）3个部分，并使用少量标注数据进行监督学习。例如，如果要标注"光化学蚀刻"，结果为"O-工序，I-工序，I-工序，I-工序，E-工序"，一个实体从O开始到E结束，这个标签序列用于表示文本中不同部分的实体。在完成了对输入的文本数据的标注后，输入的语义文本数据将被转换为等长的标签序列数据，未被专家知识标识的元素被视为无关数据。在词嵌入过程中，通常会使用预训练的词嵌入模型来初始化相应的词嵌入矩阵，每一个字都对应了一个词嵌入向量，将文本序列中的每个字映射到词嵌入矩阵中的对应词嵌入向量，得到输入序列的词嵌入表示。模型的构建分为双向长短时记忆模块[8]和条件随机场模块。与传统的循环神经网络相比，双向长短时记忆模块通过引入双向性和长短时记忆单元来捕获长文本之中的长期依赖关系，并且能够同时考虑过去和未来的信息。该模块的长短时记忆能力来自由输入门、遗忘门、输出门及状态记录组成的长短时神经网络结构，每一个神经结构的输入数据源自上一个神经结构的输出。输入门控制那一部分的信息将被记录；遗忘门决定哪些信息应该从记忆单元中丢弃；网络结构的状态记录依据输入门和遗忘门接收序列的上一个神经结构所传递来的信息进行修正，并且将值得保留的信息传递给序列的下一个神经结构，从而确保了对序列信息的记忆。双向性源自两个网络结构一致但是方向相反的长短时记忆神经网络层，因此针对语料数据，双向性能够使得模型既考虑过去的信息，也考虑未来的信息，从而更好地捕捉上下文之间的关系。在神经网络的黑箱模型中，引入了条件随机场层来对实体的标签进行全局的约束。

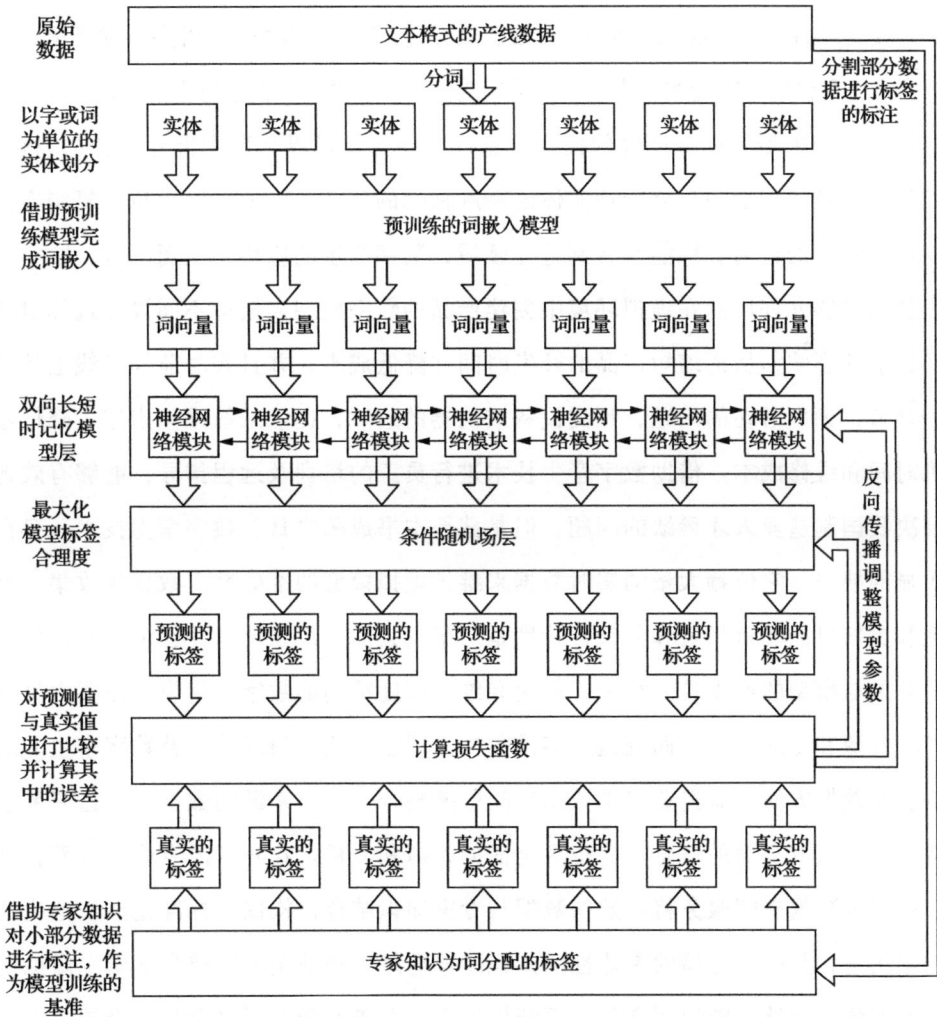

图8.2　双向长短时记忆条件随机场模型示例

这一部分的核心思想是概率建模,即将标签序列的分配视为一个概率分布问题。模型试图最大化给定输入序列的条件下标签序列的联合概率分布。这一结构主要用于对全局的结果进行正则化,通过最大化条件概率分布来提高对序列标注和结构化预测任务的性能。模型训练过程与其他神经网络模型一致,需要经过定义损失函数、采用反向传播,以及选定的优化器来完成对模型参数的更新。完成训练的模型能够将输入的语料数据库划分为多个具备标签的数据,从而协助知识图谱构建算法更好地理解输入的数据结构及语义信息。

数据应用是制造业多维数据空间服务中最关键的一环。常见的应用包括产品健康管控、产品故障溯源、产品协同开发、供应链智能管控及数字孪生等。接下来,以数字孪生和供应链智能调控为例,说明制造业多维数据空间服务的应用方式。

数字孪生是一项革命性的技术概念,它将物理世界与数字世界融合[9],核心思想是在虚拟环境中建立物理实体的高度精确的数字化模型,以模拟和复制实际物体或系统的行为和性能。在制造业领域,数字孪生的应用广泛而深入,数字孪生技术能够允许厂商在虚拟环境中创建产品的数字模型,模拟不同设计选择对产品性能的影响,从而缩短产品的开发时间并降低成本,并且实时监控产线上的各个环节,识别潜在的问题,预测设备或机器的故障,提前采取维护措施,降低停机时间和维修成本。借助数字孪生技术进行员工的培训及远程指导,能够有效地解决我国制造业人才稀缺的问题。但是截至本书成稿之日,数字孪生技术还存在明显的缺陷。它依赖大量的实时数据来维护虚拟模型的准确性。数据的收集、处理和更新可能非常昂贵和复杂,特别是对于庞大的生产系统,并且由于模拟仿真的效果与模型的精度息息相关,创建和维护高度精确的数字孪生模型需要大量的计算资源和专业知识。而制造业多维数据空间服务能够很好地弥补数字孪生的缺陷。在数据方面,制造业多维数据空间服务整合了多个来源的数据集,这有助于数字孪生获取全面的信息,支持更全面的模拟和分析。在知识的专业性方面,制造业多维数据空间服务将原始的数据与专家知识结合,构成了标准化、规范化的知识图谱,其中所存储的专业性的知识能够更好地辅助企业完成数字孪生虚拟模型的构建。另外,知识图谱具备不断依据企业上传的新数据进行数据维护及更新的能力，数字孪生技术能够借此通过定期从知识图谱中读取更新的方式来维护数据的质量。制造业多维数据空间服务可以弥补数字孪生的部分缺点，提供更全面、可靠和可持续的数据管理与决策支持，促进数字孪生在制造业中的应用，使企业能够更好地理解和管理其生产系统，提高效率并做出更明智的决策。

供应链智能调控是一种新型的基于数据的供应链管理方法，旨在优化供应链的各个环节，从而实现效率提升、降低整体的生产成本，进而提供更好的客户服务。产品供应链管理的智能化能够使企业能够灵活地调整未来的生产计划和库存策略，从而最小化运输、库存保管和劳动力成本，帮助企业更好地应对生产过程中可能遇到的风险，增强市场竞争力。然而，智能化产品全生命周期供应链的复杂性在于其跨越多个层次，涉及众多合作伙伴，这就导致了数据来源的多样性，以及数据质量和一致性的问题。不准确或过时的数据可能导致错误的决策；不完整或缺少关键信息的数据导致难以预测。许多实际场景中都存在数据孤岛现象，不同企业的系统之间缺乏互操作性，这导致数据共享极为困难。而这一部分的问题正是制造业多维数据空间服务所能解决的。在制造业多维数据空间服务的协助下，企业仅需要向第三方机构提交自己任务所需要的数据申请，便能从庞大的知识图谱之中获取能够实现上下游协同的跨部门的高质量数据，从而结合深度神经网络技术完成对于未来供应链的状况的预测。这样，便能够弥补之前在数据质量、信息整合、协同工作和实时性等方面的缺陷，从而支持更智能、更高效的供应链管理。

8.2.3 效果评估与优化

制造业多维数据空间服务能够为制造业企业带来众多的优势，从而推动制造业的智能化发展和提高企业的竞争力。首选是针对企业数据的孤岛现象[10]。传统制造业中存在多个工厂和生产流程，不同部门和工厂的数据往往分散在各自的系统中，形成了数据孤岛，导致数据难以共享和集成。采用这一技术方案，各个工厂的数据会被统一上传到一个统一的数据存储结构中，从而打破数据孤岛的壁垒。这使得各个部门和工厂能够更容易地访问和共享数据，促进了数据的协同和整合。而与此同时，造成过去企业数据孤岛现象的一个重要原因是数据的保密性，绝大部分企业并不希望自己的核心保密数据被泄露，哪怕明白数据共享更有利于行业的发展，最终还是导致了数据孤岛现象的产生。这一技术方案通过采用加密的数据库或区块链技术等方法作为数据存储方式，确保了数据的保密性。只有经过授权的人员和部门才能访问和查看特定数据，从而有效地保护了敏感信息。这有助于防止数据泄露和未经授权的访问，为企业提供了数据安全的保障。

除了实现数据层面的共享，这一技术方案的最大优点之一是能够实现对特定产品制造生命周期的全面分析。在传统的研究中，受限于数据和应用场景，通常只能对生产过程中的某一阶段数据进行分析，而这种全面性分析覆盖了从原材料采购到最终产品售卖的整个生命周期。实施这一技术方案使得企业可以更好地了解产品的演进和各个生产阶段之间的关系，并且能够更进一步地提升制造智能化的进程，有助于协助企业更好地发现潜在的优化和改进机会，提高企业的生产效率。与此同时，在对全生命周期应用研究中，借助专家知识生成的知识图谱与任务目标紧密相关，它能够自动分析来自不同工厂和生产流程的数据，并将这些数据的格式和用词标准化，以确保数据的一致性和质量。企业可以更好地利用这些知识图谱来支持产品设计、生产管理、质量控制等方面的决策。

制造业多维数据空间服务还存在着许多优化和发展的空间。从数据的角度来看，目前的制造业多维数据空间服务理论只涵盖了制造业数据的整合与应用，在未来能够尝试实现跨行业的整合，将更多的相关行业（如物流，金融等）融合到整体的多维数据空间服务之中。与此同时，制造业的自动化及智能化也将进一步发展。为了满足未来制造业的需求，制造业多维数据空间服务理论还需要将更广泛的外部数据整合到多维数据空间之中。从技术的角度来看，未来的多维数据空间服务可以进一步发展智能分析和预测功能，利用机器学习和人工智能技术来提供更准确的生产和供应链预测。这有助于企业更好地应对市场需求的变化和风险。而数据孪生相关的虚拟现实及更多的可视化实时监控技术的发展也能够更好地优化制造业多维数据空间服务。未来的制造业多维数据空间服务将更加智能化、全面化和安全化，为制造业带来更多的竞争优势和商业价值。

参考文献

[1] 吕文晶, 陈劲, 刘进. 工业互联网的智能制造模式与企业平台建设——基于海尔集团的案例研究[J]. 中国软科学, 2019 (7): 1-13.

[2] 朱国军, 王修齐, 张宏远. 智能制造核心企业如何牵头组建创新联合体——来自华为智能汽车业务的探索性案例研究[J]. 科技进步与对策, 2022, 39(19): 12-19.

[3] 张曙. 工业 4.0 和智能制造[J]. 机械设计与制造工程, 2014, 43(8): 1-5.

[4] 赵晓峰, 叶震. 几种数据库加密方法的研究与比较[J]. 计算机技术与发展, 2007, 17(2): 219-222.

[5] 周大伟. 基于广播加密的 P2P 社交网络方案的设计与实现[J]. 计算机应用与软件, 2017, 34(5): 299-305.

[6] DUTTA P, CHOI T M, SOMANI S, et al. Blockchain technology in supply chain operations: applications, challenges and research opportunities[J]. Transportation Research Part E: Logistics and Transportation Review, 2020, 142: 102067.

[7] CACHIN C. Architecture of the hyperledger blockchain fabric[C]//Workshop on Distributed Cryptocurrencies and Consensus Ledgers. [S.l.]: [S.n.], 2016, 310(4): 1-4.

[8] YU X, FENG W, WANG H, et al. An attention mechanism and multi-granularity-based Bi-LSTM model for Chinese Q&A system[J]. Soft Computing, 2020, 24: 5831-5845.

[9] 陶飞, 刘蔚然, 刘检华, 等. 数字孪生及其应用探索[J]. 计算机集成制造系统, 2018, 24(1): 1-18.

[10] 付宇涵, 马冬妍, 崔佳星. 工业互联网平台推动下中国制造业企业两化融合发展模式探究[J]. 科技导报, 2020, 38(8): 87-98.

第9章

行业案例分析与启示

在21世纪的数字化浪潮中，数据被视为"新石油"，成为一种拥有巨大价值的资源。从前文可以看出，多维数据空间服务理论正在影响制造业的各个阶段，改写经济发展的范式和逻辑，重构生产力要素与生产关系。本章展开探索之旅，剖析和理解多维数据空间服务理论在各行业的应用。

9.1　跨行业多维数据空间服务理论应用案例

在现代工业领域，多维数据空间服务理论的出现如同一股变革的力量，重新定义了数据利用和服务优化的边界。这一理论的核心是利用、分析和部署大量数据的能力，以简化服务、加强决策和预测未来趋势。这一强大的组合为实现前所未有的效率和创新开辟了道路，彻底改变了各行业在日益数据化的世界中的运营和发展方式。本节深入探讨数据空间服务理论在不同行业的应用，旨在全面了解多维数据空间服务理论对各行业产生的变革影响，展示其在各行业中的关键作用。

9.1.1　沃尔玛：多维数据空间服务理论促进零售行业创新

沃尔玛在19个国家拥有超210万名员工和1万多家门店，是世界营收最多的公司之一，多次荣登《财富》杂志世界500强榜首。正因为拥有如此大的经营规模，所以沃尔玛很早就意识到了数据的价值。早在2004年，沃尔玛就发现，将每天数百万次的交易数据作为一个整体研究而不是孤立个体集合时，会得到一些出乎意料的结果。例如，通过对飓风来袭时的交易数据进行分析，该公司首席执行官琳达发现，飓风途经区域除手电筒等应急设备外，还带动了袋装零食（如爆米花和水）的需求激增。因此，在 2012 年的飓风来袭之时，沃尔玛提前在飓风预计途经区域对这些物品进行额外补货，结果销量非常好。从此，沃尔玛越来越意识到数据的重要。为了利用这些数据的力量，沃尔玛投资建立了当时全球最大的数据库。该仓库整合了销售点数据、在线购物数据、供应链物流数据，甚至是天气预报、社交媒体等外部数据。同时，沃尔玛通过构建机器学习和深度神经网络算法来处理数据，进行需求预测、客户行为分析和物流优化。

沃尔玛数据战略的一个重要支柱是对客户进行个性化分析。通过提取客户消费数据，构建深度神经网络算法，对每个客户进行量身定制的产品推荐、动态定价和定制化营销。在实体店，沃尔玛利用数据确定符合当地顾客偏好的店铺布局和产品摆放位置。在库存管理方面，通过分析处理大量本地化的消费数据，使得零售商能够保持最佳库存水平，减少库存过剩和库存不足的情况。同时，在供应链管理方面，提供了高效的路线规划，以及供应商选择，这不仅为零售商显著节约成本，还提高了效率。

沃尔玛对多维数据空间服务理论的有效利用不仅是一项商业战略，更是传统零售业的一次变革。通过充分利用大数据进行分析，沃尔玛不仅提高了工作效率、简化了运营，还改善了顾客体验，从而取得了更加繁荣的发展。

9.1.2 Apixio：多维数据改变医疗保健行业

在现代医疗保健领域，有效管理和分析多维数据的重要性比以往任何时候都更加突出。传统的循证医学在很大程度上基于有缺陷的研究方法或特定的随机临床实验研究，但是这些特定的随机研究由于人数相对较少而无法推广它们的成果。因此，Apixio 率先从数字化病历中提炼临床知识，同时结合医疗专家、数据科学家、工程师和产品专家的分析与建议，通过部署先进的算法和机器学习技术，在世界范围内分析大量数据，包括医生笔记、化验结果和成像数据，从而描绘出一幅全面的患者健康画卷。例如，每个人有什么样的状况，以及什么治疗方法会对它奏效等，这些数据可以帮助医生提高医疗决策水平，并为患者提供个性化治疗方式，也为患者提供了解病情的新渠道。Apixio首席执行官曾经说过："我认为这可以有效地突破'医疗行业所做的事情'。我们可以了解更多的医学实践，并完善临床护理方法。这让我们更接近一个'学习医疗保健系统'。我们对什么方式能起作用以及什么方式起不了作用的理念得到了更新，同时这些理念源自现实世界的数据支撑。"Apixio的影响超出了单个患者护理的范围。通过利用和分析大规模的医疗保健数据，Apixio得以更广泛地了解健康和疾病模式。这种大局观对制定公共卫生政策、开发新的治疗方案和推进医学研究非常宝贵。

总之，Apixio处理医疗保健数据的方法代表了医疗领域的范式转变。通过有效利用和分析多维数据，Apixio不仅提高了个人的医疗诊断和治疗水平，还重塑了医疗保健的格局，为未来以数据驱动的个性化医疗为标准铺平了道路。这一变革之旅展示了数据在开辟医疗保健新领域方面的力量，有望为患者带来更好的治疗效果，并让人们对人类健康有更深刻的了解。

9.1.3 罗尔斯-罗伊斯：多维数据空间促进制造领域的成功

罗尔斯-罗伊斯生产和制造的大型发动机广泛应用于500多家航空公司和150多支武装力量。毫无疑问，这些可以产生强大推力的发动机使得罗尔斯-罗伊斯需要经常处理和利用大量的数据。航空发动机行业是一个科技含量非常高的行业。若在该行业中发生失败和错误，将会造成数十亿美元的损失，甚至可能威胁到人们的生命。因此，对公司来说，在发现潜在问题之前监控产品出现的质量状况就显得至关重要。

由此，罗尔斯-罗伊斯收集到有助于设计出更强大和更可靠产品的产品生命周期数据以保持较高的效率，并向客户提供更好的服务。公司首席科学官保罗·斯坦表示："我们可以在设计过程中利用超级高功率集群计算能力。在对每个飞机引擎进行模拟的过程中，我们都会生成数十太字节的数据。然后，我们需要使用一些很复杂的计算机技术，研究大规模数据集合并可视化我们设计出的特定产品，从而判断产品的优劣。大数据可视化技术与我们用来操纵它的技术同样重要。"该公司的制造系统越来越趋向网络化，并且相互交流趋向利用基于物联网的工业环境。"我们刚刚在英国开设了两个世界级的工厂，生产喷气发动机的涡轮盘和涡轮叶片"，斯坦说道，"数据不仅存在于复杂精确的金属加工过程中，还应用于自动测试方案和我们工厂中监控组件质量的方式。我们正在向互联网解决方案迅速迈进。" 在产品的售后服务方面，罗尔斯-罗伊斯生产的发动机和推进系统，通过其中安装的数百个传感器记录着操作员的每个操作，实时向工程师报告各个部位的参数变化，工程师会通过这些数据的变化情况，确定最佳的维修方案。

大数据分析最终帮助罗尔斯-罗伊斯改进了航空发动机的设计过程，缩短了产品开发时间，提高了产品的质量和性能。尽管该公司未拿出精确的数据，但是他们声称采用这种大数据驱动式的故障诊断方法，可以帮助他们纠正和防止故障再次发生，从而大幅度地降低了成本。大数据帮助罗尔斯-罗伊斯取得了长足的发展，其实无论公司是否属于行业巨头，大数据技术都同样适用，对各种类型和规模的公司都能奏效。毫无疑问，未来关于企业是否应该使用、何时使用及如何使用大数据的争论将不会存在，大数据时代终将来临。

9.1.4　荷兰皇家壳牌：多维数据服务能源行业

荷兰皇家壳牌（简称壳牌）是收入在世界排名第四的大公司。它与英国石油、埃克森美孚、道达尔和雪佛龙一道被称为石油领域的"巨头"，它们提取的燃料为人类文明的发展所需的能源提供了保障。近年来，为了提高效率、降低成本，以及提高整个行业的安全状况，壳牌提出了"数据驱动式油田"的概念。传统上，探索新的能源需要将传感器插入地下，以便接收由构造活动引起的低频地震波。这种探测在过去通常可以证明地壳内部是否含有能源，然而它需要昂贵的探测性钻探，以便确认初步调查的结果。在许多情况下，这些探测性钻探结果往往是令人失望的，投入的成本可能超过了能源储量可能带来的收益。壳牌大幅提升了自己监控、记录和分析数据的能力，并与来自世界各地的其他钻井网站的数据进行比较；将大数据技术用于监控设备的性能和环境条件。通过使用制造业和工程行业的先进技术，设备上的每一个传感器都可以收集钻井现场操作过程中的数据，并用于原油性能和分解的可行性分析。它可以更有效地进行日常维护，从而进一步降低成本。在公司物流、分销和零售功能方面，包括当地经济因素和气象数据在内的许多来源自公司外部的数据也被合并到大数据中，通过复杂的算法可以确定付出的最终成本是否物有所值。

如今，石油领域已生成了大量的数据，并且这些数据的规模一直在大幅增加，这就意味着必须开发出更多、更先进的分析技术，以便更有效地确定"噪声数据"背后有价值的信息。由于现有的分析平台无法对生成的大数据进行准确的预测和分析，所以需要进行大规模的系统升级。此外，尽管石油和天然气公司持续创造着巨大的利润，但是能源生产领域中成本的波动往往会导致国际的市场波动，并有可能对每个人的生活成本产生巨大的连锁反应，同时也可能产生政治影响。更准确的预测，以及更高效、精简的配送，都将有助于减少这种波动。

9.1.5　智慧城市：多维数据助力城市创新

在这个城市化加速的时代，越来越多的人向城市集中，给城市基础设施和公共服务带来了巨大压力。与此同时，环境污染、交通拥堵等问题也日益严峻。如何建设宜居宜业、可持续发展的城市，成为当下研究人员关注的重点。面对这些挑战，人们提出了应用多维数据与新一代数字技术结合的方法，全方位提高城市管理水平与治理效能。本小节从多维数据如何辅助城市管理者做出明智的决策、提高效率，以及如何提高城市居民生活质量的角度，进一步阐述多维数据如何助力城市发展与创新。

城市中的各种制造业工厂，历来是造成环境污染的主要源头之一。无论是城市区域还是工业区域，制造业工厂在生产过程中，通常都会排放温室气体、空气污染物或危险废物。这些排放物都会对城市环境造成不同程度的影响。例如，在生产过程中排放的一系列空气污染物，例如颗粒物质、挥发性有机化合物（VOC）、氮氧化物（NO_x）等，是导致空气质量变差、引发气候变化的主要因素，这些排放物还会导致城市居民易患呼吸道类疾病。若生产过程中工厂随意排放未经处理的各类化学品、重金属和废水，会导致当地土壤及水源生态系统被破坏，进而严重影响当地居民的身体健康。

因此，许多学者提出城市多维数据空间服务理论，该理论可提供实时监控、预测分析和高效决策，监测工厂在制造过程中各类潜在问题。通过利用工厂生产过程中的多维数据、设备自动化、人工智能来优化生产流程、减少浪费、提高资源效率，同时避免污染。例如，智慧工厂通过部署各类传感器和监控系统，收集生产过程中所产生的各类排放和污染物水平，确定污染源，从而及时采取纠正措施。多维数据空间服务理论可以实现各类生产设备的预测性维护及异常检测，通过分析机械和设备的数据，在故障发生前及时识别潜在的故障，减少意外停机所产生的环境影响。同时，多维数据空间服务理论还可以追踪制造过程中废物的产生情况，指导企业妥善处理有害物质。同时，政府管理部门可以利用收集到的工厂生产过程中产生的各类数据，构建城市工业管理平台、生态环境监管平台，实时监控城市内工厂所产生的各类排放物，并结合城市的环境、气象等数据，构建智慧城市监管平台，为城市管理提供新的思路。

总之，城市中多维数据空间服务理论将会成为城市治理的新工具，它将为促进城市可持续发展、经济增长和环境治理成效。有效利用来自城市中的多维数据，为城市管理者做出更明智的决策服务，这不仅可以改善城市环境，还可以提高城市居民的生活质量，使得城市更加繁荣。

9.2 创新模式与成功经验提炼

将多维数据整合到各行各业的过程是一个不断创新和完善的过程，每一个成功案例都取决于它们能否打破传统的行业孤岛，利用预测分析的力量进行主动治理和决策。本节探讨这些企业的创新模式和成功经验。

（1）打破行业孤岛。打破行业孤岛是指破除传统上相互孤立的不同部门或行业之间的障碍并促进其合作的过程。这些"孤岛"往往会阻碍创新，限制信息共享，阻碍进步。各行业都在积极构建能够安全上传、共享和访问数据的中心枢纽，同时集成了强大的加密、多级用户授权和数据匿名化功能，以维护隐私和安全。例如，汽车和能源部门正在合作开发电动汽车（EV）技术和电动汽车充电基础设施，以促进可持续交通的发展；农业与机器人技术的融合，创造出了自动农耕设备、精准农业技术和用于农作物监测的无人机；医疗保健行业和技术行业合作开发了远程医疗解决方案、可穿戴健康设备，以及用于个性化医疗的数据分析工具；娱乐业和医疗保健业已经合作开发了用于疼痛控制和心理健康治疗的虚拟现实（VR）疗法。总之，在当今相互关联的世界中，打破行业孤岛对促进创新、提高效率和应对复杂挑战至关重要。这需要包括政府、企业、学术界和非营利组织在内的各行业利益相关者共同努力，促进合作，推动积极变革。

（2）预测分析促进主动治理。采用先进的预测分析技术，可以在问题发生之前就预见到它们。通过分析各行业的数据趋势，先进的预测分析技术可以预测能源需求高峰、潜在的疾病暴发，甚至经济衰退。例如，杭州市通过收集城市各个领域（包括交通、能源、医疗保健和金融等行业）的数据，构建了城市大脑平台，动态分析城市数据；在能源行业，通过预测极端天气事件期间城市的电量，重新进行定向能源供应以满足需求，从而避免停电；在公共卫生领域，通过分析来自医院、药店和社交媒体的数据来预测潜在的流感暴发，为市民提供预防建议（如疫苗接种），从而有效遏制疾病的传播。

9.3 面临的挑战与应对策略

跨行业数据的应用虽然前景光明，但并非没有挑战。本节探讨其中的一些挑战，并讨论应对这些挑战的策略。

（1）数据隐私和安全。随着行业协作和数据共享的迅速发展，维护数据隐私和安全成为一个关键问题。实施强大的加密、严格的访问控制和定期安全审计可以保护数据。例如，使用区块链存储技术可确保独立地对每个数据请求进行身份验证和授权。

（2）数据标准化。不同的行业通常有不同的数据格式和标准，这使得集成成为一个挑战。因此，采用普遍接受的数据交换格式（如 JSON 或 XML）和特定的行业标准，可以协调数据交换。鼓励行业与共同的框架保持一致，例如 ISO 标准，也可能是有帮助的。

（3）数据质量。不准确或过时的数据可能会导致决策出现偏差。因此，构建跨行业数据集市时，应落实数据核查和确认流程，建立清晰的数据治理模式，保证质量。此外，鼓励与最终用户进行反馈循环，以不断优化数据质量。

（4）道德和监管。道德困境（如谁拥有数据，谁可以决定如何使用这些数据）可能会阻碍跨行业的数据共享。因此，透明的治理模式、道德审查委员会和公众咨询有助于建立信任和澄清监管问题，可能还需要立法框架的限制。

参考文献

[1] MARR B .Big data in practice: how 45 successful companies used big data analytics to deliver extraordinary results[J]. Digital Journalism, 2016, 4(2): 266-279.

[2] REED T, KIDD J. INRIX 2022 Global traffic scorecard [J]. Technical Report, INRIX, 2022.

[3] ZHENG Y. Urban computing: tackling Urban challenges using big data [C]// IEEE International Requirements Engineering Conference. NJ: IEEE, 2016: 3-3.

[4] ZHENG Y, CAPRA L, WOLFSON O, et al. Urban computing: concepts, methodologies, and applications [J]. ACM Transactions on Intelligent Systems and Technology, 2014, 5(3): 1-55.

[5] SONG X, ZHANG Q, YOSHIHIDE S, et al. Intelligent system for human behavior analysis and reasoning following large-scale disasters[J]. IEEE Intelligent Systems, 2013, 28(4): 35-42.

[6] 宋轩, 高云君, 李勇, 等 . 空间数据智能：概念、技术与挑战 [J]. 计算机研究与发展, 2022, 59 (2): 255-263.

[7] 孙彤宇 . 智慧城市技术对未来城市空间发展的影响 [J]. 西部人居环境学刊, 2019, 34 (1): 1-12.

第5篇
总结与展望

第 10 章

全书总结与展望

10.1　全书总结

本书旨在全面阐述制造业产品生命周期中的多维数据空间服务理论。从数据挑战到智能制造的最新机遇，本书将区块链技术、机器学习和复杂网络理论等关键要素交织在一起，为读者提供了对现代制造模式的细致入微的理解，还为从业人员和研究人员提供了在数据和智能时代塑造制造业未来的必要工具。

10.1.1　本书的主要贡献

本书以产品生命周期多维数据空间服务理论为起点，深入探讨了相关基础理论和关键方法，并提供和分析了相关的企业案例和应用场景，主要贡献如下。

（1）全面的理论基础。本书围绕制造业的多维数据空间服务理论，系统地建立了一个强大的理论框架。从基本概念和定义入手，逐步深入数据模型构建的细微差别和实例分析，为研究人员提供了坚实的研究基础。

（2）跨学科方法与技术融合。通过采用创新方法构建多维数据空间，将人工智能、区块链技术和复杂网络理论等互不相关但又互为补充的学科交织在一起，使读者能够对多维数据空间服务理论进行细致入微的理解。同时，提供了有关风险缓解和安全问题的见解，尤其是在数据可追溯性和安全性方面。这有助于行业专业人士在创新与风险之间取得平衡，为他们提供了一个全面的视角。

（3）深入考虑经济价值。通过对价值链、制造智能化及降低缺陷率的经济影响的讨论，探讨了制造流程的经济层面。这些考虑因素将本书的实用性从单纯的技术解决方案扩展到了全面的商业视角，可帮助企业利用技术获得经济效益。

（4）前瞻性贡献。本书探讨了制造业多维数据空间的案例（从挑战和对策到前瞻性研究方向）。这使得本书不仅体现了当前技术水平，还为未来研究和发展指出了一些方向。

10.1.2　对实践的启示与应用价值

本书阐述的理论构建和实际应用为不同的利益相关者提供了丰富的灵感和现实价值。

（1）为研究人员和学者提供战略指导。本书的跨学科方法提供了大量可供探索的研究途径。学术界可以深入研究专业课题，如区块链在数据存储中的作用、用于数据预处理的机器学习算法或产品知识图谱中的复杂网络理论。它既提供了一个强大的框架，也为未来的研究设计奠定了基础。

（2）创新思维与解决问题。本书概述了构建多维数据空间和分析复杂网络的方法和途径，激发了解决问题的新思路。它培养了一种创新思维，帮助读者超越传统思维，利用数据进行多方面的改进。

（3）创造经济价值。本书从制造业产品生命周期多维数据空间服务理论出发，为企业如何优化运营以提高盈利能力描绘了蓝图。同时，通过多维数据空间服务理论，从产品开发到售后服务，全方面帮助企业降低成本的同时提高客户满意度、增加经济效益。

（4）技术应用路线图。对于在采用人工智能或区块链等新兴技术方面仍有疑虑的公司，本书提供了详细的分步实施指南与案例，从实际应用出发，为公司管理提供可复制的解决方案。

（5）从业人员的工具。对制造业的专业人士来说，本书是一本全面的指南，可以帮助他们向更智能、更高效、更有利可图的运营模式转型。书中的案例研究和实用见解提供了可行的战略，可在不同的制造环境中定制和实施。

（6）产学合作的催化剂。本书兼顾理论深度和实际应用性，是促进学术研究人员与行业从业人员合作的理想催化剂。这种合作可以加速创新技术从实验室到工厂车间的转移，从而增强学术研究的实际影响力。

本书的作用不仅限于学术研究，它还是理论建构与实际需求之间的桥梁。本书旨在激励新一代研究人员、政策制定者和从业人员通力合作，不断突破智能制造的极限，从而推动该领域走向更加一体化和以价值为导向的未来。

10.2　制造业多维数据空间服务理论的展望

10.2.1　制造业多维数据空间服务理论的未来发展

本节探讨制造业多维数据空间服务理论的未来发展趋势，剖析该理论在推动制造业智能化、高效化发展方面的关键作用。

1. 大模型与制造业多维数据服务

大模型指的是以 ChatGPT 为代表的生成式预训练语言模型，以及与该模型相关的后处理、微调、优化等技术。该类模型的最大特点是具有类似人类的理解能力，尤其是对语言文字和图像信息的理解能力。2022 年国内外已经有很多人利用大模型来写新闻、写小说、生成软件代码、检测图片异常等。2023 年，国产大模型进入了高速发展期。据统计，仅 2023 年 1—7 月就有 64 个大模型发布，其中不乏各类知名大型企业发布的通用大模型：百度的文心一言、科大讯飞的讯飞星火、华为的盘古、腾讯的混元等。各类大模型除了能对话、写诗、作画外，还在工业制造领域的实际落地应用中，带动智能化转型与数字化发展，为解决产业痛点带来了全新的思路。

截至本书成稿之日，已经有一些大模型在工业中投入使用，包括提升模型在工业场景中的泛化能力的研究，以及利用大模型强大的自然语言对话和内容生成能力来辅助报表与文档生成，从而提高生产过程自动化程度与效率。例如，在助力战略性新兴产业发展方面，大模型通过深入分析和挖掘海量数据，为市场预测和分析提供了更高的精度，有效提升了战略规划和决策的科学性和准确性；在新产品研发、生产制造、供应链管理等领域，大模型也发挥了积极作用，提高了生产效率和质量，降低了成本。此外，大模型还在智慧工厂、智能车间等新兴产业中得到应用，促进了传统产业与新兴产业的深度融合。大模型作为人工智能发展的代表，展现了技术创新快、应用渗透强、国际竞争激烈等特点，加速了制造业的深度融合，深刻改变了制造业的生产模式和经济形态，展现了强大的赋能效应。在这个过程中，大模型与制造业多维数据服务是不可分割的，大模型需要大量的数据来完成训练与针对行业领域用途进行微调，同时大模型产生的大量额外数据，也需要一个更优化的方式去管理、分类及加密共享。

在2023年10月20日的新闻发布会上，工信部针对深入贯彻落实党中央、国务院决策部署，以人工智能与实体经济融合为主线，加快培育壮大智能产业，助力推进新型工业化为主题举行了新闻发布会。会上特别提到了我国人工智能核心产业规模不断增长，企业数量超过4400家，智能芯片、开发框架、通用大模型等创新成果不断涌现。云算、智算、超算等协同发展，算力规模位居全球第二，东数西算等重大工程加快推进。人工智能与制造业深度融合，有力推动实体经济数字化、智能化、绿色化转型，目前已建设近万家数字化车间和智慧工厂。下一步，国家将坚持突出重点领域，大力推动制造业数字化转型，推动人工智能创新应用，包括夯实人工智能技术底座，推动重点行业智能化升级，推动智能产品和装备发展，以及加强支撑服务体系建设。

可以看出，虽然大模型仍在原有的智能制造的范式下进行应用，但是大模型技术会不断拓展人工智能在工业领域应用的空间。根据埃森哲测算，人工智能可以在2035年将制造业的附加值提高近4万亿美元[1]；据Marketresearch预测，到2032年，全球生成式人工智能制造的市场规模将达到63.98亿美元。人工智能在工业领域的应用仍具备非常广阔的空间，根据凯捷统计，只有欧洲顶级制造业企业人工智能应用普及率超过30%，日本制造业企业人工智能应用率达到30%，美国制造企业人工智能应用率达到 28%，中国制造业企业人工智能普及率达到 11%。但是，工业大模型的应用仍需面临一些挑战：一是尚未出现投入产出比非常明确的场景，二是面向领域的基础模型欠缺，三是制造业领域场景高度碎片化。

为了迎接大模型带来的数字化变革，信息安全共性技术国家工程中心基于《生成式人工智能服务管理暂行办法》制定了全新的评测维度，形成大模型评测服务，为模型的全面性能评估提供了更多的视角，可有效提升大模型服务的透明度，提高生成内容的准确性和可靠性。评测服务将从稳定性、交互性、应用性、安全性、鲁棒性五大评测维度出发，针对生成式人工智能模型目前存在问题，进行全方位评测，不仅涵盖当前主流评测体系的评测维度，还引入了一些新的维度来评估模型的性能和合规性。可以预见，在未来工业大模型中，数据安全将会是非常重要的一个部分。区块链技术不仅可以用于建立数据市场，允许个人和组织出售或共享他们的数据，还可以用于建立可追溯性系统，以追踪数据的源头和任何对数据的更改[2]。这对大模型在制造业的应用非常重要。同时，区块链技术可以用于创建去中心化的人工智能应用程序和服务。这意味着人工智能模型和计算可以分布在网络的不同节点上，而不是集中在单一数据中心。这可以提高可用性、降低故障风险，并使人工智能服务更具抗鲁棒性。

2. 量子计算与制造业多维数据服务

量子计算是一种基于量子力学原理的计算方法，使用量子比特作为信息单位，与经典计算机中的比特有所不同，不仅是 0 或 1，而是可以同时处于从关闭到打开的多种状态，这种特性赋予了量子计算独特的能力[2]。

在制造业应用场景中，量子计算可以模拟材料的电子结构和性能，帮助制造商设计出具有更好的导电性、导热性、耐腐蚀性的材料。量子计算还可以通过优化货物运输路线、库存管理和生产计划，解决复杂的供应链问题，降低成本并提高效率。量子计算同时用于优化能源消耗，包括选择设备运行时的最佳时段及制订能源采购策略。随着技术的成熟和发展，量子计算将成为制造业中的一项重要技术应用，帮助企业更好地提高生产效率并推动创新，解决复杂的问题。

制造业多维数据建模在量子计算领域具有潜在的应用价值。多维数据建模可以帮助管理和分析量子计算中产生的复杂数据，描述和分析复杂的量子态，包括量子纠缠的度量、量子比特之间的关联性。多维数据建模还可以用于比较量子计算和经典计算方法的性能，有助于确定在哪些情况下量子计算提供了更好的解决方案，以及如何有效地迁移到量子计算平台，帮助研究人员更好地理解和利用量子计算中产生的复杂数据。这些优势将随着量子计算技术的不断发展和应用场景的扩展而进一步扩大，推动量子计算在制造业的应用。

建立一个全面的量子计算知识图谱，包括量子算法、量子编程语言、量子硬件架构、量子计算应用等方面的信息，帮助研究人员更好地在制造业中利用量子计算的知识资源，帮助企业和研究机构找到潜在的量子计算应用。知识图谱的优势将有助于量子计算领域的应用，加速量子计算技术在制造业发展和应用。

3. 云计算与制造业多维数据服务

云计算是一种基于互联网，允许用户通过网络访问和使用计算资源的计算模式，例如服务器、存储、数据库、其他计算资源等，而无须拥有实际的计算机物理资源。云计算的核心理念是将计算能力作为一种服务提供给用户，以便用户根据需要灵活地申请和分配网络计算资源[3]。

制造业企业可以根据市场需求和资源可用性进行智能调度，根据自身需求选择合适的云计算解决方案，进而优化生产计划。第一，可以通过云计算实时监测生产过程，提高产品质量。第二，支持复杂的产品设计和仿真，加速产品开发周期。云计算在制造业中的应用有助于提高生产效率、降低生产成本、加速产品开发和数字化转型，同时实现更加智能化的制造过程。

区块链技术可以用于提升云计算中的数据安全性和隐私性。通过在区块链上记录数据访问和传输的元数据，并对数据设计身份验证和访问控制，可以确保数据不被未经授权的人访问或篡改。区块链还可以用于构建去中心化云计算平台，将计算和存储资源分布在全球各个节点上，可以提高云计算的稳定性和鲁棒性，降低单点故障的风险，并减少集中式云服务提供商的垄断。区块链还可以用于建立透明和不可篡改的计量和费用计算系统，在计算服务提供商和用户之间建立信任，提高计费的透明性，减少争议。区块链和云计算的结合有望改变云计算的功能应用，提供更高的安全性、隐私性和透明性。

制造业多维数据建模可以用于分析云计算资源的使用情况，包括虚拟机、数据库、网络等。通过对多维数据进行建模，可以更好地改善制造业中的资源优化和负载均衡，提高云计算的性能。通过建立预测模型，可以提前发现生产过程中潜在的故障或性能问题，并采取预防性维护措施，用于监测云计算设备的健康状况，从而减少服务中断和维护成本。通过分析多维数据可以实时监测服务的可用性、响应时间、吞吐量等指标，以确保服务按照预期提供。基于多维数据的模型可以自动地调整资源配置，以满足不同生产负载的需求，提高云计算的自适应性和灵活性。多维数据建模可以提升资源管理能力、安全性及性能，降低成本，在云计算领域有着广泛的应用价值。

基于用户的需求和偏好，可以利用云服务与服务提供商和产品技术的知识图谱对云服务进行推荐，帮助用户找到最适合其需求的解决方案。利用知识图谱构建云计算环境的拓扑结构和依赖关系，对故障的快速诊断和预测，提高云服务的可靠性和稳定性，实现对云计算资源的智能管理和优化。同时，还可以通过构建用户知识图谱，对用户的行为和偏好进行分析，从而实现精准的身份认证和访问控制，提高云计算环境的安全性。知识图谱在云计算领域可以为用户提供更加智能、个性化的云服务，也可以帮助云计算服务提供商提高服务的可靠性和效率。

4．物联网与制造业多维数据服务

物联网描述了一种互联的网络结构，其中各种传感器、机器、汽车和其他物理设备都可以通过互联网相互连接和交互。物联网的目标是将物理世界与数字世界无缝集成，以实现更智能、高效的应用。

在制造业中，传感器可用于监测设备的状态和性能指标，通过物联网来实现传感器的实时数据分析，可以用于预测设备故障及时进行维护，缩短停机时间。物联网可以实现工厂设备的智能化控制和自动化，通过各种设备之间的协同工作，来提高生产效率和灵活性。利用摄像和传感设备还可以实现对库存水平和生产线吞吐量的实时监控和优化，减少库存成本，提高供应链的可见性。利用物联网的设备还可以追踪产品的整个生命周期，包括设计、生产、销售阶段，为产品生产设计的持续改进提供强大的数据支撑。物联网在制造业中的应用为企业提供了更加智能化、效率化的选择。

区块链技术可以应用在物联网中，用来提升物联网服务质量。第一，区块链技术可以用于保障制造业数据不被篡改，确保数据的安全性。第二，区块链能够保证生产可溯源，提高了数据的可信度。第三，区块链可以实时记录物品的位置、温度、湿度等信息，使供应链参与者能够实时追踪货物的状态，用于提高供应链和物流的透明性。区块链在物联网领域的应用有望提高物联网系统的安全性、可信性和透明性，将继续推动区块链和物联网的融合，创造更多的应用场景。

制造业所产生的数据通常是多维的，包括时间、温度、位置、传感器读数等多个维度。通过结合多维数据建模，不仅可以做到实时监控和分析物联网数据，还有望实现对复杂事件模式的识别和响应，如异常行为、生产趋势[4]。多维数据建模可以支持实时数据分析和决策制定，用于监控设备状态、预测设备故障情况、优化资源分配等，从而提高生产制造的可靠性。多维数据建模还可以帮助优化数据存储结构，提高数据的查询效率。多维数据建模在物联网领域有着广泛的应用前景，可以帮助更好地理解和利用物联网设备生成的复杂数据，提高生产效率、降低生产成本和增强创新应用能力。

知识图谱可以用于建立物联网设备之间的关系模型，同时完善物联网设备的信息连接，有助于识别设备之间的依赖关系、交互模式和拓扑结构，为设备管理和故障诊断提供更多信息。知识图谱还可以用于管理物联网生态系统中的不同参与者和组件，包括设备制造商、服务提供商、应用开发者等。知识图谱在物联网领域的应用有望提高物联网系统的智能化和效率。

5. 芯粒模块化设计封装与制造业多维数据服务

芯粒（Chiplet）模块化设计封装是一种现代芯片设计和制造方法，它是将一个芯片分为多个独立的功能模块或芯片块。每个芯粒包含一个特定的功能，如处理器核心、内存控制器、图形处理单元等。这些模块可以独立设计、制造和测试，集成到一个芯片封装中，旨在提高半导体芯片的灵活性、性能、可维护性和可升级性。芯粒模块化设计封装将在半导体行业中发挥越来越重要的作用。

区块链可以记录芯片模组从材料采购到最终产品组装的全生命周期过程，用于追溯组件的来源与过程，确保零部件的真实性和高质量，还可以记录每个芯片模组的质量控制信息，使得质量问题可以更快地被检测到并追踪根本原因。区块链在芯粒模块化设计封装中可以提升生产制造过程的透明度、安全性和溯源性，有助于显著提升芯片模组的质量和合规性。

多维数据建模可以用于分析和优化芯片模组的性能。通过分析多维生产数据，设计人员可以更好地了解不同条件对生产制造的影响，从而优化设计参数，达到更好的性能。通过分析不同设计参数对能耗的影响，设计人员可以评估芯片模组的能源效率，选择更节能的配置。在芯片模组的制造过程中，封装成本是关键因素，而多维数据建模可以用于分析不同材料、工艺的成本，以帮助制定成本效益最佳的决策。多维数据建模为芯片模块化设计封装提供了强大的工具，能够帮助研究人员更好地理解、分析和优化各种设计参数和性能指标，这有助于加速芯片模组的开发和制造过程，提高产品质量和性能。

知识图谱可以构建模组方面的知识网络。它通过创建一个结构化的知识库，包含各种设计规范、设计模式、材料信息等，供研究人员参考与选择。同时，它可以包含不同材料成本、供应商的数据，有助于决策者在选择材料时做出明智的决定，最大限度地满足性能与成本之间的平衡。知识图谱还可以帮助研究人员理解芯片中不同模块之间的相互依赖关系，有助于促进芯片模组的模块化设计。知识图谱能够为芯片模块化设计封装提供一个强大的知识管理和决策支持平台，帮助设计团队更好地利用已有的知识加速设计过程、提高设计质量、降低成本。

6. 数字孪生与制造业多维数据服务

数字孪生是充分利用物理模型、传感器更新、运行历史等数据，集成多学科、多物理量、多尺度、多概率的仿真过程，在虚拟空间中完成映射，从而反映对应实体装备的全生命周期过程。数字孪生是一种超越现实的概念，可以被视为一个或多个重要的、彼此依赖的装备系统的数字映射系统。数字孪生是一个普遍适用的理论技术体系，可以在众多领域应用，在产品设计、产品制造、医学分析、工程建设等领域应用较多。制造业多维数据服务是一种利用数据采集、存储、分析、共享和应用，为制造业提供数据驱动的解决方案和价值创造的一种服务。数字孪生和制造业多维数据服务之间有着非常密切的关系，可以相互促进和支撑。一方面，数字孪生需要制造业多维数据服务提供数据基础，包括数据的获取、管理、处理和安全保障。随着5G互联网、大量传感器及大量多模态数据的普及，数字孪生将会面临着需要处理海量数据和保障数据安全的挑战，而这一点，恰恰是制造业多维数据服务所擅长的。另一方面，制造业数据服务需要数字孪生提供数据应用，包括数据的可视化、模拟、优化和决策支持。在数字孪生系统的使用过程中还会额外产生出许多新的用户与分析决策图表类数据，这些数据也可以一并接入服务中，为制造业提供更多的价值。数字孪生和制造业多维数据服务的结合，可以为制造业带来更高的效率、质量和创新能力。

7. 混合现实与制造业多维数据服务

虚拟/增强现实（以下简称混合现实）是一种利用计算机技术，它将虚拟的信息与真实的环境结合，或者将用户完全置于虚拟的环境中，从而实现身临其境的沉浸式体验的技术。混合现实可以应用于制造业的各个环节，如产品设计、生产制造、质量检测、设备维护、培训教育、远程协作等。混合现实与前文提到的数字孪生相似，但更强调作为一种可穿戴设备（如智能眼镜）投入实际工业环境中去使用。目前，可穿戴设备正在帮助维护人员更高效地工作，经过强化的可穿戴设备能满足严苛的工业环境要求，可以连接到安全帽或直接佩戴到工人的头部。可穿戴设备对设备维护人员有很大的好处，高效的维护工作可缩短停机时间，减少生产企业的损失，并且可提高工人的安全性。现场工作人员可以通过可穿戴设备访问指令、手册、知识库、电子邮件和进行沟通，极大地提升工作人员的服务能力。工业可穿戴设备的另一个热门应用是"随叫随到的专家"，现场维护人员可以联系其他地方的专家，通过共享相机图像，一起排除设备故障。

在混合现实与可穿戴设备的使用过程中，将会产生大量的、来自多种不同传感器和系统的数据。制造业多维数据服务可以为混合现实提供数据的统合与支撑。通过采集可穿戴设备与其他仪器各类传感器、摄像头、扫描仪上的读数，以及其他生产过程中产生的产品、工艺、设备、环境数据等，为增强现实提供丰富多样的数据输入。通过数据清洗、校验、融合、压缩等方法，提高数据的准确性、完整性、一致性和有效性，为混合现实提供高质量和可信的数据输出。还可以通过数据加密、授权、审计、备份等措施，保护数据的机密性、完整性和可用性，为混合现实提供安全合规的数据传输。在数据可用性方面，制造业多维数据服务也可以通过数据标准化、分类、索引、共享等方式，提高数据的可读性、可理解性和可访问性，为增强现实提供方便和快捷的数据获取。特别值得一提的是，混合现实与数字孪生、可穿戴设备的叠加才能算是完整的数字孪生系统，其中制造业多维数据服务是连通各类系统之间的重要纽带，也是智能化改造和数字化转型的核心。

8. 多模态与制造业多维数据服务

多模态是一种利用多种类型的数据（如文本、图像、语音、视频等）进行信息处理和交互的技术。多模态可以提高人工智能的理解能力和表达能力，实现更自然和友好的人机交互。在制造业全生命周期过程中，从上游供应商，到制造行业自身内部，再到下游的客户，在这个过程中产生的海量数据本身就是多模态的。而制造业多维数据服务尤其关注多模态数据的来源、质量、安全和可用性。

10.2.2 制造业多维数据空间服务理论面临的挑战与应对策略

制造业多维数据空间服务理论在尖端技术的应用虽然前景光明，但也面临许多挑战。本小节探讨一些可能存在的挑战，并讨论应对这些挑战的可行策略。

1. 面临的挑战

（1）制造业数据的隐私性。传统区块链是公开的，所有交易信息都可以被网络上的各个节点看到。这会导致交易信息的公开，特别是对于用户的身份和交易历史，可以通过分析交易记录来追踪特定地址的交易活动，导致用户的隐私信息被泄露。智能合约的执行结果和逻辑也是公开的，这可能泄露相关方的商业敏感信息[5]。制造业多维数据包含敏感信息，将多源数据整合可能导致隐私泄露，需要强化数据安全和隐私保护[6]。知识图谱中的信息可能包括个体的敏感信息，如身份、联系方式等。因此，隐私性保护应该是制造业多维数据空间服务理论最需要重视的问题。

（2）制造业产业链的安全性。区块链网络仍然存在一些安全隐患，如超过51%的算力操纵交易历史、进行双重支付攻击等。其中，智能合约可能包含漏洞，使其容易受到攻击，如DAO攻击和整数溢出漏洞[7]。同时，数据完整性问题可能导致数据被篡改或损坏，从而影响分析和建模结果的准确性。知识图谱的数据源可能不可信，包含错误或虚假信息。同时，存在一些线下手动上传数据的情况，导致数据真实性存疑。因此，制造业多维数据空间服务理论应对数据安全保持敏感。

（3）制造业生产模式的复杂性。制造业多维数据空间服务理论包含了大量的技术，可能会使得运行与更新复杂化。区块链网络的扩展性问题可能导致交易处理速度慢，特别是在大规模使用情况下。多维数据模型需要处理大量复杂的数据，包括结构化和非结构化数据[8]。知识图谱需要定期更新，以反映现实世界的变化。实现高效的知识图谱推理和查询可能需要处理复杂的逻辑和大规模数据等。因此，制造业多维数据空间服务理论的核心是降低操作复杂性[9]。

2. 可行的应对策略

（1）基于零知识证明技术的制造业数据隐私性保护。零知识证明是一种密码学概念和技术，它允许证明者向验证者证明某种陈述的真实性，同时不需要透露陈述的具体信息。这意味着证明者可以证明自己拥有某些知识，而不需要透露这些知识的细节，从而保护了隐私和安全。零知识证明在许多领域都具有广泛的应用，特别是在区块链、身份验证、密码学和安全通信等领域。

（2）基于分布式处理技术的制造业数据分析效率提升。采用分布式计算和云计算技术，可以处理大规模制造业多维数据，提高数据处理速度。使用分布式知识图谱查询引擎，可以加速大规模知识图谱的查询操作。

（3）基于数据清洗和质量管理技术的制造业数据准确性验证。使用数据清洗工具和数据质量管理流程，在数据收集和存储后，对数据进行检查和处理，可以发现并纠正数据中的错误，以确保制造业多维数据的一致性和准确性。

（4）基于数据加密技术的制造业信息保护。数据加密是一种重要的安全技术，用于保护数据的机密性，以防止未经授权的访问和泄露。数据加密将数据转换为不可读的形式，除非具有正确的密钥进行解密，否则无法理解其内容。

参考文献

[1] 柴浩野. 基于区块链的安全高效车联网数据共享策略研究[D]. 成都: 电子科技大学, 2023.

[2] 李尧翀. 量子机器学习关键问题与算法研究[D]. 上海: 上海海事大学, 2022.

[3] 王惠莅. 面向云计算环境的数据安全技术研究[D]. 西安: 西安电子科技大学, 2023.

[4] 王真. 上下文感知的物联网服务协同关键技术研究[D]. 北京: 北京科技大学, 2023.

[5] 殷红建. 面向区块链智能合约的隐私保护技术研究[D]. 北京: 北京科技大学, 2023.

[6] 杨健宇. 满足本地化差分隐私的多维数据收集技术研究[D]. 北京: 北京邮电大学, 2022.

[7] 刘罕. 基于区块链的物联网信息安全关键技术研究与应用[D]. 上海: 上海海事大学, 2023.

[8] 于世东. 基于日志数据的多维数据可视分析的研究及应用[D]. 沈阳: 中国科学院大学: 中国科学院沈阳计算技术研究所, 2021.

[9] 周彬. 航天薄壁件加工质量的知识图谱建模与因果推理研究[D]. 上海: 东华大学, 2022.